# 安全生产行政执法

姜 威 著

北 京
冶 金 工 业 出 版 社
2009

## 内 容 提 要

本书针对当前我国安全生产形势逐步好转、安全生产相关法律法规逐步完善、各级政府安全生产监督管理机构相继建立、整个安全生产监督管理队伍不断壮大的新形势下，安全生产行政管理水平却依然偏低，安全生产行政执法人员依法行政的能力参差不齐、办案质量优劣不一，甚至出现严重的执法偏差等问题，在系统总结安全生产行政执法工作的经验与教训的基础上，综合运用辩证唯物主义方法、比较的方法、法律文件与实际相结合的方法，以法学理论为指导，依照行政执法程序，对安全生产行政执法的诸多理论和实践问题进行了全面深入的论述和探讨，提出了“科学、严格、公正、文明”的安全生产执法模式。

本书可供从事安全生产监督管理部门的行政执法人员及其相关领域的安全生产管理人员参考，也可作为高等院校相关专业的教材和参考书。

**图书在版编目(CIP)数据**

安全生产行政执法/姜威著. —北京：冶金工业出版社，2009.6

ISBN 978-7-5024-4928-5

Ⅰ. 安… Ⅱ. 姜… Ⅲ. 安全生产—行政执法—基本知识—中国 Ⅳ. D922.54

中国版本图书馆 CIP 数据核字（2009）第 063006 号

出 版 人 曹胜利
地　　址 北京北河沿大街嵩祝院北巷 39 号，邮编 100009
电　　话 (010)64027926 电子信箱 postmaster@cnmip.com.cn
责任编辑 朱华英 美术编辑 张媛媛 版式设计 张 青 孙跃红
责任校对 白 迅 责任印制 李玉山
ISBN 978-7-5024-4928-5
北京兴华印刷厂印刷；冶金工业出版社发行；各地新华书店经销
2009 年 6 月第 1 版，2009 年 6 月第 1 次印刷
787mm×1092mm 1/16；12 印张；284 千字；179 页；1-2500 册
**35.00** 元

**冶金工业出版社发行部 电话：(010)64044283 传真：(010)64027893**
**冶金书店 地址：北京东四西大街 46 号(100711) 电话：(010)65289081**
（本书如有印装质量问题，本社发行部负责退换）

# 前　　言

经过多年的努力，我国的安全生产立法有了显著的改善，基本形成了相互配套与衔接的法律、法规的完整体系。尤其是2002年11月1日开始生效的《中华人民共和国安全生产法》，标志着我国的安全生产立法进入了一个新的阶段，对安全生产领域乃至全国的经济建设均会产生深远的影响。到目前为止，我国已经颁布了一系列涉及安全生产的法律、行政法规和部门规章，包括37个法律、36个行政规章、55个部门规章、114个党中央、国务院及部门文件，我国的安全生产逐步走向了法制化轨道。然而，随着我国安全生产法规体系的逐步完善，安全生产监督管理机构的行政管理水平却依然偏低，安全生产行政执法人员的执法素质参差不齐、办案质量优劣不一，甚至出现执法偏差等问题，使国家执政形象受损，使人民对执法信赖度弱化，其负面影响极其深远。

为了改变这一状况，进一步提高安全生产监督管理机构及其人员依法行政水平，特撰写《安全生产行政执法》一书。本书首次针对安全生产领域行政执法活动进行系统研究，提出了科学执法、严格执法、公正执法、文明执法安全生产的执法模式。

本书以法学理论为指导，运用辩证唯物主义方法、比较的方法、法律文件与实际相结合的方法，系统地总结行政执法工作的经验与教训，对安全生产行政执法的诸多理论和实践问题进行了全面深入的论述和探讨。

本书共分12章48节，按照行政执法程序，从安全生产行政执法主体、安全生产行政执法行为、安全生产行政执法程序、安全生产行政执法依据、安全生产行政执法的方式、安全生产行政司法、安全生产行政诉讼、安全生产行政赔偿、安全生产事故调查、安全生产行政执法责任、安全生产行政执法文书等方面进行分层论述。

本书理论阐述与执法实践介绍并重，内容全面，适用性强，既可作为高校安全工程专业教材，也可作为安全生产监督管理工作的培训教材和工具书，供专业技术人员和管理人员学习参考和使用。

本书引用和参考了有关专家和学者的著作、教材及资料，在此一并表示谢意！由于作者经验和水平所限，书中不足之处，敬请各位专家和读者批评指正。

姜　威

2009年3月

# 目　录

# 第一章 绪 论

安全生产行政执法是一门新兴的、应用性的学科。研究这门学科的目的，在于指导安全生产行政执法实践，使安全生产监督管理机构及其安全生产行政执法人员，在安全生产行政执法中，正确地行使国家赋予的安全生产行政执法职权，维护国家和人民群众的安全生产权益，防止和查处安全生产违法行为，预防和减少生产安全事故发生，保护国家财产和人民群众生命财产安全，维护市场生产经营秩序，保障特色社会主义和谐社会建设的顺利进行。

## 第一节 安全生产行政执法的研究对象

### 一、安全生产行政执法的概念

安全生产是指劳动人员及其作业对象、场所在没有危险、不受灾害威胁、不发生事故的状态下，创造物质财富的活动。

安全生产行政执法是指安全生产监督管理机构及其安全生产行政执法人员，依照法定职责、权限和程序，执行适用法律、法规、规章，对安全生产行政相对人履行权利和义务的情况进行检查，并直接影响其权利和义务的具体行政行为。

根据这一概念，安全生产行政执法具有以下特征：

（1）安全生产行政执法主体的特定性。安全生产行政执法活动是一种行使行政权力的活动，是具体的行政行为。这种行为只能由国家授权的安全生产监督管理机构及其安全生产行政执法人员行使，而不能由社会其他组织或个人行使。

（2）安全生产行政执法目的的公益性。安全生产行政执法是安全生产监督管理机构及其安全生产行政执法人员直接同安全生产行政相对人之间形成法律关系的行为。安全生产法律、法规和规章的执行实施，将安全生产行政执法适用到具体的人和事，使法律、法规和规章的要求在现实生活中得以实现，是以实现国家行政管理职能，达到实现社会公共意志、维护社会公共利益和安全生产行政相对人的合法权益为目的的。因此，执法者必须根据法律，实施法律职能，依法进行执法活动，不能离开法律而任意行动。

（3）安全生产行政执法权责的一致性。安全生产监督管理机构及其安全生产行政执法人员在实施安全生产行政执法行为时，其享有的权利和承担的义务具有一致性。安全生产监督管理机构的权力（职权），同时也是安全生产监督管理机构的义务（职责），安全生产监督管理机构不得自由行使其职权，无论是转让、放弃或是主观随意变动，都将承担失职、渎职、违法或滥用职权的法律责任。

（4）安全生产行政执法内容的法律性。安全生产行政执法是依法行使职权的活动，必须严格依法办事，无论采取何种形式，都必须以法律、法规、规章以及其他规范性文件为依据，包括实体法和程序法。这是维护安全生产行政执法合法性的基本前提，因此，执法的内容具有一定法律性，它不同于安全生产监督管理机构内部的管理活动。

（5）安全生产行政执法性质的执行性。安全生产行政执法的基本要求是使安全生产法律、法规、规章得以执行和适用。安全生产行政执法行为是使抽象的安全生产法律、法规、规章转化为安全生产行政相对人的权利和义务的中介，法律、法规、规章只有经过行政执法行为才能得以贯彻执行。对法律、法规、规章的执行与适用要准确理解。“执行”与“适用”都是法的实施行为，是两种同义而又有区别的实施行为。“执行”偏重于行政执行权力机关及上级行政机关制定的法律、法规、规章，主要是用于行政机构自身的执法活动。“适用”则偏重于行政机构运用法律、法规、规章去解决自己管理对象的人和事的执法活动。

（6）安全生产行政执法行为的程序性。安全生产行政执法，其行为必须按程序进行。依法行政是现代行政的客观要求，它不仅要求安全生产监督管理机构及其安全生产行政执法人员的执法行为内容合法，而且还要求其程序也要合法。

（7）安全生产行政执法权力的保障性。安全生产行政执法是安全生产监督管理机构运用法律、法规、规章的活动。这种活动是依据法律进行，并以国家强制力作保障的。为了实现安全生产行政管理的目的，安全生产监督管理机构可以运用行政强制力迫使安全生产行政相对人作出或不作出一定的行为，或给安全生产行政相对人以必要的行政处罚。安全生产监督管理机构是以行政强制力作为安全生产行政执法保障的。

## 二、安全生产行政执法与行政执法的联系与区别

行政，是指行使国家权力，也就是依法管理国家事务的活动。

行政执法有广义和狭义之分。广义的行政执法是指国家行政机关按照法定职责、权限和程序，执行适用行政法律规范的行政行为，包括抽象行政行为和具体行政行为。狭义的行政执法仅指具体行政行为，即主管行政机关依法采取的具体的直接影响相对一方权利义务的行为；或者对个人、组织的权利义务的行使和履行情况进行监督检查的行为。行政执法活动涵盖了社会生活的各个层面，能否正确行使，对国家、社会以及民众影响重大。因此，安全生产行政执法，既是国家行政执法的组成部分，又是安全生产行政执法的组成部分。它们的联系与区别是：

（1）两者性质相同，而权限范围不同。安全生产行政执法和行政执法，都是由国家授权代表国家行使其职权，依法管理国家事务。但各自的权限范围不同，安全生产行政执法属专门权限的行政执法机构，其职权和行政活动带有一定的局部性和安全生产的专门性。而行政执法的权限范围较广，如政府（行政机关）的行政执法权限范围和行政活动带有全面性和综合性。

（2）执法的要求相同，而执法的依据不同。安全生产行政执法和行政执法，都必须按照“有法可依，有法必依，执法必严，违法必究”的社会主义法制基本要求执法。但各自的执法依据不同，安全生产行政执法主要是依据安全生产法律、法规、规章实施执法活动，而行政执法主要是依据其相应的法律、规章实施执法活动。

### 三、安全生产行政执法的研究对象

安全生产行政执法是以安全生产行政执法活动为研究对象的一门学科，揭示了安全生产行政执法活动规律。

安全生产行政执法，是安全生产监督管理机构最经常性的工作。因此，研究安全生产行政执法理论，对于指导安全生产行政执法实践具有重要意义。

安全生产行政执法的具体研究对象和内容主要是：

（1）研究安全生产行政执法的原理、原则和安全生产行政执法的规范性及规律性。

（2）研究安全生产行政执法主体、地位和作用以及与安全生产行政相对人权利义务的行为关系。

（3）研究安全生产行政执法行为、程序、方式、措施等。

（4）研究安全生产行政执法责任等。

## 第二节　安全生产行政执法的研究方法

方法，是主体在认识世界和改造世界中所采用的方式或手段。方法是主观的，因为它与主体的目的有着客观的联系，是主体为了实现自己的主观目的而确定的。但是，方法本身又是客观的，因为主体的需要和目的不是凭空产生的，而是由主体所处的客观条件和主体在社会关系中客观存在的事实决定的。方法不仅与主体的目的有联系，而且与作为认识和改造对象的客体也有联系。因此，一定的方法必须与一定的对象相适应。安全生产行政执法学的研究方法主要有三种。

### 一、辩证唯物主义的方法

辩证唯物主义的方法是安全生产行政执法研究的基本方法。唯物辩证法既是指导研究社会科学、自然科学和技术科学的唯一正确的方法，也是建设有中国特色社会主义的重要理论基础。因此，安全生产行政执法必须在马列主义、毛泽东思想、邓小平理论、“三个代表”重要思想和科学发展观的指导下，以辩证唯物主义的方法，从实际出发，理论联系实际，实事求是地进行研究。

### 二、比较的方法

比较的方法是安全生产行政执法研究的重要方法。通过与其他相关学科的比较，可以找出它们之间的共性的、本质的东西以及共同点和不同之处，从中了解安全生产行政执法学的一般规律，为安全生产行政执法的研究提供值得借鉴的经验。

### 三、法律文件与实际相结合的方法

法律文件与实际相结合的方法也是安全生产行政执法学研究的重要方法之一。安全生产行政执法研究的是执法，法律文件赖以产生的基础是实际社会关系，法律文件所调整的对象也是实际社会关系。因此，只有将法律文件与实际相结合，才能使安全生产行政执法真正成为对安全生产行政执法实践具有指导作用的一门学科。

## 第三节 学习研究安全生产行政执法的意义

树立全心全意为人民服务的宗旨，坚持实事求是的思想路线，做到严格、公正、文明执法，是党和人民对安全生产监督管理机构及其安全生产行政执法人员的最根本的要求。要实践这一根本要求，就必须研究新理论，学习新知识，增长新本领，必须不断地努力提高安全生产行政执法、服务水平，提高安全生产行政执法能力和安全生产行政执法效果，只有这样才能做到忠诚可靠，训练有素，业务精通，秉公执法，纪律严明，作风过硬，才能肩负起党和人民赋予的神圣使命。

### 一、理论指导实践的需要

理论是人们对自然或社会问题总结概括出来的有系统的知识道理和结论，是系统化了的理性认识。科学理论的重要意义在于它能指导人们的行动，没有理论指导的实践是盲目的实践。实践是人们改造自然和改造社会的有意识的活动。理论与实践的关系是理论指导实践，实践为理论提供依据。理论和实践是依赖人实现的，而人的行为则是受思想支配的，思想素质的形成及提高是靠汲取和积累知识实现的。因此，加强安全生产行政执法理论的研究是非常重要的。安全生产行政执法在以往的工作中已经存在，但没有全面、完整地从理论的高度上进行系统的研究。安全生产行政执法学的任务，就是对安全生产行政执法的理论进行全面、完整、系统的研究，力求形成比较完整的科学理论体系，以指导安全生产行政执法工作的实践。

### 二、提高安全生产行政执法能力的需要

能力是运用科学知识，开创性地、主动独立地从事本职工作，解决实际问题的本领。一个人的能力的高低，直接关系到工作的成败和好坏。随着时代的发展，对人的能力的要求也越来越高，包括观察问题的能力、决策能力、组织能力、管理能力、指挥能力、业务能力、工作能力、创新能力和表达能力等等。安全生产行政执法人员必须适应时代发展的要求，必须学习科学知识，掌握安全生产行政执法理论，提高安全生产行政执法能力。只有这样才能解决工作中的问题，做好本职工作。

### 三、提高安全生产行政执法质量和效率的需要

质量是指工作的优劣程度。效率是指单位时间内完成的工作量，或者说是日常工作中所消耗的劳动量与所获得的劳动效果的比率。安全生产行政执法的质量最关键，最重要的是适用安全生产法律、法规、规章的准确性。高质量的安全生产行政执法要求做到安全生产法规用得准，违章性质定得准，事故隐患认得准，整改措施提得准，事故原因查得准，法律文书制得准，案件查处办得准。追求安全生产行政执法的效率，就是要用最少的劳动消耗获得最大的工作效果，做到遇事即办，熟练操作，方便快捷，群众满意。要求实现这个要求，也就必须认真学习，全面掌握安全生产行政执法科学知识，只有这样才能达到优质服务和最佳工作效果。

# 第二章　安全生产行政执法主体

安全生产法律、法规、规章在社会中的贯彻执行和落实，必须依赖于安全生产行政执法主体才能得以实现。只有掌握了安全生产行政执法主体的作用、职权和职责，以及安全生产行政执法人员的义务和权利，才能做好安全生产行政执法工作。

## 第一节　安全生产行政执法主体的法律地位

### 一、安全生产行政执法主体的概念

安全生产行政执法主体，是指依法享有国家安全生产行政执法权力，能以自己的名义从事安全生产行政管理活动，并能独立地承担由此产生的后果承担相应法律责任的机关或组织。根据这一概念，安全生产行政执法主体具有以下特征：

(1) 安全生产行政执法主体是一种机关或组织，而不是个人。个人不能成为安全生产行政执法主体，尽管具体安全生产行政执法行为是由安全生产行政执法人员行使的，但他们是以组织的名义而不是以个人的名义行使的。

(2) 安全生产行政执法主体是能以自己的名义实施安全生产行政执法的组织。能否以自己的名义实施安全生产行政执法，反映出它是否享有独立的法律人资格。在安全生产监督管理机构内部，有的职能司、处、科（室）可以实施具体的安全生产行政执法行为，但不能以个人的名义进行。因此，个人不能作为安全生产行岐执法土体，只有安全生产监督管埋机构才具有安全生产行政执法主体资格。

(3) 安全生产行政执法主体能独立地承担自己行为所引起的法律责任。这一特征使安全生产行政执法主体同它的代理人相区别。安全生产行政执法主体代理人的行为后果不是由代理人本身，而是由作为委托人的安全生产行政执法主体承担的。

### 二、安全生产行政执法主体的法律地位

在安全生产法规中，安全生产行政执法主体既是安全生产法规的执行者，有权对违反安全生产法规的行为进行处理，又是安全生产法规关系双方当事人的一方，受安全生产法规的调整。所以，安全生产行政执法主体在安全生产法规中的法律地位具有双重性。

#### （一）安全生产行政执法主体是安全生产法规的执行机构

安全生产行政执法主体作为安全生产法规的实施机构，具有法律赋予的权力，对违反安全生产法规的行为有权力依法追究行为人的安全生产行政法律责任。同时，安全生产法规的实施也有赖于安全生产行政执法主体的贯彻执行。

#### （二）安全生产行政执法主体是依法保障安全生产行政相对人合法权益的机构

安全生产行政执法主体是安全生产法规关系的一方当事人同另一方当事人，即安全生

产行政相对人，都享有安全生产法规规定的权利，承担安全生产法规规定的义务。安全生产法律的任务：一方面要保证安全生产行政执法主体依法行使安全生产行政执法权，管理安全生产活动；另一方面又要依法保障安全生产行政相对人的合法权益。

安全生产行政相对人，是指在安全生产行政法律关系中与安全生产行政主体相对应一方的公民、法人和其他组织，即生产经营单位或个人经营的投资者。安全生产行政相对人的权利包括：

（1）参与安全生产行政管理权。指安全生产行政相对人通过法定形式、法定途径参与安全生产行政管理。如安全生产行政相对人向安全生产行政执法主体提出工作建议，参与单位生产安全管理等。

（2）要求提供安全生产管理服务权，即受益权。也就是安全生产行政相对人有要求安全生产行政执法主体实施一定行为，以满足自己某种利益的权利。如当发生生产安全事故时向安全生产监督管理机关求助救援，要求发给有关安全生产许可证，要求安全生产监督管理机关对安全生产违法违章行为进行查处等。

（3）自我保护权。即当安全生产行政执法主体作出处理安全生产行政相对人的决定时，安全生产行政相对人有权享有有关事实及情节的知情权以及申辩权、听证权，要求执法人员回避的权利等。

（4）控告、检举、揭发权。指安全生产行政相对人对安全生产行政执法主体及其安全生产行政执法人员在执行职务过程中的违法违纪行为，享有向有关机关控告、检举、揭发的权利，并且享有不被打击报复和受其他法律规范保护的权利。

（5）申请复议、提起诉讼和请求赔偿权。即安全生产行政相对人对安全生产行政执法主体作出的决定有异议的，可以向上一级机关要求复议，对所作出的决定不服的可以提起诉讼，对安全生产行政执法主体作出的错误的安全生产行政行为享有请求国家赔偿的权利。

（6）其他有关权利，如人身权、财产权等。安全生产法律既赋予了安全生产行政相对人权利，同时也要求其履行遵守安全生产法律法规和安全生产技术标准、服从和协助安全生产行政管理的义务。因此，安全生产行政执法主体是既要依法保障安全生产行政相对人合法权益，又要监督其履行安全生产法律义务的机关。

（三）安全生产行政执法主体是安全生产法规的调整对象

在安全生产行政执法主体与安全生产行政相对人的法律关系中，安全生产行政执法主体既要依法行使安全生产行政权，又要保障安全生产行政相对人的合法权益。为了保障安全生产行政相对人的合法权益，法律赋予安全生产行政相对人享有申请复议、提起诉讼、请求赔偿的权利，使安全生产行政执法主体处于被申请人、被告和赔偿义务机关的地位。从这个意义上说，安全生产行政执法主体就是法律的调整对象。安全生产法律是规范安全生产行政执法主体的安全生产行政活动的法律规范。因此，安全生产行政执法主体必须依法行政。

## 第二节 安全生产监督管理机构

### 一、安全生产监督管理机构的特征

安全生产监督管理机构，是指依法设立于县级以上人民政府的通过授权方式取得安全生产监督管理行政主体资格的行政组织。安全生产监督管理机构依法行使国家安全生产行政权力，负责领导、组织、管理、实施社会安全生产行政事务。根据这一概念，安全生产监督管理机构具有以下特征：

（1）国家性。安全生产监督管理机关是依法行使国家安全生产行政权力的组织。它代表国家行使安全生产行政权力，体现国家的安全生产意志。它属于政府职能部门之一，是由县级以上各级人民政府领导、管理的组织机构。

（2）行政性。安全生产监督管理机构是依法行使国家安全生产行政权力，负责领导、组织、管理、实施生产经营单位安全生产行政事务的机构，是各级人民政府的安全生产行政管理组织。它直接具体领导、组织、管理、实施生产经营单位的安全生产行政事务，贯彻国家权力机关和国家行政机关的法律、法规，是国家权力机关和国家行政机关的法律执行机构。

（3）法制性。安全生产监督管理机构依法行使安全生产行政职权，对生产经营单位的安全生产行政事务进行领导、组织和管理，有很强的法制性。它在行使安全生产行政职能的过程中，运用法律，采取经济和行政手段依法行政，并将安全生产法制贯彻到整个安全生产行政管理之中。

（4）主体性。安全生产监督管理机关具有法律的主体资格，也就是安全生产行政主体。它是贯彻执行安全生产法律最主要的行政主体。它不仅有权通过安全生产行政执法组织，领导和管理安全生产行政事务，把安全生产法律、法规、规章规定的各项权利和义务落实给社会各生产经营单位和个人经营的投资者，对安全生产行政违法行为给予行政制裁，而且有权通过行政司法，处理安全生产行政领域的各种纠纷，保障社会的稳定。

## 二、安全生产监督管理机构的组织体系

安全生产监督管理机构是安全生产行政的主体。《安全生产法》规定本级人民政府安全生产监督管理机构，是指县以上各级人民政府中设置的安全生产监督管理局（煤矿安全监察局）。其组织体系结构如图 2-1 所示。

按照安全生产监督管理机构所辖的区域范围和层次的不同，可划分为国家安全生产监督管理机构和地方安全生产监督管理机构。

### （一）国家安全生产监督管理机构

国家安全生产监督管理机构是指其活动范围涉及全国，称为国家安全生产监督管理机构。我国最高的国家安全生产监督管理机构是国家安全生产监督管理总局（国家煤矿安全监察局），负责统一领导全国的安全生产行政工作。

### （二）地方安全生产监督管理机构

地方安全生产监督管理机构是指其活动范围涉及一定地域，称为地方安全生产监督管理机构。我国地方安全生产监督管理机构，包括省、自治区、直辖市安全生产监督管理局（煤矿安全监察局），地、市、州、盟安全生产监督管理局，县、市、旗和城市区安全生产监督管理局。各级地方安全生产监督管理机构，既要向同级人民政府负责并报告工作，又要向上一级安全生产监督管理机构负责并报告工作。各级地方安全生产监督管理机构都是国务院、同级人民政府安全生产监督管理机构统一领导下的国家安全生产行政机构。

按照安全生产监督管理机构工作权限、职能和工作环节的不同，可划分为安全生产决

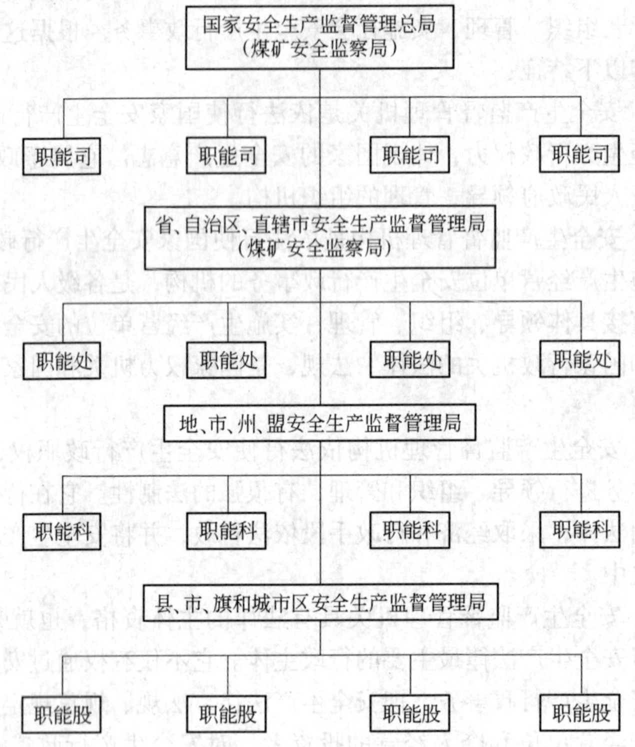


图 2-1 安全生产监督管理机构的组织体系结构

策机构和安全生产执行机构。

1. 安全生产决策机构

安全生产决策机构是指能在安全生产行政活动中作出决定，制定规划、规章、规范性文件的安全生产监督管理机构。如国家安全生产监督管理总局（煤矿安全监察局）；省、自治区、直辖市安全生产监督管理局（煤矿安全监察局）；地、市、州、盟安全生产监督管理局；县、市、旗和城市区安全生产监督管理局等。

2. 安全生产执行机构

安全生产执行机构是与安全生产决策机构相对而言的，是指在安全生产监督管理机构系统中负责贯彻执行决策、规划、规章、规范性文件的职能机构，如各级安全生产监督管理机构中的职能司、处、科、股（室）。

## 三、安全生产监督管理机构的职权和职责

安全生产监督管理机构的安全生产行政职权和职责，是安全生产监督管理机构行使权力、履行义务的综合的表现。安全生产行政职权是安全生产监督管理机构享有安全生产行政权力的具体表现。这是安全生产监督管理机构领导、组织和管理国家安全生产行政事务的核心问题。因为，一个行政机构在行使行政事务活动中，既要有权，又要有责。不能仅有权而无责，也不能仅有责而无权，必须权责统一，才能实现行政事务管理活动的目的。

(一) 安全生产行政职权

安全生产行政职权是指安全生产监督管理机构依法享有的对安全生产领域方面的行政事务，按照一定的方式进行组织与管理的行政权力。它是安全生产监督管理机构享有安全生产行政权力的具体表现。

安全生产行政职权有两类：一类是法定的职权，它随着安全生产监督管理机构依法设置而产生，并随着安全生产监督管理机构的变更、消灭而变更、消灭；另一类是授予的职权，它是由权力机关授予而产生的，并随着授权机关的撤回或该组织的消灭而消灭。

由于权限大小、内容繁简的不同，各级安全生产监督管理机构的安全生产行政职权是不一样的。大致有以下几种权限：

(1) 制定安全生产法规、规范权。即安全生产监督管理机构制定安全生产法规、规章、技术标准和规范的权力。

(2) 安全生产行政决策权。即安全生产监督管理机构对国家安全生产行政事务有权作出决策。

(3) 安全生产行政命令权。即安全生产监督管理机构要求下属机构对安全生产行政事务必须作为或禁止作为的指示或命令。

(4) 安全生产行政处置权。即安全生产监督管理机构在紧急情况下对正在危害或可能危害生产安全的人或物所作出的紧急处理行为。

(5) 安全生产行政决定权。即安全生产监督管理机构依照法律法规和法定程序对安全生产行政相对人的权利和义务进行单方面的处置行为。

(6) 安全生产行政强制执行权。即安全生产监督管理机构依法强制那些逾期拒不履行安全生产行政处理决定所规定的义务的当事人履行义务的安全生产行政行为。

(7) 安全生产行政许可权。即安全生产监督管理机构对符合法定条件的生产经营单位赋予其从事某种事项的权力或资格的权力。如对生产、储存、运输、经营危险化学品的认证许可。

(8) 安全生产行政确认权。即安全生产监督管理机构认可或否认某个涉及安全生产的法律事实或法律关系的权力。如对生产安全事故原因、责任的认定；对安全生产违法违章行为的确认等。

(9) 安全生产行政救助权。即安全生产监督管理机构对发生的生产安全事故或其他事故的救援权。

(10) 安全生产行政制裁权。也就是安全生产监督管理机构对安全生产行政相对人违反安全生产法规予以某种处罚的权力。

(11) 安全生产行政检查权。即安全生产监督管理机构依法对安全生产行政相对人履行法定义务的情况进行监督检查的权力。

(12) 安全生产行政司法权。即安全生产监督管理机构解决安全生产行政争议的权力。包括对安全生产民事争议的调解、仲裁，安全生产行政处罚等。

(二) 安全生产行政职责

安全生产行政职责是指安全生产监督管理机构在管理国家安全生产行政事务中，依照法律的规定必须履行的义务，是安全生产监督管理机构履行法定义务的具体表现。安全生产监督管理机构享有和行使安全生产行政职权，必须同时履行安全生产行政职责，它是安全生产监督管理机构行使安全生产行政职权的前提，不能有权无责，也不能有责无权，要做到权责统一。安全生产行政职责的核心是依法行政。主要内容是：

(1) 安全生产监督管理机构必须依照法定职权，在法定的权限内履行职责，不失职，不渎职。

(2) 安全生产监督管理机构必须依法行使职责，不越权行事，不滥用职权，不能有责不负、有规不守、有章不循。

(3) 安全生产监督管理机构实施安全生产行政行为，必须严格遵守法定程序，避免程序违法。

(4) 安全生产监督管理机构的一切安全生产行政活动，必须在合法的前提下进行，同时还必须遵循合理的原则，避免安全生产行政失当。

安全生产行政职责是义务，因此，安全生产监督管理机构不能放弃职责和违反法律，否则应承担相应的法律责任。安全生产行政责任是违反行政法规规定引起的法律后果。

## 第三节 安全生产行政执法员

### 一、安全生产行政执法员的概念

安全生产行政执法员是依法代表安全生产监督管理机构行使国家安全生产行政权的工作人员，是安全生产行政的主体之一。安全生产行政执法员的特征：

(1) 必须是在各级安全生产监督管理机构中的工作人员。也就是说在国家安全生产监督管理总局（煤矿安全生产监察局），省、自治区、直辖市安全生产监督管理局（煤矿安全生产监察局），地、市、州、盟安全生产监督管理局（煤矿安全生产监察局），县、市、旗和城市区安全生产监督管理局（煤矿安全生产监察局）的工作人员。

(2) 必须是行使国家安全生产行政权力，执行国家安全生产行政事务的人员。也就是说担任安全生产行政职务，以国家代表的身份，行使国家安全生产行政权，对国家安全生产行政事务进行管理活动的人员。因此，在安全生产监督管理机构中工作的，并不都是安全生产行政执法人员。如安全生产监督管理机构中的后勤人员、政工人员，因为他们不直接从事安全生产行政执法活动，所以不能称为安全生产行政执法人员。有直接从事安全生产行政执法活动，并经设区的地市级以上各级人民政府法制办公室统一考试，取得安全生产行政执法上岗资格的人员，才可以称为安全生产行政执法员。

### 二、安全生产行政执法员的义务

#### （一）安全生产行政执法员义务的概念

安全生产行政执法员的义务是行政职务关系的重要内容之一，是基于安全生产行政执法员的职责和身份，由法律规定的安全生产行政执法员必须作出一定行为或不得作出一定行为的约定，并以国家强制力保障其履行。这一概念包括三层含义：

(1) 安全生产行政执法员的义务是以其身份和职责为基础的，离开了这一基础，就谈不上安全生产行政执法员的义务，这是从主体上区分安全生产行政执法员义务与其他义务的区别。

(2) 安全生产行政执法员义务的内容。主要包括：一是必须依法作出一定行为，按照其身份和职责完成工作任务。二是必须依法不得作出某些行为。如必须遵纪守法，不得违纪违法。三是无权放弃和不履行自己的义务。

(3) 安全生产行政执法员的责任。安全生产行政执法员不依法履行自己的义务，或拒绝履行自己的义务时，将依法承担相应的法律责任，这就是安全生产行政执法员的责任。

安全生产行政执法员的责任一般有接受身份处分、行政处分、行政赔偿和刑事责任四种。

1) 身份处分。是指安全生产行政执法员不能胜任所担负的公务或拒不接受工作安排时所引起的法律后果，即安全生产行政执法员身份的丧失。按规定安全生产行政执法员在年度考核中，连续两年被确定为不称职的；不胜任工作，又不接受其他安排的；不履行安全生产行政执法员义务，不遵守纪律，经多次教育仍无转变，又不宜给予开除处分的，将丧失其安全生产行政执法员的身份。

2) 行政处分。是指安全生产行政执法员由于轻微违法和违纪行为引起的一种法律后果。行政处分分为：警告、记过、记大过、降级、撤职和开除六种。

3) 行政赔偿。是指由安全生产监督管理机构或安全生产行政执法员职务侵权行为直接引起的，是一种专属安全生产监督管理机构的纯财产责任。一般是由安全生产监督管理机构先行承担赔偿责任，如果安全生产行政执法员个人有过错，根据执法员过错程度，再由执法员承担相应的行政赔偿责任。

4) 刑事责任。是指安全生产行政执法员职务犯罪，又足以科刑而引起的一种法律责任。安全生产行政执法员的刑事责任，应根据其职务犯罪的程度和刑法的有关规定而确定。

(二) 安全生产行政执法员的义务的内容

1. 遵守和执行国家宪法、法律和法规

宪法、沃律和法规，是广大人民意志和根本利益的体现，是保护人民，打击敌人，惩罚犯罪，巩固国家政权，保障和促进特色社会主义现代化建设的有力武器。任何违法行为，都是损害国家和人民利益的行为。安全生产行政执法员是代表安全生产监督管理机构行使国家安全生产行政工作的，必须遵守法律，廉洁奉公，不徇私情，严格依法办事，维护宪法、法律和法规的尊严和统一。

2. 依照国家法律、法规和政策执行公务

依照国家法律、法规和政策执行公务，是安全生产行政执法员工作的基本准则。一切安全生产监督管理机构及其安全生产行政执法人员，都必须在法律范围内活动，依法行政，依法办事。认真执行国家的政策，是安全生产行政执法人员的一项政治纪律。这是每一个安全生产行政执法人员都必须履行的义务，不得各行其是，或者公开、变相地抵制和反对。同时，办事要认真负责，注重调查研究，注重质量，讲究效率。自己职责内的事或上级交办的事，要按规定的时限完成，紧急的事，要及时处理。

3. 密切联系群众，倾听群众意见，接受群众监督，全心全意为人民服务

为人民服务是安全生产行政执法人员的天职。当好一名安全生产行政执法人员，必须密切联系群众，倾听群众意见，接受人民群众监督。首先，要确立人民群众是国家主人的

思想，坚持从群众中来，到群众中去的工作方法。其次，决定关系到人民群众切身利益问题时，要了解群众的呼声，倾听群众的意见，集中群众的智慧。再次，定期向人民群众报告工作，接受群众的监督。

4. 维护国家的安全、荣誉和利益

安全生产行政执法员既是国家工作人员，又是公民，必须担负双重义务。维护国家的安全、荣誉和利益，是每个安全生产行政执法人员的神圣职责。因此，每个安全生产行政执法人员必须胸怀祖国，以高度的责任感关心国家安全；必须树立高度的国家荣誉感，把国家的尊严置于崇高的地位，以自己的行为为国家增光添彩；必须把国家的利益放在第一位，不做丧失人格、国格，败坏祖国荣誉的事，不因个人的失误给国家经济利益和政治利益造成损失。

5. 忠于职守，勤奋工作，尽职尽责，服从命令

忠于职守，是要求安全生产行政执法员要热爱本职工作，安心本职工作，献身本职工作，具有强烈的事业心。同时要求安全生产行政执法人员在任何条件下，都必须坚持真理，坚守工作岗位，不得散布有损政府声誉的言论或采取反对政府的行为。勤奋工作，是要求安全生产行政执法人员发愤图强，努力工作，完成领导交给的各项工作任务。尽职尽责，是要求安全生产行政执法人员对所任职务要求自己做的工作都应做到，对所做的每一件工作都竭尽全力负责到底。服从命令，是要求安全生产行政执法人员服从其主管领导或上级领导下达的命令，听从领导的指挥。在行政工作中，上级有指挥下级之权，下级有服从上级之责，每个人员都有服从命令，听从指挥的义务。只有步调一致，行动统一，才能保证事业取得胜利。

6. 公正廉洁，克己奉公

安全生产行政执法人员是为人民服务的，国家和人民赋予的职权是为执行公务提供的武器，必须正确运用，公道正派，廉洁奉公，严格要求自己，不以权谋私。这是安全生产行政执法人员必须遵守的纪律和应履行的义务。公正廉洁，就是要做到秉公执法，清正廉明，办事公道，不徇私情。不利用职权对他人进行打击报复，不利用职权为本人或亲属谋取私利，不行贿受贿，不要特权。克己奉公，就是要做到艰苦朴素，对工作兢兢业业，无私奉献。

7. 保守国家秘密和工作秘密

安全生产行政执法人员应做到：不该说的秘密，绝对不说；不该问的秘密，绝对不问；不该看的秘密，绝对不看；不该记录的秘密，绝对不记；不在非保密本上记录秘密；不在私人通信中涉及秘密；不在公共场所和配偶、子女、亲属面前谈论秘密；不在不利于保密的地方存放秘密文件、资料；不在普通电话、明码电报、普通邮局传递秘密事项；不携带秘密材料游览、参观、探亲、访友和出入公共场所。

## 三、安全生产行政执法员的权利

### （一）安全生产行政执法员权利的概念

安全生产行政执法员的权利，是指由法律规定的安全生产行政执法员能够作出或不作出一定行为，以及要求他人相应作出或不作出一定行为的许可和保障。安全生产行政执法员享有的权利是基于其身份发生的，以履行职责为前提的职权。这一概念包括三层含义：

（1）法律规定的安全生产行政执法员的权利，是以其身份和职责为前提的，是为了使其更有效地行使国家安全生产行政权、执行国家安全生产行政公务，而且这种权利的行使必须是在行使国家安全生产行政权、执行国家安全生产行政公务的过程中，这是法律规定安全生产行政执法员权利的出发点和归宿。

（2）安全生产行政执法员的权利内容，主要包括：一是有权依法取得或享受某种利益，如工资、福利待遇等；二是有权作出或不作出某种行为，如提出辞职或不提出辞职；三是有权要求他人作出或不作出某种行为，以保障自己权利的实现，如有权提出申诉控告，有关机关应予以答复；四是有权依照自己的意愿不享受或放弃其某些权利，如可享受的福利待遇也可以放弃。但与职务有关的职权不能放弃。

（3）安全生产行政执法员的合法权益受到非法侵犯时，有权提起诉讼，要求国家机关依法给予保护或恢复权利。

### （二）安全生产行政执法员的权利的内容

#### 1. 职业保障权

职业保障权是指安全生产行政执法员依法担任安全生产行政职务，非因法定事由和非经法定程序不得被免职、降职、辞退和受行政处分。只要安全生产行政执法人员奉公守法、无过错，其职务就受到保护，任何人无权以自己的好恶，随便以私意罢黜或处罚。如果安全生产行政执法人员违法违纪、渎职、失职，或有以权谋私以及其他错误行为，应当受到惩处，但必须按照法律程序办理。安全生产行政执法人员具有这项权利，有利于执法人员仗义执言，不畏权势，坚决贯彻国家的政策和法律，有利于执法人员同违法违纪行为和一切不正之风作斗争。

#### 2. 职权保障权

职权保障权包括职权获取保障权和依法行使职权保障权。职权获取保障权，是指安全生产行政执法人员为了履行法定职责，有权获取与其担任职务相应的法定权力，任何人不得从中截留和剥夺，其职权受到法律保障。依法行使职权保障权，是指安全生产行政执法人员依法具有在权限内执行国家公务的权力，任何人不得妨碍其从事公务活动，任何妨碍其执行职务的非法行为，都应依法制裁。

#### 3. 受教育权

受教育权是安全生产行政执法人员不断增长知识，提高思想水平，提高自身素质，增强才干，开发潜在智力与能力，做好本职工作的重要保障。因此，安全生产行政执法人员有权参加政治理论、业务技术和科学文化知识学习。有权要求进修学习，接受培训。安全生产监督管理机构应提供时间上的方便和经济上的支持，以保障他们受教育的权利。

#### 4. 批评和建议权

批评和建议权是指安全生产行政执法人员不仅有权向本机构的领导和工作提出批评与建议，也有权向上级机关和部门领导提出批评和建议。对于他们正确的批评和建议，有关机关和领导应虚心接受，认真研究，及时改进，决不能束之高阁或敷衍塞责，更不能对批评建议者打击报复。规定安全生产行政执法人员的这项权利，对于激发安全生产行政执法人员的主人翁责任感，更好地调动他们的积极性，做好工作，促进机关及其领导人员克服官僚主义，改进工作作风，及时纠正偏差和失误，都是十分有益的。

5. 申诉和控告权

安全生产行政执法员的申诉权，是指安全生产行政执法人员对涉及个人处理的决定不服，有权向有关机关申诉、请求复议和重新处理。安全生产行政执法人员的控告权是指安全生产行政执法人员对国家机关和国家工作人员的渎职、失职、打击报复和栽赃陷害，以及其他违法违纪行为，有权向有关机关和部门提出控告，包括向上级领导机关、上级领导人、监察部门和司法部门提出控告。确立安全生产行政执法人员的合法权益，有利于检举揭发有关机关和工作人员的违法违纪行为，伸张正义，打击邪恶，保障安全生产监督管理机构及其安全生产行政执法人员清正廉洁。

## 四、安全生产行政执法员义务与权利的关系

安全生产行政执法员的义务与权利，不是安全生产行政执法员之间的权利关系，也不是安全生产监督管理机构与安全生产行政执法员之间的义务权利关系，而是国家与安全生产行政执法员之间的义务与权利的关系。安全生产行政执法员的义务与权利同时产生，相互依存，两者是不可分割的。

### （一）安全生产行政执法员义务与权利的相互依存性

安全生产行政执法员的义务与权利是相互依存、密不可分的统一体。在安全生产行政执法员与国家构成职务法律关系时，义务与权利同时产生。安全生产行政执法员既享有法定权利，同时又承担法定义务。安全生产行政执法员享有法定的权利以履行法定义务为前提，而安全生产行政执法员履行的法定义务，又以享有法定权利为保障，两者是相互依存的。如安全生产行政执法员要履行依法行使安全生产行政管理的义务，他就必须依法享有国家规定的行使安全生产行政管理职权。

### （二）安全生产行政执法员权利与义务的同一性

安全生产行政执法员的权利与义务有些内容是同一的，既是权利又是义务。如安全生产行政执法员要求学习和培训，要求依法执行公务，这些都既是权利，又是义务。

### （三）安全生产行政执法员权利与义务的相对性

安全生产行政执法员的权利与义务之分不是绝对的。如安全生产行政执法员依法履行公务，对其所在的安全生产监督管理机构而言，是履行义务，而对安全生产行政相对人而言，则又是该执法员的法定职权。因此，这种权利和义务是相对的，而不是绝对的。

### （四）安全生产行政执法员之间权利与义务的平等性

安全生产行政执法员之间的权利与义务都是平等的。安全生产行政执法员不分民族、种族、年龄、性别、宗教信仰、职级高低等等，都平等地享有法定的权利，承担法定的义务。

明确安全生产行政执法员的权利与义务之间关系，有助于安全生产行政执法员树立正确的权利与义务观，有利于社会和广大公民对安全生产行政执法员执行公务行为进行监督，也便于执法人员更好地为人民服务。

## 五、安全生产行政执法员的素质

安全生产行政执法员在安全生产监督管理机构中，是具有一定的执法责任，拥有相应的执法职权，并通过执法活动影响生产经营单位安全生产绩效的工作人员，也就是说安全

生产行政执法员在安全生产监督管理机构中是把执法责任、执法职权、执法业务活动有机紧密结合起来，并产生执法效果的工作人员。安全生产行政执法效果如何，在很大程度上取决于安全生产行政执法员的素质水平和工作状况，因此，安全生产行政执法员的素质十分重要。

虽然安全生产行政执法员各人所处的岗位不同，经历不同，对其素质要求也不尽相同，但是，有其共同的、最基本的要求。

（一）政治思想素质

政治思想是指为实现党和国家意志的客观存在且反映在人的意识中经过思维活动而产生的结果。政治思想素质的高低直接影响人的行为的正确与否，它是做好安全生产行政执法工作的前提，因此，要求安全生产行政执法员要矢志不渝地坚持共产主义理想，坚定不移地走社会主义道路，毫不动摇地坚持党的基本路线。坚决维护人民群众的利益，树立全心全意为人民服务的观念。坚决维护党和政府的权威，自觉地与党中央保持一致，正确处理好全局与局部的关系，牢固树立服从全局的思想。保持清醒的头脑，分清是非，区别真假，辨别善恶，对大是大非问题具有较强的政治鉴别力。有能倾听各种不同意见的修养，善于处理各方面问题的能力。有团结同志，不怕困难，开拓进取，勇于创新精神和机智果断、雷厉风行的工作作风。始终把自己所从事的安全生产工作与党和人民的事业紧密地联系在一起，深深懂得自己从事的每一项工作都是为共产主义大厦添砖加瓦，如果自己所担负的工作没有做好，都会不同程度地直接影响党和人民整个事业的发展。有了这样的政治思想素质，才会有做好本职工作的动力，才能自觉地做好安全生产行政执法工作。

（二）道德素质

道德是指人们共同生活及其行为的准则和规范。道德素质是做好安全生产行政执法工作的基础。因此，安全生产行政执法员应有严于律己的道德修养，即对自己的道德品质、道德行为坚持自我反思、自我省察，自我锻炼、自我改造，做到人格上自重，心灵上自省，思想上自警，精神上自励。与同志之间共事，要思想上合心，组织上合成，行动上合力，做到共事不越权，配合不争权，尽职不争功，处事不投机，尊重不奉承，交心不隐瞒，纠偏不护短。当老实人，说老实话，做老实事，不说假话，不图形式，不欺骗他人。在公务活动中，忠实地履行职责，注重调查研究，不偏听偏信，重事实重证据，办事公平合理。对待群众不搞特权，不要威风，不刁难欺压群众，不侵犯群众利益，不以权谋私，做到文明执法，礼貌待人，主动热情，耐心周到，以理服人。自觉地抵制不正之风的侵袭，不为金钱所惑，不为美色所诱。树立清正廉洁的风范，永保洁身自好和一身正气的品格，“做一个高尚的人，一个纯粹的人，一个有道德的人，一个脱离了低级趣味的人，一个有益于人民的人”。

（三）知识素质

知识是指人们在改造世界的实践中所获得的认识和经验的总和。知识素质是做好安全生产行政执法工作的条件。因此，安全生产行政执法员应具有一定的知识。知识是执法实践的指南，没有足够的知识就很难完成安全生产行政执法任务。作为一个安全生产行政执法员，应该具备和掌握哪些知识呢？归纳起来应起码具备和掌握这五个方面的知识：一是政治理论知识。它可以帮助自己把握政治方向，用辩证唯物主义和历史唯物主义的观点认识问题、分析问题、处理问题；二是科学文化知识。它是学习其他知识的基础，没有这个基础，其他知识都很难学得好；三是安全生产科学理论知识。它可以帮助自己按照安全生产客观规律办事，解决安全生产实践中的问题；四是法学知识。它可以帮助自己严格、公正、文明执法，做到违法必究，秉公办事；五是现代科学知识。包括信息论、控制论、系统论、社会学、心理学等方面的知识，这些知识可以帮助自己运用各门学科的研究成果来进行科学文明执法。这里讲的知识素质，不仅仅是书本知识，也不仅仅是实际知识，而是书本和实际相结合的实践知识，这样的知识才是管用的知识。

（四）业务素质

业务是指个人的专业工作。业务素质是做好安全生产行政执法工作的保障。因此，每个安全生产行政执法员应成为本专业的专家、内行、业务通。不仅能熟练地处理日常业务，而且要有处理各种复杂问题的能力。这种能力包括组织能力，就是把工作中的各种要素组织起来，充分发挥各个方面的作用；指挥能力，安全生产行政执法员在岗位上负责一方面的工作，这不仅要自己积极主动地干，还要指挥有关方面人员干，指挥科学得力，工作就会顺利、有效地进行，就能取得工作成效；宣传教育能力，就是能给他人宣传安全科学、法律知识，调动各方面的积极性，为实现共同的安全生产目标做好工作；应变能力，在工作中往往会遇到预想不到的新情况、新问题，这就需要有适应新情况，解决新问题的能力，有了这种能力才能保证在千变万化的情况下，立于不败之地。

# 第三章　安全生产行政执法行为

安全生产行政执法行为是安全生产行政执法的核心问题。它是安全生产监督管理机构各种权力的表现形式。在安全生产行政执法活动中，执法的公正性、适用法律的准确性都体现在行为上。因此，研究安全生产行政执法行为，对科学用法、严格执法具有重要的意义。

## 第一节　安全生产行政执法行为的概念

安全生产行政执法行为是指安全生产监督管理机构为实现国家安全生产行政权而依法实施安全生产行政管理职能，直接或间接产生安全生产行政法律效果的行为。也就是把具有普遍约束力的安全生产行政法规、规范适用于具体生产经营单位或个人的行为。这一概念具有以下三层含义：

（1）安全生产行政执法行为的主体必须是安全生产监督管理机构。即只有安全生产监督管理机构依法实施的行为才能称为安全生产行政执法行为。也就是说只有被法律赋予了安全生产行政执法权的安全生产监督管理机构，负责对国家安全生产行政事务进行管理，实施安全生产行政执法才是安全生产行政执法行为。国家其他行政机关的行政执法行为不称为安全生产行政执法行为。同时，国家其他机关、企事业单位、社会团体等均无权代表国家实施安全生产行政执法行为。但是，国家授予其他行政机关作为安全生产行政主体，实施安全生产行政权的行为也是安全生产行政行为。如道路、铁路、水上、民航、建设等有关部门都具有一定的安全生产行政执法权。

（2）安全生产行政执法行为是安全生产监督管理机构依法行使国家安全生产行政管理职能的行为。因为安全生产监督管理机构的行为不一定都是安全生产行政执法行为，如安全生产监督管理机构内的政工、后勤工作，不是安全生产行政执法行为，而是安全生产监督管理机构内的行政管理行为，是安全生产行政执法行为的权力要素。只有安全生产监督管理机构代表国家依法行使的对国家安全生产行政事务进行组织和管理的行为，才是安全生产行政执法行为。

（3）安全生产行政执法行为，是安全生产监督管理机构依法实施的职能直接或间接产生法律效果的行为。如安全生产监督管理机构内部事务的管理行为，不具备国家性质，因此不是安全生产行政执法行为。只有安全生产监督管理机构依法实施的对安全生产行政相对人的权利义务直接或间接产生影响的行为才是安全生产行政执法行为。如安全生产检查、高危行业建设工程“三同时”审查、核发危险化学品生产、贮存、运输许可证等。因为这些行政行为都具有法律要素，所以才是安全生产行政执法行为。

## 第二节　安全生产行政执法行为的分类

安全生产行政执法行为的分类是依据不同的标准和从不同的角度，对安全生产行政执法行为进行的归类。通过安全生产行政执法行为的分类，明确各类安全生产行政执法行为的法律责任，便于人们认识和掌握不同安全生产行政执法行为的法律特征，以利于增强法制观念，同时也便于安全生产监督管理机构及其安全生产行政执法人员依法行政。

### 一、作为安全生产行政执法行为与不作为安全生产行政执法行为

依据安全生产行政执法行为的目标取向，安全生产行政执法行为可以划分为作为安全生产行政执法行为与不作为安全生产行政执法行为。

作为安全生产行政执法行为是采取积极的方式，主动实施的安全生产行政执法行为。如进行安全生产检查、审查危险化学品建设工程安全设施设计、发放《危险化学品经营许可证》、作出安全生产行政处罚决定等。不作为安全生产行政执法行为是采取消极的方式，不作为的安全生产行政执法行为。它包括履行不作为义务的行为和不履行甚至拒绝履行应作为义务的行为。前者是合法的不作为，后者则是违法的不作为。如安全生产法规定安全生产行政执法人员不准利用职务为用户指定品牌或者指定生产、销售单位的安全设备、器材或其他产品，而安全生产行政执法人员没有作的则是合法的不作为。又如生产经营单位或个人经营的投资者向安全生产监督管理机构申请办理《危险化学品经营许可证》，或者要求进行危险化学品建设工程安全设施的设计审查，而安全生产行政执法人员拒绝或不予理睬的行为，则是违法的不作为。消极的不作为从外表形式上看似乎没有行为，但从法律上讲，这种“不作为”却能影响生产经营单位或个人经营的投资者的权利义务。如不予理睬申请办理证件，就制约了生产经营单位或个人经营的投资者应有的权利的实现。因此，不作为是一种特定的具体安全生产行政行为，对于这种具体安全生产行政行为，公民、法人或其他组织不服的，可以申请安全生产行政复议和提起安全生产行政诉讼。

划分这两种安全生产行政执法行为的意义在于，这两种不同的安全生产行政执法行为可能造成的违法的种类不同，作为安全生产行政行为是指应该履行的职责而不去履行，其造成的后果是安全生产行政失职。不作为安全生产行政执法行为是指法律上规定不应该做的事而去做了，其造成的后果则不构成安全生产行政失职，而是安全生产行政违法。如在执法中乱收费、乱罚款，其行为便不是安全生产行政失职，而是安全生产行政违法。

### 二、要式安全生产行政执法行为与不要式安全生产行政执法行为

依据安全生产行政执法行为的方式，安全生产行政执法行为可以分为要式安全生产行政执法行为与不要式安全生产行政执法行为。

要式安全生产行政执法行为是指法律有严格明确的形式要求，必须具备一定的合法形式或遵守一定的程序才能产生法律效力或后果的行为。如行政拘留就必须经过传唤、讯问、取证、裁决的程序来进行。

不要式安全生产行政执法行为是指法律没有明确规定必须具备的特定形式或程序，事实上不采取必要的形式，允许安全生产行政主体自行选择适当的形式来进行即可生效的行政行为。如告知行为、送达行为等。

区别要式安全生产行政执法行为与不要式安全生产行政执法行为的意义在于，要式安全生产行政执法行为不符合法定的形式或程序则为形式或程序违法，而不要式安全生产行

政执法行为则不会构成形式或程序违法问题。

### 三、主动安全生产行政执法行为与被动安全生产行政执法行为

依据安全生产行政执法行为的主、被动性，安全生产行政执法行为可分为主动安全生产行政执法行为与被动安全生产行政执法行为。

主动安全生产行政执法行为是指安全生产监督管理机构根据法律赋予的职权，无须相对方请求进行的安全生产行政执法行为。如查处安全生产违法违章行为，调查生产安全事故原因等。被动安全生产行政执法行为是指安全生产监督管理机构必须在相对方提出申请后才能进行的安全生产行政执法行为。如发放《安全生产许可证》、《危险化学品准购证》等。

主动安全生产行政执法行为与被动安全生产行政执法行为其区别在于，动因不同，要求不同。主动安全生产行政执法行为是法律赋予安全生产监督管理机构主动作为的职权，应主动作为而不作为就构成失职。被动安全生产行政执法行为，是安全生产监督管理机构应被申请的安全生产行政行为，相对方不申请，安全生产监督管理机构不能主动为之。但对相对方当事人的申请有给予答复的义务，迟延或拒绝答复，将引起安全生产行政诉讼后果。

### 四、可诉安全生产行政执法行为与不可诉安全生产行政执法行为

依据安全生产行政执法行为提起安全生产行政诉讼的范围，安全生产行政执法行为可分为可诉安全生产行政执法行为与不可诉安全生产行政执法行为。

可诉安全生产行政执法行为，是指直接涉及生产经营单位或个人经营的投资者的权利与义务，一般可以提起安全生产行政诉讼的行政行为。如我国《行政诉讼法》第十一条规定的8种具体行政行为都是可以提起安全生产行政诉讼的，这就是可诉行政行为。在安全生产行政执法中，如果生产经营单位或个人经营的投资者对《行政诉讼法》第十一条规定中的某一具体行政行为不服的，就可以向人民法院提起安全生产行政诉讼，安全生产监督管理机构将会成为被告。不可诉安全生产行政执法行为，是指不直接涉及生产经营单位或个人经营的投资者的权利与义务，一般不能提起安全生产行政诉讼，或者虽然涉及生产经营单位或个人经营的投资者的权利与义务，但是当时条件不具备，也不能提起行政诉讼，这就是不可诉行政行为。我国《行政诉讼法》第十二条规定的4种行政行为不能提起诉讼，都属于不可诉行政行为。

### 五、羁束安全生产行政执法行为与自由裁量安全生产行政执法行为

依据安全生产行政执法行为受法律羁束的程度，安全生产行政执法行为可分为羁束安全生产行政执法行为与自由裁量安全生产行政执法行为。

羁束安全生产行政执法行为是指行为的范围、方式、程序、手段等均由法律规定，安全生产监督管理机构必须严格依照法律规定办事，没有自由选择的余地。如危险化学品建设项目的设立批准、安全设施的设计审查以及竣工验收。安全生产监督管理机构就必须按照安全生产技术标准进行审查和验收，而不能自行确定，不审查、不验收。

自由裁量安全生产行政执法行为是指行为的范围、方式、程序、手段等由法律规定留有一定的余地或幅度，安全生产监督管理机构在实施具体行政行为时可以斟酌、选择，加

入自己的意志，即在法律范围内安全生产监督管理机构有一定的选择余地。如我国《安全生产法》第八十四条规定，未经依法批准，擅自生产、经营、储存危险物品的，责令停止违法行为或者予以关闭，没收违法所得，违法所得10万元以上的，并处违法所得一倍以上5倍以下的罚款，没有违法所得或者违法所得不足10万元的，单处或者并处两万元以上10万元以下的罚款；造成严重后果，构成犯罪的，依照刑法有关规定追究刑事责任。它规定了处罚的种类和幅度，这就是具有一定自由裁量余地的规定，在实施对行为人进行处罚时，可在法定的范围内，根据违法情节的轻重自由裁量作出处罚决定。

### 六、赋予权利安全生产行政执法行为与剥夺权利安全生产行政执法行为

依据安全生产监督管理机构和安全生产行政相对人的权利与义务关系，安全生产行政执法行为可分为赋予权利安全生产行政执法行为和剥夺权利安全生产行政执法行为。

赋予权利安全生产行政执法行为是指设定法律上的能力、权利与法律地位。它是安全生产行政相对人享有的法律上的能力、权利与法律地位，一般称这种安全生产行政行为为设权或授予的安全生产行政行为。如生产经营单位的从业人员有权了解其作业场所和工作岗位存在的危险因素、防范措施及事故应急措施，有权对本单位的安全生产工作提出建议，这种行为就属于赋予权利的安全生产行政执法行为。

剥夺权利安全生产行政执法行为是指使安全生产行政相对人依法丧失原有能力或权利的一部分或全部，或取消其法律地位的安全生产行政行为。如生产经营单位因严重违反安全生产法律，可依法给予责令停产停业或停止建设，就属于剥夺权利的安全生产行政执法行为。

### 七、设定义务安全生产行政执法行为与免除义务安全生产行政执法行为

依据安全生产监督管理机构和安全生产行政相对人的权利与义务的关系，在安全生产行政执法行为分类中，还可以分为设定义务安全生产行政执法行为与免除义务安全生产行政执法行为。

设定义务的安全生产行政执法行为是指依法要求安全生产行政相对人为一定行为或不为一定行为。如依法要求安全生产行政相对人在发生安全生产事故后，事故现场有关人员应当立即报告本单位负责人。单位负责人接到事故报告后，应当迅速采取有效措施，组织抢救，防止事故扩大，减少人员伤亡和财产损失；并按照国家有关规定立即如实报告当地负有安全生产监督管理职责的部门，不得隐瞒不报、谎报或者拖延不报，不得故意破坏事故现场、毁灭有关证据。前者是规定作为的义务，后者是规定不作为的义务。

免除义务的安全生产行政执法行为是指对一般人应负的义务，依法在特定情况下，对特定的组织或特定的人免除其义务的安全生产行政行为。如小孩玩火引起火灾，安全生产监督管理机构根据其行为能力，依法免除其应负的法律责任的行为，属于免除义务的安全生产行政行为。

研究和区分安全生产行政执法行为具有一定的法律意义，有利于依法行政。

## 第三节 安全生产行政执法行为的效力

安全生产行政执法行为的效力是指合法的安全生产行政行为一经作出即具有法律效

力。相反，违法的安全生产行政行为从作出开始则无法律效力，即无效。

## 一、安全生产行政执法行为有效性的条件

安全生产行政执法行为的有效性必须具备一定的条件。所谓有效性是指法律要求安全生产监督管理机构实施安全生产行政执法行为时必须遵守或符合的条件。只有遵守或符合这些条件，安全生产行政执法行为才能成立，才能产生法律效力。否则，该安全生产行政执法行为就是无效的行为或可被撤销的行为。安全生产行政执法行为有效性的条件：

### （一）执法行为的主体合法

安全生产行政执法行为有效性的成立，首先要求实施安全生产行政执法行为的主体合法。具有主体资格的安全生产监督管理机构才能进行安全生产行政执法活动，其安全生产行政执法行为才具有法律效力。否则，就是违法行为，其行为就不具有法律效力。

### （二）执法行为符合法定的权限

法律确定了各级安全生产监督管理机构的职责权限，安全生产监督管理机构只能在自己的职责权限范围内就自己主管的事项作出安全生产行政执法行为，超越自己的权限范围所进行的各种安全生产行政执法活动都是越权行为，或者是滥用职权的行为。

### （三）执法行为的内容合法

执法行为的内容合法是指安全生产行政执法行为的内容要合乎法律规定。安全生产行政执法行为如果违反了法律禁止的规定，或超出法律所规定的范围、幅度，或明显不合乎公共利益，这样的行为均为无效的安全生产行政执法行为。

### （四）执法行为符合法定程序

法定程序是指实施安全生产行政执法行为时所必须要经历的过程和步骤。它是保证安全生产行政执法行为正当、合法的必要条件。这就要求安全生产监督管理机构在实施安全生产行政执法时，必须严格按照有关法律规定的程序办事，才能使安全生产行政执法行为有效成立。如安全生产行政强制执行，必须经过决定、告诫、执行三个阶段。

### （五）执法行为符合法定形式

法律法规明确规定了安全生产行政执法行为必须具备一定的形式，安全生产监督管理机构在实施安全生产行政执法时要严格遵守规定的形式。这样，安全生产行政执法行为才能有效。至于何种行为采取何种形式，法律法规均有明确的规定。如许可证形式，责令停止建设指令书形式等。

## 二、安全生产行政执法行为的效力

安全生产行政执法行为是安全生产监督管理机构代表国家执行安全生产法律法规，行使安全生产行政管理权力的行为，它一旦合法实施，就必然产生一定的法律效力。安全生产行政执法行为的效力主要表现在三个方面。

### （一）确定力

安全生产行政执法行为的确定力是指安全生产行政执法行为有效成立后，非依法不得随意变更或撤销。确定力可以分为形式上的确定力和实质上的确定力。形式上的确定力是指安全生产行政执法行为告知或受领后一定期间内，安全生产行政相对方安全生产行政当事人没有表示异议或提起诉讼，请求变更或撤销，其期间过后即认为行为合法有效，不能

变动。实质上的确定力是指安全生产行政执法行为正式生效后，在通常情况下，其内容非依法不能再变动。从根本上讲确定力是对双方而言的，就安全生产监督管理机构而言，不能再就行为的同一事项又作出不同的决定；就安全生产行政相对方当事人来说，也不能再就同一事项请求变动。

（二）拘束力

安全生产行政执法行为的拘束力是指安全生产行政执法行为的约束效力。它包括两个方面。一是对安全生产监督管理机构自身的拘束力。安全生产行政执法行为成立后，无论是实施行为的安全生产监督管理机构，还是该机构的上级机构或下级机构，在该安全生产行政执法行为未受合法撤销或变更之前，都要受其拘束。二是对安全生产行政相对方当事人的拘束力。安全生产行政执法行为是安全生产监督管理机构代表国家作出的行为，相对方当事人必须遵守服从，无论安全生产行政执法行为是确定的权利还是设定的义务，安全生产行政相对人都必须正当行使权利，或完全实际地履行义务。

（三）执行力

安全生产行政执法行为的执行力是指安全生产行政执法行为成立后，安全生产监督管理机构具有依法采取一定手段，使安全生产行政执法行为的内容得以完全实现的效力。安全生产行政执法行为是维护社会公共秩序、增进社会公共利益的行为，安全生产行政相对人必须严格遵守执行。当其不执行时，安全生产监督管理机构可依法采取一定的手段强制执行，以实现维护社会公共秩序，增进社会公共利益的目的。

安全生产行政执法行为的执行力只能在有关机关确认该行为无效后才停止执行，在申请安全生产行政复议和安全生产行政诉讼期间，安全生产行政执法行为实行执行不停止原则，这是为了保证安全生产监督管理机构实施安全生产管理连续性的需要，但也可以有条件地暂缓执行。

## 三、安全生产行政执法行为的撤销、变更和废止

安全生产行政执法行为大多是安全生产监督管理机构针对具体事项、具体对象而采取的行为，因而它可以因具体事项、具体对象的变化，或者因安全生产行政执法行为本身违法或不当，而引起安全生产行政执法行为的变化。

（一）安全生产行政执法行为的撤销

安全生产行政执法行为的撤销是指对已经发生效力的安全生产行政执法行为，发现其违法或不当，由有关机关将该行为予以撤销，使其向前向后均失去效力。安全生产行政执法行为一经撤销，意味该行为自始至终就不存在。如果在撤销之前，该安全生产行政执法行为因为违法而侵害了安全生产行政相对方当事人的财产或人身权利，那么撤销后，虽然该行为向后失去效力，但安全生产监督管理机构应对已经造成的损害承担赔偿责任。当然，在某种特殊情况下，安全生产行政执法行为也可以仅从其被撤销之时起，向后失去效力。安全生产行政执法行为的撤销通常是根据下列理由：行政越权，行政侵权，滥用权力，不符合法定程序。当安全生产行政执法行为应予撤销的某种理由成立时，应由采取该安全生产行政执法行为的原安全生产监督管理机构或其上级机关或其他有关司法机关通过一定的程序或方式予以撤销。

（二）安全生产行政执法行为的变更

安全生产行政执法行为的变更是指对已经发生效力的安全生产行政执法行为，发现其部分违法或不当，或者是因为实际情况发生变化，而改变该行为的内容或使该行为部分失去效力。

（三）安全生产行政执法行为的废止

安全生产行政执法行为的废止是指安全生产行政执法行为其本身并无违法或不当，而采用了已经废止不再有效的法律、法规所作的行为。因为采取了已经被废除的法律、法规所作的安全生产行政执法行为，所以应当废止。

# 第四章　安全生产行政执法程序

安全生产行政执法程序是安全生产监督管理机构及其安全生产行政执法人员实施安全生产行政执法行为所必须遵循的秩序。它是规范、制约、监督、促进安全生产行政职权合理行使的重要手段。因此，研究和掌握安全生产行政执法程序的作用、原则，是保障安全生产行政执法质量的关键。

## 第一节　安全生产行政执法程序的概念

程序，是指事情进行的秩序。事物的存在和发展都有一定的规律，在形式上往往表现为一定的程序。

安全生产行政执法程序是指安全生产监督管理机构执行法律、法规、规范的活动程序，即在实施安全生产行政行为时必须遵循的方式、步骤，以及实施这些方式和步骤的时间和秩序。

### 一、安全生产行政执法程序的特性

安全生产行政执法程序的行为性质，具有行政性。其特征主要表现在三个方面。

（一）安全生产行政执法程序与安全生产行政行为具有不可分离性

由于任何行政行为都必须具有其自身存在的形式，安全生产行政执法程序就是安全生产行政行为的存在形式，因此安全生产行政执法程序与安全生产行政行为是形式与内容的关系。两者互为存在条件，既没有无行为的程序，也没有无程序的行为，两者既有区别又有联系，密不可分，共同构成一个辩证统一的整体。二者具有不可分离性。

（二）安全生产行政执法程序具有法定性

安全生产行政执法程序是由法律、法规规定的，必须遵循，对行为人具有普遍的约束力。

（三）安全生产行政执法程序具有责任性

由于安全生产行政执法程序是由法律、法规规定的，因此，不论是安全生产监督管理机构及其安全生产行政执法人员，还是安全生产行政相对人都有义务遵守，如果违反了程序规定，将依据违反的程度，承担相应的法律责任。

### 二、安全生产行政执法程序构成的要素

安全生产行政执法程序构成的要素，包括实施安全生产行政执法行为的方式、步骤以及实施这些方式、步骤、秩序和时限。

（一）方式

方式是指安全生产行政执法行为得以表现和实施的方法与形式。任何程序的履行都必

须具有其相应的方法和表现形式，没有相应的方法，程序就无法进行，没有一定的表现形式，程序就不存在。方式是安全生产行政执法程序最基本的要素。

方式有法定的，也有由安全生产监督管理机构依照其职权确定的；形式有内部表现形式，也有外部表现形式。外部表现形式，是安全生产监督管理机构实施外部安全生产行政执法行为所必须遵循的程序，其特点在于程序的进行直接影响安全生产行政相对人的权利与义务。如安全生产行政处罚程序就是外部表现形式。内部表现形式，是安全生产监督管理机构实施内部安全生产行政行为所必须遵循的程序。如安全生产监督管理机构进行的危险化学品生产企业安全生产许可证审查所实施的申请受理、资料审查、现场复核、领导审批、颁发许可证等程序，就属内部表现形式。还有法定形式与方式和非法定形式与方式。法定形式与方式必须遵循。非法定形式与方式不得与法律、法规规定和原则相违背。

（二）步骤

步骤是指安全生产行政执法行为的各种方式的排列顺序。也就是完成某一程序的若干必经阶段，这些阶段在客观上存在一定的逻辑关系。任何安全生产行政执法行为的实施都有必经的步骤，这些步骤有的是法定的步骤，如安全生产行政处罚听证程序，就是法定的步骤。也有少数是由安全生产行政惯例形成的步骤。每一步骤，就是一道程序。

（三）秩序

秩序是指步骤的先后顺序。在安全生产行政执法程序中，采取的步骤，尤其是主要步骤不能前后颠倒、混乱无序，否则会产生违法或者不当的安全生产行政行为，而造成严重的危害。如在安全生产行政执法行为的成立过程中，必须采取先调查、取证，然后在此基础上作出决定的步骤，如果将其颠倒，就可能作出错误的决定，对安全生产行政相对人造成损害。在一项安全生产行政执法行为成立的过程中，通常要经过多道步骤，有主要的，也有次要的。如果发生秩序上的混乱，所作出的安全生产行政决定，必然造成失误，安全生产监督管理机构对这样的失误要承担相应的法律责任。

（四）时限

时限是指在实施某一项安全生产行政执法行为时的时间限制。安全生产行政时限一般在安全生产法律、法规或者在其他规范性文件中都有明确的规定。规定安全生产行政时限有利于促进安全生产监督管理机构及其安全生产行政执法人员提高行政效能，有利于克服官僚主义作风，有利于安全生产行政监督。

方式、步骤、秩序、时限这四个要素在安全生产行政执法程序中的相互关系是：方式是实施行为的方法和形式。步骤是完成某一程序的若干必经阶段。这两者构成程序的空间表现形式。完成这一程序的时限和程序步骤必须遵循的先后次序，则构成程序的时间表现形式。

## 第二节　安全生产行政执法程序的作用

安全生产行政执法行为是实体性规范和程序性规范的统一，实体性规范依赖于程序性规范的实现，安全生产行政执法程序的公正、合理，直接影响安全生产行政执法实体内容的贯彻和实施。遵守安全生产行政执法程序是安全生产监督管理机构的权利和义务，安全生产监督管理机构不正确行使程序上的权利或者不履行程序上的义务，均要承担相应的法律责任。因此，安全生产行政执法程序在安全工作实践中具有重要的作用。

## 一、规范、监督、促进安全生产行政权的合理行使

安全生产行政执法程序的作用首先在于规范、制约、监督安全生产监督管理机构的行政执法行为，使安全生产行政权力真正置于规范的约束之下，并促使其合理地行使。

### （一）规范和制约安全生产行政行为

安全生产行政执法规定了安全生产行政行为的步骤、形式、方式，以及在法定期限内按一定顺序进行的全过程，因此，它制约着安全生产监督管理机构的行政活动，使其行政行为有章可循，有法可依，依法行政，将安全生产行政行为置于法律、法规规范的约束之下，从而从制度上克服了安全生产行政的任意性与安全生产行政职权的混乱。

### （二）监督安全生产监督管理机构公平实施行政职权

贯彻执行安全生产行政执法程序，也就是对安全生产监督管理机构执法的监督，可防止安全生产监督管理机构失职、越权和滥用职权，从而保证安全生产监督管理机构公平实施安全生产行政职权。

### （三）促进安全生产监督管理机构有条不紊、保质保量地按时完成安全生产行政行为

安全生产监督管理机构高效灵活的运行，需要系统内部形成结构合理、功能齐全、协调畅通的有机体。在实施安全生产行政行为时通过程序一个步骤一个步骤、一个环节一个环节地依法行政，就能促进安全生产监督管理机构的安全生产行政行为依照法定程序、有条不紊、保质保量地按时完成安全生产行政执法任务。

## 二、保障安全生产行政相对人的合法权益，促进安全生产行政民主化

安全生产行政执法程序不仅规范了安全生产监督管理机构的安全生产行政行为程序，而且也规范了安全生产行政相对人的参与程序，以实现安全生产行政行为的公正、合理。

规范安全生产行政执法程序的目的之一就是保障安全生产行政相对人的合法权益。其法律上既赋予了安全生产行政相对人实体权利又赋予了其程序权利。程序权利是实现实体权利的前提和基础，没有程序规范，实体权益也无法表现，因此，贯彻执行安全生产行政执法程序是保障安全生产行政相对人合法权益的重要手段。

安全生产行政执法程序，不仅规定了安全生产行政相对人对安全生产行政行为是否合法的监督权，而且规定了公民参政、议政的具体途径。如《中华人民共和国行政处罚法》规定，行政机关作出责令停产停业、吊销许可证或者执照、较大数额罚款等行政处罚决定之前，应当告知当事人有要求举行听证的权利。这些制度和规定，有利于保证行政行为的公开性、公正性和民主性。

## 三、进行沟通、协调，促进安全生产行政效率的提高

在安全生产行政执法中，安全生产监督管理机构与安全生产行政相对人之间，在权力与权利之间的差异是客观存在的，两者之间的不对等具有绝对性。因此，必须通过安全生产行政执法程序这个中介作用，使安全生产监督管理机构与安全生产行政相对人之间进行沟通、协调，这样既保障安全生产行政权力的合法行使，又保障安全生产行政相对人的合法权益，从而促进安全生产行政质量（效率）的提高。

（一）沟通、协调安全生产监督管理机构与安全生产行政相对人之间的关系

安全生产行政执法活动不单单是安全生产监督管理机构的活动，它必须有生产经营单位或个人经营的投资者等安全生产行政相对人的参与、配合。而安全生产行政权力与安全生产行政相对人权利之间往往不可避免地会出现矛盾，为了减少和避免矛盾，就必须沟通、协调，统一双方的行为。这种沟通、协调、统一，只有通过安全生产行政执法程序才能有效地实现。

（二）对安全生产监督管理机构与安全生产行政相对人行为的统一规范

通过对安全生产监督管理机构与安全生产行政相对人行为的统一规范，以促进安全生产行政效率的提高。安全生产行政执法程序是建立在民主、公正、高效的基础之上的。在安全生产行政执法中，往往存在高耗低效问题，这些问题存在的原因是多方面的。但其中安全生产行政行为的非程序化与安全生产行政相对人行为的非程序化是一个重要原因，如安全生产监督管理机构对某一事项重复审批、反复研究会造成事倍功半，安全生产行政相对人的无故拖延、无理取闹也会花费时间。安全生产行政执法程序是对安全生产行政活动及安全生产行政相对人的活动开展过程与选择方式，按照简便、迅速、高效的原则设置、排定的，以使其规范化、标准化、统一化，从而促使安全生产监督管理机构的行政行为与安全生产行政相对人的行为都能依照程序进行，这既有利于安全生产监督管理机构行政效率的提高，又有利于安全生产行政相对人合法权益的保障。

## 第三节　安全生产行政执法程序的分类

### 一、事前、事中、事后程序

依据安全生产行政执法程序适用的顺序和时间来划分，可分为事前程序、事中程序和事后程序。

（1）事前程序是指安全生产行政执法行为生效前的程序，如审批程序等。

（2）事中程序是指安全生产行政执法行为在实施过程中的安全生产行政程序，如事中的安全生产行政执法检查程序等。

（3）事后程序是指安全生产行政执法行为实施后的安全生产行政程序，如备案、复议等程序。

这一分类的目的，在于要求人们不要忽视事前程序。事前程序在安全生产行政执法行为中占的比重较大，是依法行政的重点。重视事前程序，可以避免事后程序错误的发生。

### 二、内部程序与外部程序

依据安全生产行政执法行为与安全生产行政相对人的关系来划分，可分为内部程序与外部程序。

（1）内部程序是指安全生产监督管理机构内部工作程序，如公文处理程序等。

（2）外部程序是指安全生产监督管理机构的行政行为直接对生产经营单位或个人经营的投资者的权利、义务产生影响的行政程序，如安全生产行政处罚、安全生产行政复议等程序。

这一分类的目的在于要求安全生产行政执法人员要充分认识外部程序的重要性。外部程序是现代社会民主化的基本标志，外部安全生产行政行为如不重视程序上的法制化，极易出现越权或滥用职权问题。

## 第四节 安全生产行政执法程序的原则

安全生产行政执法程序的基本原则，是安全生产监督管理机构及其安全生产行政执法人员在实施安全生产行政执法行为时，在程序上必须遵循的基本准则，是安全生产行政执法的重要内容。

### 一、法定原则

法定原则是指安全生产行政执法程序由法律、法规、规章予以规定。从客观上说，安全生产行政执法行为必须经过一定的顺序和形式表现出来，没有顺序和形式往往就会出现盲目性。要克服程序上的盲目性，保证实体法规规定的实施，就必须严格遵守，不得违背程序法规的规定。

### 二、公开原则

公开原则是指安全生产监督管理机构及其安全生产行政执法人员在实施与生产经营单位或个人经营的投资者权利义务直接相关的安全生产行政执法行为时，应通过一定的制度和方式向生产经营单位或个人经营的投资者公开。公开原则主要通过以下程序、制度和方式体现。

(1) 表明身份。安全生产行政执法人员在实施安全生产行政执法时，应通过出示证件、文书，向相对一方当事人表明自己的合法身份。

(2) 告知。安全生产行政执法人员在实施安全生产行政执法时，要通过一定的方式和途径把应当让相对一方当事人了解的事项告诉相对一方当事人。

(3) 说明理由。安全生产行政执法人员在实施安全生产行政执法时，应当向相对一方当事人说明事实根据、法律依据和理由。

(4) 咨询。当根据法律规定生产经营单位或个人经营的投资者有权了解安全生产行政行为的有关情况时，应当允许生产经营单位或个人经营的投资者依法提出请求，安全生产监督管理机构要给予答复或予以查阅。

(5) 公告。就是将涉及生产经营单位或个人经营的投资者权益的行为公开告之。

### 三、公正原则

公正原则，是指安全生产监督管理机构在实施安全生产行政执法行为时，要在程序上公正平等地对待当事人，毫无私心地决定当事人的权利与义务。

公正原则除了要求实质上的公正以外，还要求安全生产监督管理机构使相对一方的当事人确信其行为的公正性，使其心悦诚服。这就必须要通过一系列程序制度来体现。

(1) 回避制度。与相对一方当事人有利害关系的安全生产行政执法人员应当回避参与有关的安全生产行政行为，以免造成安全生产行政上有偏见的事实或嫌疑。

（2）合议制度。合议制度就是安全生产行政决定由若干安全生产行政执法人员共同议决，以保证平等公正。

（3）听证制度。听证制度就是听取当事人的陈述，对不同观点和理由双方可以辩论，以求事件的真实性。

（4）调查制度。调查制度就是对发生的事件进行调查，通过调查的客观事实说明事实真相，防止主观武断。

（5）审裁分离。通过审理和裁决的分离，防止首先受理人员先入为主。

### 四、基本人权原则

基本人权原则，是指安全生产监督管理机构及其安全生产行政执法人员必须在法律规定的范围内活动。尊重生产经营单位或个人经营的投资者的基本权利，在造成生产经营单位或个人经营的投资者合法权益损失时应提供行政救济的原则。

基本人权原则主要通过有限调查制度、有限强制制度、保障个人隐私权制度来体现。

（1）有限调查制度。是指安全生产监督管理机构及其安全生产行政执法人员在执行调查职能时，不能越过法定界限的制度。这一制度的着重点就是安全生产监督管理机构及其安全生产行政执法人员应在法律规定的范围内活动。如安全生产监督管理机构没有法律授权，不得进行强制检查、查问或进行其他调查活动。

（2）有限强制制度。是指安全生产监督管理机构及其安全生产行政执法人员在采取强制措施时，必须实行人道主义方式，尊重当事人的基本权利的制度。这一制度的重点在于强制的实施和强度应以影响当事人最小利益为出发点。

（3）保障个人隐私权制度。是指安全生产监督管理机构及其安全生产行政执法人员不得侵犯生产经营单位或个人经营的投资者不愿公开的工作和生活内容的制度。实行这一制度的目的，是防止因隐私公开而给当事人的合法权益造成损害和不利影响。如当事人生活范围的秘密、经营的秘密，当事人有权请求保密，执法人员未经授权，不得将其公开。

### 五、顺序原则

顺序原则，是指安全生产监督管理机构及其安全生产行政执法人员在实施安全生产行政执法行为时，其工作顺序不能颠倒。如果违反了法定程序的顺序，就是程序违法。如行政复议法规定的顺序是申请—受理—审查—裁决，复议机关在实施复议时，必须依法活动，不能前后颠倒。

# 第五章 安全生产行政执法依据

安全生产法律、法规和安全生产技术标准是安全生产行政执法的根本依据。安全生产行政执法人员必须学法、懂法、守法，规范执法行为，严格依法办事，只有这样才能保障安全生产法律、法规和安全生产技术标准科学、正确、有效地实施。

## 第一节 安全生产行政执法的重要性

法律是指国家立法机关依照立法程序制定和颁布的，并由国家强制力保证执行的规范性文件。

安全生产法规是适应社会政治、经济发展的需要而产生的，是国家意志的表现。我国的安全生产法规，反映了广大人民的根本利益和国家的意志，是维护、巩固、发展社会主义社会关系和社会秩序，维护社会生产力发展，预防安全事故发生，保障特色社会主义现代化建设和人民生命财产安全的有效工具。

安全生产法规对于调整安全生产行政关系，处理安全生产违法行为，维护社会经济发展，保障人民生命财产安全具有重要的作用。在社会生产和人民生产生活活动中，往往会发生不安全的行为，纠正不安全的行为除了进行说服教育工作外，还需要运用安全生产法规来解决。只有这样，才能保证统一人们的意志和行动，实现安全生产的目标。

安全生产法规的作用，决定了安全生产行政依法执法的重要性。安全生产法规的制定是安全生产法规实施的前提，安全生产法规一经制定颁布，就必须在全社会付诸实施。否则，安全生产法规就形同虚设，人民生命财产安全就得不到保障。

安全生产监督管理机构及其安全生产行政执法人员，是安全生产行政执法的主体，是督促安全生产法规实施的主力军。依法办事、严格执法、公正执法、文明执法是安全生产监督管理机构工作的生命线，是实现安全生产监管工作使党和人民满意的根本途径。严格执法是一切执法活动的前提，是公正执法的保证；严格执法主要体现在有法必依，违法必究。公正执法是法治的灵魂，是执法活动的标准和基本要求，是执法的终极目标，是文明执法的基础。文明执法是严格、公正执法的表现形式，通过文明执法能够表现出执法活动的公正性，体现出法律的严肃性。因此，在安全生产行政执法中，必须严格依法执法，依法办事。但是，在当前安全生产行政执法中，仍存在适用法律不准、违反法定程序、认定事实错误、证据收集不全、有法不依、执法不严、无理拒绝或拖延履行法定职责、越权行政、滥用职权、法律文书制作不规范等问题。这些问题的存在严重地影响了安全生产行政执法的严肃性和公正性，损害了党和人民政府在人民群众中的形象，损害了人民群众的利益，必须引起我们高度重视，并加以解决。

依法行政、依法执法是社会主义法制对我国安全生产监督管理机构及其安全生产行政执法人员行使安全生产行政职权的根本要求。因此，安全生产监督管理机构及其安全生产行政执法人员在安全生产行政执法中，必须做到安全生产法规用得准，违法行为定得准，改正措施提得准，事故原因查得准，案件查处办得准，法律文书制得准。在办理案件时，要认真调查研究，认真依法审查。做到事实清楚，证据确凿，程序合法，适用法律得当。坚持做到案件证据不全不裁决，认定事实不充分不裁决，适用法律不正确不裁决，办案程序不合法不裁决。只有这样，才能确保办案质量，保障人民群众的利益。

## 第二节　安全生产行政执法的法律依据

### 一、安全生产法规的分类

安全生产法规，是我国法律的一种具体表现形式。它是国家法律体系中的一个分支，是安全生产行政执法的重要依据。按照安全生产法规调整的对象、适用范围、法律效力、法律义务和作用来划分，我国现行安全生产法规大体上可分为安全生产行政法规和安全生产技术标准两大类。

（一）安全生产行政法规

安全生产行政法规是用于调整人们关系的行为规则，即社会主义国家从国家和人民的利益出发，通过国家将现存经济制度下人与人之间在经济、政治、安全等方面的关系固定化、制度化、规范化，从中概括出人们的行为必须遵守的一般准则。安全生产行政法规包括安全生产法律、法规、规章、规范性文件。

（二）安全生产技术标准

安全生产技术标准，是对重复性事物和概念所作的统一规定。它以科学、技术和实践经验的综合成果为基础，经有关方面协商一致，由主管机构批准，以特定形式发布，作为共同遵守的准则和依据。安全生产技术标准，是用于调整人与自然、科学、技术方面关系的规范。

安全生产行政法规与安全生产技术标准既有区别，又有联系。安全生产行政法规属于社会规范的范畴，它具有强烈的阶级性。而安全生产技术标准本身并不具有阶级性。安全生产行政法规是调整人们的社会关系的行为规则，安全生产技术标准则是调整人与自然之间的关系，规定人们如何使用自然力量的行为规则。安全生产行政法规是国家制定或认可的，安全生产技术标准是人们根据对自然规律的认识而制定的。虽然安全生产技术标准本身不具有阶级性，但由于它对人们按照自然规律改造自然，进行物质财富生产，以及保障人民生命财产安全具有十分重要的作用，违反安全生产技术标准则不仅给违反者个人造成损失，而且也往往给生产造成很大的损失，给社会造成危害。因此，在安全生产技术标准保障社会经济健康发展和人民生命财产安全日益发挥重要作用的今天，生产经营单位或个人经营的投资者遵守安全生产技术标准已被国家确定为法定义务。违反安全生产技术标准，往往要负法律责任，甚至受到行政处罚乃至法律制裁。

### 二、安全生产行政执法的法律依据

（一）法律

法律，是指由全国人民代表大会及其常务委员会制定通过的规范性文件。我国境内一切机关、团体、企业、事业单位和个人都必须严格遵守。它既是一切机关、团体、企业、事业单位和个人的行为规则，又是安全生产行政执法的法律依据。目前，我国安全生产法律和与安全生产相关的其他法律有：

1.《安全生产法》

《安全生产法》于2002年6月29日由第九届全国人民代表大会常务委员会第二十八次会议通过，2002年中华人民共和国主席令第七十号公布，自2002年11月1日起施行。它对我国安全生产工作的宗旨、方针、要求、制度和事故预防、生产经营单位的安全生产保障、从业人员的权利与义务、安全生产监督管理组织的职责、生产安全事故应急救援以及法律责任作出了规定。

2.《中华人民共和国行政许可法》

《中华人民共和国行政许可法》于2003年8月27日由第十届全国人民代表大会第四次会议通过，2003年8月27日中华人民共和国主席令第七号公布，自2004年7月1日起施行。它对行政许可的宗旨、原则和行政许可的设定、实施机关、实施程序、费用、监督检查和法律责任作出了规定，安全生产监督管理机构在对违反安全生产法规的当事人实施安全生产行政处罚时，必须遵守本法的规定。

3.《中华人民共和国行政处罚法》

《中华人民共和国行政处罚法》于1996年3月17日由第八届全国人民代表大会第四次会议通过，1996年3月17日中华人民共和国主席令第六十三号公布，自1996年10月1日起施行。它对行政处罚的宗旨、原则和行政处罚的种类、设定、实施机关、管辖和适用、程序、执行、法律责任作出了规定。安全生产监督管理机构在对违反安全生产法规的当事人实施安全生产行政处罚时，必须遵守本法的规定。

4.《中华人民共和国刑法》

《中华人民共和国刑法》于1979年7月1日由第五届全国人民代表大会第二次会议通过。1997年3月14日第八届全国人民代表大会第五次会议修订，自1997年10月1日起施行。它规定了安全生产方面的重大责任事故罪、重大劳动安全事故罪、危险物品肇事罪、工程重大安全事故罪、教育设施重大安全事故罪、消防责任事故罪、重大飞行事故罪、铁路运营安全事故罪、交通肇事罪、扰乱公共秩序罪、贪污罪、受贿罪、渎职罪等与安全生产相关的刑罚。

5.《中华人民共和国行政诉讼法》

《中华人民共和国行政诉讼法》于1989年4月4日由第七届全国人民代表大会第二次会议通过，1989年4月4日中华人民共和国主席令第十六号公布，自1999年10月1日起施行。安全生产监督管理机构及其安全生产行政执法人员，如果在安全生产行政执法中侵犯了生产经营单位或个人经营的投资者合法权益，生产经营单位或个人经营的投资者就会依照本法向人民法院提起诉讼。

6.《中华人民共和国国家赔偿法》

《中华人民共和国国家赔偿法》于1994年5月12日由第八届全国人民代表大会常务委员会第七次会议通过，1994年5月12日中华人民共和国主席令第二十三号公布，自1995年1月1日起施行。安全生产监督管理机构及其安全生产行政执法人员，违法行使职权侵犯生产经营单位或个人经营的投资者的合法权益造成损害的，受害人有权依照本法要求赔偿。

7.《中华人民共和国行政复议法》

《中华人民共和国行政复议法》于1999年4月29日由第九届全国人民代表大会常务委员会第九次会议通过，1999年4月29日中华人民共和国主席令第十六号公布，自1999年10月1日起施行。安全生产监督管理机构在实施具体安全生产行政行为时，如果侵犯了生产经营单位或个人经营的投资者的合法权益，生产经营单位或个人经营的投资者将依照本法向上级行政机关提出行政复议申请进行复议。

8.《中华人民共和国行政监察法》

《中华人民共和国行政监察法》于1997年5月9日由第八届全国人民代表大会常务委员会第二十五次会议通过，自1997年5月9日起施行。安全生产监督管理机构及其安全生产行政执法人员在实施具体安全生产行政行为时，如果有违法失职行为，生产经营单位或个人经营的投资者有权向监察机关提出控告或者检举。

因此，安全生产监督管理机构及其行政执法人员必须严格依法办事，防止知法犯法、执法违法的行为发生。

（二）法规

法规是指国务院根据宪法和法律赋予的职权制定并发布的规范性文件。法规分为行政法规和地方性法规。地方性法规是指省、自治区、直辖市人民代表大会及其常委会，省、自治区人民政府所在地的市、经济特区所在地的市和经国务院批准的较大的市的人民代表大会及其常委会，根据本地的具体情况和实际需要，在不与宪法、法律和行政法规相抵触的情况下，制定的规范性文件。

我国现行安全生产行政法规有：1984年1月6日国务院发布的《民用爆炸物品管理条例》、2000年11月7日国务院发布的《煤矿安全监察条例》、2002年1月26日国务院发布的《危险化学品安全生产管理条例》、2003年3月11日国务院发布的《特种设备安全监察条例》、2003年4月27日国务院发布的《工伤保险条例》、2003年11月12日国务院发布的《建设工程安全生产管理条例》、2004年1月20日国务院发布的《安全生产许可证条例》、2005年9月3日国务院发布的《国务院关于预防煤矿生产安全事故的特别规定》、2006年1月21日国务院发布的《烟花爆竹安全管理条例》、2005年8月17日国务院发布的《易制毒化学品管理条例》、2007年3月28日国务院发布的《生产安全事故报告和调查处理条例》等。地方性法规，如《浙江省重大安全事故行政责任追究规定》、《安徽省行政执法条例》、《江苏省行政执法监督检查暂行规定》、《四川省实施行政执法责任制规定》、《海南省行政处罚听证规定》、《湖北省加强灭鼠药安全管理暂行规定》等。

（三）规章

规章是指国务院各部、委和具有行政管理职能的直属机构，根据法律和国务院的行政法规、决定、命令，在本部门的权限范围内制定的规范性文件。规章分部门规章和地方政府规章。地方政府规章，是指省、自治区、直辖市，省、自治区的人民政府所在地的市，经济特区所在地的市和经国务院批准的较大的市的人民政府，为了实施法律、行政法规、地方性法规，根据需要在自己的权限范围内依法制定的规范性文件。如《湖北省实施〈中华人民共和国矿山安全法〉办法》等。

我国现行的安全生产行政规章有：《安全生产违法行为行政处罚办法》、《危险化学品登记管理办法》、《危险化学品经营许可证管理办法》、《危险化学品包装物、容器定点生产管理办法》、《特种作业人员安全技术培训考核管理办法》、《煤矿安全生产基本条件规定》、《煤矿建设项目安全设施监察规定》、《安全评价机构管理规定》、《危险化学品建设项目安全许可办法》、《非煤矿山建设项目安全设施设计审查与竣工办法》、《小型露天采石场安全生产暂行规定》、《注册安全工程师执业资格制度暂行规定》、《注册安全工程师注册管理办法》、《劳动防护用品监督管理规定》等。

（四）安全生产技术标准

安全生产技术标准分为强制性标准和推荐性标准。强制性标准，是指国家要求必须强制执行的标准，即标准规定的技术内容要求必须执行，不允许以任何理由或方式违反、变更。对于违反强制性标准的，国家将依法追究当事人的法律责任。如，我国的建筑设计防火规范就是强制性标准。推荐性标准，是指国家鼓励自愿采用的具有指导作用而又不宜强制执行的标准，即标准规定的技术内容要求具有普遍的指导作用，允许使用单位结合自己的实际情况，灵活加以选用。它以自愿采用为原则，不要求强制执行。

我国现行执行的强制性安全生产技术标准有：《石油库设计规范》（GBJ 74—1984）、《安全色》（GB 2893—2001）、《安全标志》（GB 2894—1996）、《工业企业铁路道口安全标准》（GB 6389—1997）、《常用危险化学品贮存通则》（GB 15603—1995）、《罐笼安全技术要求》（GB 16542—1996）、《烟花爆竹劳动安全技术规程》（GB 11652—1989）、《粉尘防爆安全规程》（GB 15577—1995）、《重大危险源辨识》（GB 18218—2000）《建筑设计防火规范》（GBJ 16～1987）、《高层民用建筑设计防火规范》（GB 50045—1995）、《自动喷水灭火系统设计规范》（GBJ 84—1985）、《机械加工设备一般安全要求》（GB 12266—1990）、《固定式钢直梯安全技术条件》（GB 4053. 1—1993）、《农药贮运、销售和使用的防毒规程》（GB 12475—1990）、《安全帽》（GB 2811—1989）、《建筑材料放射卫生防护标准》（GB 6566—2000）、《固定式工业钢平台》（GB 4053. 4—1983）等。

（五）规范性文件

规范性文件是指行政机关依法制定和发布的文件。即行政机关依照有关法规，结合本地、本系统实际，为了规范某一项行为，便于有效操作而制定的文件。如《国务院关于进一步加强安全生产工作的决定》、《国务院办公厅关于进一步加强煤矿安全生产工作的通知》、《国务院办公厅关于深化安全生产专项整治工作的通知》、《关于对安全生产违法行为实施经济处罚的意见》、《国务院安全生产委员会办公室关于做好2004年国家重点建设项目安全设施“三同时”工作的通知》、《国家安全生产监督管理局、国家煤炭监察局关于贯彻落实加强建设项目安全设施“三同时”工作要求的通知》、《国家安全生产监督管理局、国家煤炭监察局关于贯彻实施〈安全评价机构管理规定〉的通知》、《国家安全生产监督管理局、国家煤炭监察局关于印发〈安全评价人员考试管理办法〉、〈安全评价人员考试要点（试行）〉的通知》、《鄂州市人民政府关于进一步加强安全生产工作的决定》等。

## 第三节 安全生产行政执法的基本原则

安全生产行政执法的基本原则是指安全生产监督管理机构及其安全生产行政执法人员

依法行政的行为规则，必须贯穿于一切安全生产行政执法活动的始终。

## 一、执法合法原则

执法合法原则，也称依法行政原则，也就是要求在安全生产行政执法活动中，必须贯彻我国“有法可依，有法必依，执法必严，违法必究”这一社会主义法制的基本要求。执法合法就是既要符合安全生产行政实体法，又要符合安全生产行政程序法。其具体要求是：

（1）安全生产行政执法的主体必须符合法定要求，必须是安全生产监督管理机构或者法律、法规授权的组织，也就是说安全生产行政权力的取得必须要有法律依据。

（2）安全生产行政执法的权限范围必须有法定依据，必须在法定的职权范围内行使安全生产行政执法职责，不得越权行政，也就是说安全生产行政执法权力的行使必须依法进行。

（3）违反安全生产法规的行为必须依法追究，必须有法必依，违法必究。安全生产行政权力的取得必须要有法律依据，是安全生产监督管理机构依法执法的基础；依法行使安全生产行政权力，是安全生产监督管理机构依法执法的核心；追究安全生产违法行为的法律责任，是安全生产监督管理机构依法执法的关键。这三方面的内容缺一不可，否则就不可能达到依法执法的要求。

## 二、执法合理原则

执法合理原则，是指安全生产行政决定的内容要客观、适度、合理。

### （一）执法行为的内容要合理

执法行为内容要合理，它要求做到：

（1）执法行为的目的与法定的目的相一致，即执法行为的动因要符合安全生产行政的目的，不能追求法定目的以外的目的，绝不能任意作为。

（2）执法行为应当建立在正当考虑的基础上，而不应考虑不相关的因素。也就是说，安全生产行政执法的动机是为了预防和减少生产安全事故的危害，保障特色社会主义现代化建设，保护人民生命财产安全。绝不能以执法名义假公济私，以权谋私，更不能知法犯法，徇私枉法，搞权钱交易。

（3）执法行为要符合情理。也就是说执法行为必须考虑到不与法律相冲突的客观规律、社会道德、惯例和常理。

（4）执法行为应符合社会公正的要求。公正是人类社会的一种普遍要求。要做到这一点，就要求安全生产监督管理机构及其安全生产行政执法人员在实施执法活动时，对人对事应该做到同等条件同等对待，一视同仁，不偏不倚，客观公正。

### （二）执法行为的程序要合理

执法行为程序要合理，其基本要求是：

（1）公开。公开是指安全生产监督管理机构办事的程序、根据、结果，除法律、法规规定不宜公开或需保密以外一律公开。

（2）告知。告知是指安全生产监督管理机构在作出影响安全生产行政相对人权利与义务的决定之前或者之后，应将有关事项告知相对人。如果要求当事人作为或不作为，还应告知作为或不作为的法律后果。如安全生产监督管理机构对安全生产行政相对人采取行政措施，必须说明事实和法律方面的理由。

（3）充分听取安全生产行政相对人的意见。安全生产监督管理机构在正式作出对安全生产行政相对人利益有影响的决定之前，应给予安全生产行政相对人陈述和争辩的机会，充分听取相对人的意见。这是程序公正的基本保障。

## 三、执法统一原则

执法统一原则是指国家的安全生产行政权力必须依法统一行使。

### （一）国家的安全生产行政法律规范必须协调统一

我国实行多层次的安全生产立法体制，但安全生产行政法制是统一的整体，安全生产行政法律规范之间必须统一、协调，低层次的安全生产行政法律文件不得与高层次的安全生产法律文件相抵触。在安全生产行政执法中，有高层次安全生产法律文件规定的行为，应依据高层次安全生产法律文件执行，而不应依据低层次安全生产法律文件执行。

### （二）国家安全生产行政权力必须依法统一行使

我国安全生产监督管理机构的领导体制是统一领导、分级管理、层层负责的体制。因此，中央与地方，上级与下级之间必须在法律规定的前提下，具有高效、有序、协调的机制，以保证安全生产行政权的统一行使。安全生产监督管理机构实行民主集中制指导下的首长负责制，使安全生产行政指挥形成一个中心，保证事权一致，统一指挥。

### （三）执法行为必须统一、协调

安全生产监督管理机构及其安全生产行政执法人员，在行使安全生产行政职权中，前后的安全生产行政行为应该协调衔接，上下级之间的安全生产行政行为必须统一。不允许上下脱节，政出多门，谋取特殊利益，甚至以局部利益损害国家利益。

## 四、执法效能原则

执法效能原则是安全生产行政执法的基本原则之一。所谓效能，是指投入与产出或者消耗与结果之间的比例关系，它表现为安全生产监督管理机构及其安全生产行政执法人员完成任务的数量、速度、质量。执法效能是安全生产行政执法的基本要求。贯彻执法效能原则就必须做到以下三个方面。

### （一）人员精干，办事精简

机构臃肿，人浮于事，必然造成相互推诿、互相扯皮、效能低下。程序繁琐，关口过多，必然影响工作的速度。只有人员精干，办事精简，才能使工作出现高效能。

### （二）遵守时限，按章办事

在安全生产行政执法活动中，严格遵守时限，按照规章办事，及时准确地处理问题是提高工作效能的前提，如果延误了时限，就会给国家和人民造成损失。因此，在安全生产法规中都规定了执法的时限，延误时限就是违法。因延误时限而造成不良后果的，要承担相应的法律责任。

### （三）提高效率，确保质量

安全生产监督管理机构及其安全生产行政执法人员在安全生产行政执法活动中，应以最短的时间、尽可能低的耗费，办尽可能多、质量尽可能高的事。因此，必须采取有效措施，提高工作效率，确保工作质量。

# 第六章　安全生产行政执法方式

安全生产行政执法方式是实现安全生产行政执法目的所采取的手段。只有通过这些方式和手段，才能实现纠正违法行为，预防安全事故发生，保障人民生命财产安全的目的。

## 第一节　安全生产行政执法检查

### 一、安全生产行政执法检查的概念

安全生产行政执法检查是指安全生产监督管理机构对安全生产行政相对人遵守、执行安全生产法律、法规、规章的情况作单方强制了解的安全生产行政行为。这一概念具有以下特征：

（1）进行安全生产行政执法检查的只能是安全生产监督管理机构。也就是说，只有由以政府名义行使安全生产行政职权并承担由此引起的法律后果的组织才可以进行安全生产行政执法检查。除法律、法规明文规定授权的行为以外，其他均不属安全生产行政执法检查。

（2）安全生产行政执法检查的对象是安全生产行政相对人，包括生产经营单位或个人经营的投资者。安全生产行政执法检查是行使安全生产行政职权的体现，按照行政管理的属地原则，可以对我国境内的生产经营单位实施检查。享有外交豁免权的除外。

（3）安全生产行政执法检查是安全生产监督管理机构单方面的强制行为，无须征得安全生产行政相对人同意。安全生产监督管理机构在进行安全生产行政执法检查时，安全生产行政相对人有服从与协助的义务，否则要承担相应的法律责任。

（4）安全生产行政执法检查的内容主要是安全生产行政相对人遵守执行安全生产法律、法规、规章的情况。这既包括抽象的安全生产行政行为的执行情况，也包括具体的安全生产行政行为的执行情况。

（5）安全生产行政执法检查必须依法进行。也就是说检查时必须遵循法定程序，按照法定内容进行，不得超越职权范围。

### 二、安全生产行政执法检查的种类

安全生产行政执法检查可以从不同的角度进行分类。

（一）一般安全生产行政执法检查与重点安全生产行政执法检查

根据安全生产行政执法检查对象的特定性，可分为一般安全生产行政执法检查与重点安全生产行政执法检查。

（1）一般安全生产行政执法检查是指安全生产监督管理机构对一般的生产经营单位守法情况进行的检查。

（2）重点安全生产行政执法检查是指对生产经营单位中，容易造成重大人身伤亡，或者重大财产损失的矿山、生产储存危险物品的单位、建筑施工企业等高危行业以及公众人员聚集较多的商贸企业等单位的守法情况进行的检查。

（二）普遍安全生产行政执法检查与抽样安全生产行政执法检查

根据安全生产行政执法检查的内容，可分为普遍安全生产行政执法检查与抽样安全生产行政执法检查。

（1）普遍安全生产行政执法检查是指安全生产监督管理机构对一个生产经营单位安全生产情况进行的普遍性的检查。

（2）抽样安全生产行政执法检查是指安全生产监督管理机构对一个生产经营单位安全生产情况，有重点地进行抽样性的检查。

（三）全面安全生产行政执法检查与专项安全生产行政执法检查

根据安全生产行政执法检查的范围，可分为全面安全生产行政执法检查与专项安全生产行政执法检查。

（1）全面安全生产行政执法检查是指安全生产监督管理机构根据某一季节或者某种需要开展的综合性的检查。

（2）专项安全生产行政执法检查是指安全生产监督管理机构进行的内容单一的专项检查。

（四）事先安全生产行政执法检查、事中安全生产行政执法检查与事后安全生产行政执法检查

根据安全生产行政执法检查的时间先后，可分为事先安全生产行政执法检查、事中安全生产行政执法检查与事后安全生产行政执法检查。

（1）事先安全生产行政执法检查是指安全生产监督管理机构对安全生产行政相对人在实施某一行为之前进行的检查，是一种预防性的检查，目的是为了便于了解情况，发现问题和解决问题。如安全生产监督管理机构对危险化学品生产经营单位开业使用前的检查，就是事先安全生产行政执法检查。

（2）事中安全生产行政执法检查是指安全生产监督管理机构对安全生产行政相对人在实施某一行为之中的情况进行的检查。如安全生产监督管理机构对危险化学品建设项目在建设过程中进行的检查。

（3）事后安全生产行政执法检查是指安全生产监督管理机构对安全生产行政相对人在实施某一行为完成之后的检查。如危险化学品建设项目安全设施竣工验收，就是事后安全生产行政执法检查。

## 三、安全生产行政执法检查的方法

安全生产行政执法检查的方法，是指安全生产监督管理机构及其安全生产行政执法人员为了达到安全生产行政执法检查的目的所采取的手段和措施。安全生产行政执法检查的方法很多，归纳起来有两种。

（一）实地检查

实地检查是指安全生产监督管理机构及其安全生产行政执法人员，直接到现场进行的检查。具体方法有：问，询问员工掌握安全生产法律、安全科学基本知识的情况；听，听

被检查单位遵守执行安全生产法律、法规、规章和安全工作情况；看，实地检验查看被检查的实物状态情况或查看单位组织的事故应急预案演练情况；检，如用技术设备抽查测试安全设施的功能或者化学物品场所易燃易爆气体的浓度等。

（二）书面检查

书面检查是指安全生产监督管理机构及其安全生产行政执法人员，调阅有关资料进行检查。具体方法有：查阅单位有关安全工作文件、资料。通过查阅有关文件、资料，看被检查单位是否履行了安全生产法赋予的安全职责以及工作落实的状况。

### 四、安全生产行政执法检查的程序

安全生产行政执法检查程序是指安全生产行政执法检查的步骤与方式。这是安全生产行政执法检查在时间和空间上的体现，是安全生产行政执法程序中的一种具体的安全生产行政行为程序。安全生产行政执法检查程序主要有：

（1）安全生产行政执法人员在执行检查任务时，必须出示证件。

（2）实施执法检查时，安全生产行政执法人员应通知被检查单位和有关人员在场，检查必须公开进行。

（3）安全生产行政执法人员在检查时，应填写《安全生产检查记录》并将记录存档备查。

（4）安全生产行政执法人员在检查时，发现有违反安全生产法律、法规行为的，应填写《安全生产违法限期改正通知书》，限期改正时间届满时，应当进行复查，填发《复查意见书》。

## 第二节　安全生产行政许可

### 一、安全生产行政许可的概念

安全生产行政许可，是指安全生产监督管理机构依据安全生产行政相对人的申请，依法准许、允许安全生产行政相对人从事某种活动、行使某种特权、获得某种资格和能力的安全生产行政执法行为。这一概念具有以下几个方面的特征：

（1）安全生产行政许可的主体是安全生产监督管理机构，而不是公民、法人或者其他组织。

（2）安全生产行政许可的内容是权力性的安全生产行政执法行为。它是安全生产监督管理机构对一般禁止行为赋予特定人或将特定的事项解除其禁止，直接赋予符合条件的安全生产行政相对人从事某种特定活动，享有特定权利的安全生产行政执法行为。

（3）安全生产行政许可是依申请的安全生产行政执法行为。安全生产行政许可须经安全生产行政相对人申请，是以申请为前提的，没有安全生产行政相对人的申请，安全生产监督管理机构不能主动授予。因此，安全生产行政许可又称为被动性抑制行为。

（4）安全生产行政许可必须有明确的法律规定，许可的范围不能超越法定范围。国家安全生产法规禁止什么，允许什么，对什么样的行为要求安全生产行政相对人必须经过安全生产行政许可才能进行，都由安全生产法规规定，未经安全生产法规规定，安全生产监督管理机构不得自行设定、自行实施安全生产行政许可行为。

(5) 安全生产行政许可的形式通常采用书面形式，如《危险化学品经营许可证》、《安全生产许可证》、《易燃易爆化学物品准运证》、《建设工程安全设施设计审查意见书》等。

## 二、实行安全生产行政许可制度的意义

安全生产行政许可是一种安全生产行政法律制度，也是安全生产行政管理的重要手段。在我国安全生产工作中，实行安全生产行政许可制度具有重要意义。

### （一）有利于国家对社会经济活动进行宏观调控

市场经济需要强化宏观调控，以保证人力、物力资源的有效配置，实现国民经济有计划地协调发展。实行安全生产行政许可制度就是一项有效的宏观调控手段。例如实行危险化学品包装物、容器定点生产许可制度，既可以确保危险化学品包装物质量，又能规范危险化学品包装物生产经营行为和社会经济秩序，同时能更好地促进经济发展，有利于保护国家经济利益和社会安全利益。

### （二）有利于维护生产经营单位安全生产和社会秩序

维护生产经营单位安全生产和社会秩序，是安全生产监督管理机构的主要职责，也是实行安全生产行政许可制度的主要目的。如国家对生产、运输、储存、销售危险化学品实行安全生产行政许可制度管理，有利于预防安全生产违法行为。因为生产、运输、储存、销售危险化学品具有很大的危险性，它与人民生命财产安全息息相关，发生火灾、爆炸或中毒事故造成的损失大，对社会的影响大，所以，必须限制一般人从事这类活动，而只允许符合条件的申请人在许可后才能从事这类活动，以确保生产经营单位生产安全和社会秩序。

### （三）有利于保护公民、法人或者其他组织的合法权益

许可证是国家安全生产法规确认和保护的一种凭证。对获得许可的安全生产行政相对人来说，许可既体现法律赋予其从事某种特殊活动的权利，任何组织和个人不得干涉，又体现法律为其设定的特定的义务，必须依法履行。否则，将被剥夺许可或承担相应的法律责任。对获得许可以外的安全生产行政相对人而言，一方面体现着必须尊重获得许可人的专有权利，不得侵犯；另一方面体现出可以监督获得许可权人依法履行义务，不得对生产安全和社会秩序带来危害。否则，发证机关可以撤销对特定人的许可，或者要其承担相应的法律责任。

## 三、安全生产行政许可的范围

安全生产行政许可必须以一定的形式表现。安全生产行政许可的形式，可以从两种意义上理解，即既可以指安全生产行政许可在法律上的表现形式，也可以指安全生产行政许可的证书形式。我国安全生产法律、法规、规章表现许可的用语有：许可、审查、审核、确认、批准、注册、登记、认证、资格证书、颁发证照等。依据现行安全生产法律、法规、规章规定，我国实行安全生产行政许可的范围，包括矿山、建筑施工、危险化学品、烟花爆竹等高危行业的建设项目。下面分别加以说明。

(一) 危险化学品

1. 危险化学品建设项目设立审查

危险化学品新建、改建、扩建项目必须经安全生产监督管理机构进行设立审查，取得《危险化学品建设项目设立审查意见书》。未经审查或者经审查不合格的，不得进行设计。

2. 危险化学品建设项目安全设施设计审查

危险化学品建设项目取得《危险化学品建设项目设立审查意见书》后，其安全设施必须请有相应设计资质的单位进行设计，并向安全生产监督管理机构申请安全设施设计审查，取得《危险化学品建设项目安全设施设计审查意见书》。未经审查或者经审查不合格的，建设行政主管部门不得发给施工许可证，建设单位不得施工。

3. 危险化学品建设项目安全设施竣工验收

危险化学品建设项目取得《危险化学品建设项目安全设施设计审查意见书》后，制订施工组织方案，进行工程项目施工，竣工后向安全生产监督管理机构申请安全设施竣工验收，验收合格，取得《危险化学品建设项目安全设施竣工验收意见书》。未经验收或者经验收不合格的，建设单位不得投入生产或者使用。

4. 危险化学品生产登记证书

危险化学品生产单位，应根据《危险货物品名录》(GB 12268—2002)，将本单位生产的危险化学品向所在地省（自治区、直辖市）登记办公室提交危险化学品登记资料及其电子文件，经登记办公室审查或者现场核查，对符合条件的单位进行登记，录入本地区危险化学品管理数据库，并向国家登记中心报送登记材料；经国家登记中心审查合格后，录入国家危险化学品管理数据库，由所在地省（自治区、直辖市）登记办公室向申请单位发放危险化学品登记证和登记编号。

5. 危险化学品储存单位登记证

危险化学品储存单位，应将本单位储存的危险化学品按照《危险货物品名录》(GB 12268—2002)，向所在地省（自治区、直辖市）登记办公室提交危险化学品登记资料及其电子文件，经登记办公室审查或者现场核查，对符合条件的单位进行登记，录入本地区危险化学品管理数据库，并向国家登记中心报送登记材料；经国家登记中心审查合格后，录入国家危险化学品管理数据库，由所在地省（自治区、直辖市）登记办公室向申请单位发放危险化学品储存登记证和登记编号，危险化学品使用单位登记证。

6. 危险化学品使用单位

应将本单位生产过程中使用的剧毒危险化学品或者使用数量构成重大危险源的一般危险化学品，按照《危险货物品名录》(GB 12268—2002)，向所在地省（自治区、直辖市）登记办公室提交危险化学品登记资料及其电子文件，经登记办公室审查或者现场核查，对符合条件的单位进行登记，录入本地区危险化学品管理数据库，并向国家登记中心报送登记材料；经国家登记中心审查合格后，录入国家危险化学品管埋数据库，由所在地省（自治区、直辖市）登记办公室向申请单位发放危险化学品使用登记证和登记编号。

7. 危险化学品安全生产许可证

危险化学品生产企业，应按照《安全生产许可证条例》规定，分别向所在地省（自治区、直辖市）、地（市、州、盟）、县（市、旗和城市）安全生产监督管理机构提交申请办理安全生产许可证申报资料，安全生产监督管理机构对企业提交的申请书及文件、资料等材料进行文审，必要时进行现场勘察或者抽查，符合要求的进行受理并出具《受理通知书》，同时逐级上报；省（自治区、直辖市）安全生产监督管理机构对上报材料进行审查，必要时进行现场核实，符合条件的作出批准决定，颁发危险化学品安全生产许可证书，并向社会公告；不符合条件的，书面通知申请人并说明理由。

8. 危险化学品经营许可证书

危险化学经营单位，应按照《危险化学品管理条例》、《危险化学品经营许可证管理办法》的规定，分别向所在地省（自治区、直辖市）、地（市、州、盟）安全生产监督管理机构提出申请，并提交经营销售危险化学品的申报资料，省（自治区、直辖市）、地（市、州、盟）安全生产监督管理机构对申请人提交的材料进行审查和现场核查，对符合条件的，颁发危险化学品经营许可证书，并向社会公告；不符合条件的，书面通知申请人并说明理由。

9. 危险化学品储存批准书

危险化学储存单位，应按照《危险化学品管理条例》的规定，向所在地省（自治区、直辖市）、地（市、州、盟）安全生产监督管理机构提出申请，并提交储存危险化学品的申报资料，省（自治区、直辖市）、地（市、州、盟）安全生产监督管理机构对申请人提交的材料组织专家进行审查，提出审查意见后报省（自治区、直辖市）、地（市、州、盟）人民政府作出批准或者不予批准的决定，符合条件的，颁发储存批准书，并向社会公告；不符合条件的，书面通知申请人并说明理由。

10. 危险化学品使用许可证

使用危险化学品从事生产的单位，应依照《安全生产法》、《危险化学品管理条例》等规定，向所在地省（自治区、直辖市）、地（市、州、盟）安全生产监督管理机构提出申请，并提交使用危险化学品的相关申报资料，省（自治区、直辖市）、地（市、州、盟）安全生产监督管理机构对申请人提交的材料进行审查，符合条件的，决定颁发危险化学品使用许可证，并向社会公告；不符合条件的，书面通知申请人并说明理由。

11. 危险化学品包装物、容器生产企业定点证

危险化学品包装物、容器生产企业，应按照《危险化学品管理条例》、《危险化学品包装物、容器定点生产管理办法》的规定，向所在地省（自治区、直辖市）安全生产监督管理机构提出申请，并提交定点生产危险化学品包装物、容器的相关资料，省（自治区、直辖市）安全生产监督管理机构对申请人提交的材料进行审查和现场核查，符合条件的，颁发危险化学品包装物、容器生产企业定点证书，并向社会公告；不符合条件的，书面通知申请人并说明理由。

12. 非药品类易制毒化学品生产许可证

申请办理生产第一类非药品类易制毒化学品生产许可证的单位，应依照《非药品类易制毒化学品生产、经营许可办法》的规定，向所在地省（自治区、直辖市）安全生产监督管理机构提交文件、材料，省（自治区、直辖市）安全生产监督管理机构受理申请人提交的申请书及文件、材料，并进行审查（根据需要可以进行实地核查），符合条件的，作出颁发非药品类易制毒化学品生产许可证书的决定，并向社会公告；不符合条件的，书面通知申请人并说明理由。

13. 非药品类易制毒化学品经营许可证

申请办理经营第一类非药品类易制毒化学品经营许可证的单位，应依照《非药品类易制毒化学品生产、经营许可办法》的规定，向所在地省（自治区、直辖市）安全生产监督管理机构提交文件、材料，省（自治区、直辖市）安全生产监督管理机构受理申请人提交的申请书及文件、材料，并进行审查（根据需要可以进行实地核查），符合条件的，作出颁发非药品类易制毒化学品经营许可证书的决定，并向社会公告；不符合条件的，书面通知申请人并说明理由。

14. 非药品类易制毒化学品生产备案证明

申请办理生产第二、三类非药品类易制毒化学品生产备案证明的单位，应依照《非药品类易制毒化学品生产、经营许可办法》的规定，向所在地地（市、州、盟）安全生产监督管理机构提交文件、资料，地（市、州、盟）安全生产监督管理机构受理申请人提交的申请书及文件、材料，符合条件的，当日发给非药品类易制毒化学品生产备案证明；不符合条件的，书面通知申请人并说明理由。

15. 非药品类易制毒化学品经营备案证明

申请办理经营第二、三类非药品类易制毒化学品经营备案证明的单位，应依照《非药品类易制毒化学品生产、经营许可办法》的规定，分别向所在地地（市、州、盟）、县（市、旗和城市）安全生产监督管理机构提交文件、资料，地（市、州、盟）、县（市、旗和城市）经营安全生产监督管理机构分别受理申请人提交的申请书及文件、材料，符合条件的，于当日分别发给第二、三类非药品类易制毒化学品经营备案证明；不符合条件的，书面通知申请人并说明理由。

（二）烟花爆竹

1. 烟花爆竹安全生产许可证

烟花爆竹生产企业，应按照《安全生产许可证条例》、《烟花爆竹安全管理条例》的规定，分别向省（自治区、直辖市）、地（市、州、盟）、县（市、旗和城市）安全生产监督管理机构提交申请办理安全生产许可证申报资料，安全生产监督管理机构对企业提交的申请书及文件、资料等材料进行文审，必要时进行现场勘察或者抽查，符合要求的进行受理并出具《受理通知书》，同时逐级上报；省（自治区、直辖市）安全生产监督管理机构对上报材料进行审查，必要时进行现场核实，符合条件的作出批准决定，颁发烟花爆竹安全生产许可证书，并向社会公告。

2. 烟花爆竹经营许可证

按照《烟花爆竹安全管理条例》的规定，从事烟花爆竹批发经营的企业，应当向所在地省（自治区、直辖市）人民政府安全生产监督管理机构或者其委托的地（市、州、盟）人民政府安全生产监督管理机构提出申请，并提交办理《烟花爆竹经营（批发）许可证》的申报资料；从事烟花爆竹零售经营者，应当向县（市、旗和城市）人民政府安全生产监督管理机构提出申请，并提交办理《烟花爆竹经营（零售）许可证》的申报资料。受理申请的安全生产监督管理机构对提交的有关材料和经营场所进行审查，符合烟花爆竹批发经营条件的，核发《烟花爆竹经营（批发）许可证》；符合烟花爆竹零售经营条件的，核发《烟花爆竹经营（零售）许可证》；对不符合条件的，应当说明理由。

（三）矿山

1. 矿井安全生产许可证

矿井应按照《安全生产许可证条例》规定，分别向省（自治区、直辖市）、地（市、州、盟）、县（市、旗和城市）安全生产监督管理机构提交申请办理安全生产许可证申报资料，安全生产监督管理机构对企业提交的申请书及文件、资料等材料进行文审，必要时进行现场勘察或者抽查，符合要求的进行受理并出具《受理通知书》，同时逐级上报；省（自治区、直辖市）安全生产监督管理机构对上报材料进行审查，必要时进行现场核实，符合条件的作出批准决定，颁发矿井安全生产许可证书，并向社会公告。

2. 非煤矿山安全生产许可证

非煤矿山应按照《安全生产许可证条例》规定，分别向省（自治区、直辖市）、地（市、州、盟）、县（市、旗和城市）安全生产监督管理机构提交申请办理安全生产许可证申报资料，安全生产监督管理机构对企业提交的申请书及文件、资料等材料进行文审，必要时进行现场勘察或者抽查，符合要求的进行受理并出具《受理通知书》，同时逐级上报；省（自治区、直辖市）安全生产监督管理机构对上报材料进行审查，必要时进行现场核实，符合条件的作出批准决定，颁发非煤矿山安全生产许可证书，并向社会公告。

3. 煤矿矿山安全生产许可证

非煤矿矿山企业应按照《安全生产许可证条例》规定，分别向省（自治区、直辖市）、地（市、州、盟）、县（市、旗和城市）安全生产监督管理机构提交申请办理安全生产许可证申报资料，安全生产监督管理机构对企业提交的申请书及文件、资料等材料进行文审，必要时进行现场勘察或者抽查，符合要求的进行受理并出具《受理通知书》，同时逐级上报；省（自治区、直辖市）安全生产监督管理机构对上报材料进行审查，必要时进行现场核实，符合条件的作出批准决定，颁发非煤矿矿山企业安全生产许可证书，并向社会公告。

（四）安全评价

1. 安全评价机构资质证

申请办理甲级、乙级安全评价资质的机构，应按照《安全评价机构管理规定》规定，分别向国家安全生产监督管理局（国家煤矿安全监察局）、所在地的省（自治区、直辖市）安全生产监督管理部门或者省级煤矿安全监察机构提出申请，并提交安全评价资质申请表和材料，国家安全生产监督管理局（国家煤矿安全监察局）、省（自治区、直辖市）安全生产监督管理部门或者省级煤矿安全监察机构对受理的申报材料进行审查，符合条件的，颁发资质证书；不符合条件的，不予颁发，并书面说明理由。

2. 注册安全评价师资质证书

申请参加安全评价人员的资格考试的人员，应按照《安全评价机构管理规定》规定，必须取得安全工程专业大专学历、从事安全生产相关工作5年以上（其他专业大专学历、从事安全生产相关工作7年以上）；或者取得安全工程专业本科学历、从事安全生产相关工作3年以上（其他专业本科学历、从事安全生产相关工作5年以上）；或者取得安全工程专业研究生以上学历、从事安全生产相关工作1年以上（其他专业研究生以上学历、从事安全生产相关工作2年以上），经考试合格，取得《中华人民共和国注册安全评价师执业资格证书》，并经过国家、省（自治区、直辖市）和部门注册管理机构进行注册登记，取得《中华人民共和国注册安全评价师注册证》，方可从事安全评价工作。

（五）安全生产检测检验资质

申请办理甲级、乙级安全生产检测检验资质的机构，应按照《安全生产检测检验机构管理规定》，分别向国家安全生产监督管理总局、所在地省（自治区、直辖市）安全生产监督管理部门或者省级煤矿安全监察机构提交申请书及相关资料；资质受理机关对申请人的申请资料进行符合性审查，对审查合格的，安排评审专家对申请机构进行现场评审，由评审专家按照资质认定评审准则进行技术评审并提交资质评审报告；国家安全生产监督管理总局依据资质评审报告完成对申请机构的甲级资质认定工作，省（自治区、直辖市）安全生产监督管理部门或者省级煤矿安全监察机构乙级认定工作，认定决定前，先进行公示。予以认定的，颁发相应等级的安全生产检测检验资质证书；不予认定的，书面通知申请机构，并说明理由。

（六）矿山救护队资质证书

具有法人资格的矿山救护队、矿山救护队主管部门或者矿山救护队所在企事业单位（以下统称申请单位），按照《矿山救护队资质认定管理规定》，申请办理一级、二级矿山救护队资质的单位应向国家安全生产监督管理总局（以下简称资质认定机关）提出申请，申请办理三级、四级矿山救护队资质的单位应向所在地的省（自治区、直辖市）安全生产监督管理部门和省级煤矿安全监察机构（以下简称资质认定机关）提出申请，资质认定机关收到申请单位提交的申请书及文件、资料后，经审查符合规定要求的，及时出具受理的书面凭证，必要时进行现场核查；申请材料不齐全或者不符合要求的，应当一次告知申请人需要补正的全部内容。符合规定的，资质认定机关颁发相应等级的资质证书；不予颁发的，书面通知单位并说明理由。矿山救护队在资质证书有效期内符合条件的，可向资质认定机关提出资质晋级申请；经资质认定机关审查同意的，可以逐级晋级。

（七）安全培训证书

申请办理安全培训资质等级的培训机构，应按照《安全生产培训管理办法》规定，一、二级的向国家安全生产监督管理总局提交安全培训机构资质申请书、安全培训机构设置批准文件或者企事业单位法人登记证和规定的材料，三、四级的应所在地省（自治区、直辖市）安全生产监督管理部门或者省级煤矿安全监察机构提交安全培训机构资质申请书、安全培训机构设置批准文件或者企事业单位法人登记证和规定的材料；国家安全生产监督管理总局、省（自治区、直辖市）安全生产监督管理部门或者省级煤矿安全监察机构受理申请材料并进行审查，符合条件的，颁发相应的资质证书；不符合条件的，书面通知申请单位并说明理由。

（八）综合管理

1. 厂长（经理）安全教育资格证

根据《安全生产法》规定，危险物品生产、经营、储存单位以及矿山、建筑施工单位的主要负责人，必须经过二级以上安全生产培训机构培训学习，具备本单位所从事的生产经营活动相应的安全生产知识和管理能力，并经过省（自治区、直辖市）安全生产监督管理机构考核合格后，取得"厂长（经理）安全生产资格证"后，方能任职。

2. 安全管理人员资格证

根据《安全生产法》规定，危险物品生产、经营、储存单位以及矿山、建筑施工单位的安全管理人员，必须经过二级以上安全生产培训机构培训学习，具备本单位所从事的生产经营活动相应的安全生产知识和管理能力，并经过省（自治区、直辖市）安全生产监督管理机构考核合格后，取得“安全生产管理员资格证”后，方能任职。

3. 特种作业人员资质证

根据《安全生产法》规定，生产经营单位的特种作业人员，必须按照国家有关规定经过三级以上安全生产培训机构培训学习，具备本单位所从事的特种作业相应的安全生产知识和安全技能，并经过省（自治区、直辖市）、地（市、州、盟）安全生产监督管理机构考核合格后，取得“特种作业资格证”后，方能上岗。

4. 注册安全工程师资质证

根据《安全生产法》、《注册安全工程师注册管理办法》的规定，安全生产专业技术人员，经过全国注册安全工程师执业资格统一考试或者经过考核认定合格，取得“中华人民共和国注册安全工程师执业资格证书”，并经过国家、省（自治区、直辖市）和部门注册管理机构进行注册登记，取得“中华人民共和国注册安全工程师注册证”，方可从事安全生产技术服务工作。

## 四、安全生产行政许可的程序

### （一）申请的提出及必备条件

公民、法人或者其他组织欲获得某项安全生产许可证，必须以书面形式向安全生产监督管理机构提出申请，在申请书中必须表明申请许可的理由，提交必要的说明材料。在某种情况下，提交许可申请文件的同时，还应向安全生产监督管理机构提供必要的附件。如申请危险化学品建设项目设立审查，就必须提供危险化学品建设项目可行性研究报告。

安全生产行政许可是依当事人的申请而开始的安全生产行政执法行为，对当事人的申请必然要求具备一定的条件，概括起来，申请的必备条件有以下几项：

（1）必须是向有权发放许可证的安全生产监督管理机构提出。申请某种许可，必须向相应的安全生产监督管理机构提出。由于需要获得许可的事项都是特定的，因此法律将此项事务的许可权授予管理该方面事务的机构，只有该机构才有权发放许可证。

（2）必须是法律所规定或禁止的事项。安全生产行政许可在本质上是对禁止的解除，即法律就某种事项对一般人是禁止的，只有获得许可的人才能解除这种禁止而享有从事该事项的权利。在表现形式上，一种是法律、法规、规章规定必须经申请核准方能从事某种行为，则必须按法律、法规、规章的规定；另一种是法律、法规、规章有明令禁止的，当事人不可自行其是，必须经许可方能进行。

（3）申请人必须具有申请许可事项的行为能力。安全生产行政许可制度的目的在于对禁止把握的程度，因此必须要求从事该项活动的当事人具备一定的条件和资格。只有当事人具备从事该项活动的行为能力，方能获得许可批准。

（4）申请人必须有明确的申请许可意愿的表示。安全生产行政许可是安全生产监督管理机构依申请的安全生产行政执法行为，因此，只有在申请人有明确的申请意愿表示的前提下，安全生产监督管理机构才能决定是否给予许可。当事人的意愿表示，必须以书面形式提出，目的、要求必须明确、具体，便于审批机构审核。

### （二）对申请的审查与核实

1. 申请的审查

安全生产监督管理机构在接到申请后，必须对申请报告及申请的附件和材料进行认真的审查。除对书面材料应进行审查外，必要时，还应进行实地调查核实。如对储存危险化学品的申请，应检查核实储存场所是否符合安全条件。通过审查，在作出批准行为之前，可以要求申请人对申请内容、附件加以补充或修改，也可以要求申请人改善安全条件。

2. 申请的核实

核实与审查不同。核实是对申请的内容进行核对查实，如危险化学品建设项目安全设施设计审查，就必须按照国家工程建筑安全生产技术标准进行逐项、逐条的核对查实。如果安全设施设计的图纸与国家工程建筑安全生产技术标准不相符，应退回令其修改后，再报审核。

安全生产监督管理机构对当事人提出的申请，必须依法按期予以办理，对批准的申请事项，应发给许可证或意见书。对不予批准的申请事项，应按期有明确答复。否则，申请人可以向人民法院起诉。

### 五、安全生产行政许可证的效力

#### （一）安全生产行政许可证的效力

安全生产行政许可证经安全生产监督管理机构颁发后，具有下列法律效力：

（1）证明力。证明力是指证明国家赋予的从事某项活动的权利和行为能力的效力。

（2）确定力。确定力是指许可证一经颁发就具有不得随意变更的效力。如果变更，必须经过一定的程序。许可证的确定力包括许可证持有人和发证机构两个方面。发证机构和许可证持有人均不得随意变动许可证所确定的事项。许可证持有人有变动的要求，应依法提出申请；发证机构如撤销、变更许可证，必须按照法定条件和程序进行。

（3）拘束力。拘束力是指许可后的行为应受许可证内容限制和约束的效力。许可证的拘束力包括两个方面：一是对持证人的拘束力，许可证持有人必须在许可证所确定的范围内开展活动，受许可证所确定的内容的约束；二是对发证机构的拘束力，发证机构有义务在内容上保障许可证持有人的合法权利的行使。

#### （二）安全生产行政许可证的无效、失效、中止和撤销

1. 许可证的无效

许可证的无效是指不具备安全生产行政许可效力，即一开始就不发生安全生产行政法律效力的许可证。引起许可证无效的情况有：

（1）非法定权限机构颁发的许可证。法律、法规没有授权自作主张颁发的和越权、滥用职权颁发的许可证，均属自始无法律效力的许可证。

（2）不具备取得许可证条件的许可证。申请人不属于法律所规定的有权取得许可权利的范围，以及不具备从事许可证所确定的某项活动的行为能力，其许可证自始无效。

（3）以欺诈手段取得的许可证。它是指申请人明知不具备取得许可证的条件和资格，为了取得许可证，以隐瞒、编造或伪造的手段而取得的许可证。此类许可证属自始无效，发现后应依法予以注销。

2. 许可证的失效

许可证的失效是指原有法律效力的许可证，由于某种合法的原因而向后不再具有法律效力的变动。

引起许可证失效的合法原因有两种：一是因期限届满，该许可证自然失效；二是因安全生产行政许可活动完毕，该许可证失效。

3. 许可证的中止

许可证的中止是指由于某种原因而使许可证暂时失去效力的变动。中止是暂时停止从事被许可活动的措施。如抽查发现企业安全生产条件不合格，安全生产监督管理机构应责令其暂停生产，其许可证的效力中止。

4. 许可证的撤销

许可证的撤销是指颁发许可证的机构对不履行法定义务的许可证持有人的行政处罚行为。许可证的撤销不同于许可证的无效或失效，许可证的撤销是对安全生产行政违法行为的一种处罚。

## 第三节 安全生产行政指导

### 一、安全生产行政指导的概念

安全生产行政指导是指安全生产监督管理机构在其职责范围内，为实现一定的安全生产行政管理目标，对生产经营单位或个人经营的投资者遵守执行安全生产法规的活动提出建议，加以引导，不直接产生法律效果的安全生产行政行为。这一概念具有以下特征：

（1）安全生产行政指导是安全生产监督管理机构依据其职责权限进行的，只要在其职责权限范围内均可实施安全生产行政指导。

（2）安全生产行政指导是采取非强制性的方式进行的，是一种引导性的行政行为。也就是安全生产监督管理机构希望生产经营单位或个人经营的投资者在某一方面或者在某一时间段做出某种行为，对这种行为加以引导，至于生产经营单位或个人经营的投资者是否执行，由其自由选择，不具有强制性。

（3）安全生产行政指导其行为多为安全生产监督管理机构主动做出。它是安全生产监督管理机构调动生产经营单位或个人经营的投资者积极主动遵守执行安全生产法规，做好安全生产工作的一个必不可少的手段和方法。

（4）安全生产行政指导是不直接产生法律效果的安全生产行政行为，是安全生产行政执法的一种特殊的行为。

### 二、安全生产行政指导的意义

安全生产行政指导是安全生产行政执法的一种特殊的形式，在实践上具有重要的意义。

（1）有利于调动生产经营单位或个人经营的投资者积极主动地遵守执行安全生产法规。安全生产行政执法的根本目的是预防安全生产违法行为和预防生产安全事故发生，确保人民生命财产安全。而在现实生活中，大多数生产经营单位或个人经营的投资者不懂安全生产法律知识，不重视遵守法律。通过采取多种方式，引导生产经营单位或个人经营的投资者掌握安全生产法律知识，自觉地遵守执行安全生产法律，可以达到预防安全生产违法行为，减少事故发生的目的。

(2) 有利于安全生产行政执法由被动变为主动。安全生产行政执法行为大多是在安全生产违法行为已经发生时而采取的安全生产行政行为。这种行为实质上是一种被动的行为。如果安全生产监督管理机构向生产经营单位或个人经营的投资者适时提出建议，提供咨询，进行正确的指导和引导，就会由被动变主动。安全生产行政指导不仅是安全生产行政执法的一种特殊形式，而且是安全生产监督管理机构服务于社会的一种重要方式。

### 三、安全生产行政指导的方式

安全生产行政指导的方式是多种多样的，但归纳起来有如下几种：

(1) 利用安全生产法制宣传教育的方式指导。这种方式包括：采用电影、电视、电台、报纸、杂志、图片、资料进行宣传；开展“安全生产月”活动，举办安全生产法制培训班，开展安全生产法律知识竞赛，举办安全生产文艺演出等。

(2) 利用会议的方式指导。这种方式包括：安全生产行政工作会议、经验交流会，专题研讨会、事故现场会（以案说法)、安全生产信息发布会等。

(3) 利用安全生产法律咨询的方式指导。这种方式包括：设立安全生产法律咨询电话或安全生产法律咨询服务台等。

(4) 利用建议、劝告、告诫的方式指导。这种方式可采取书面或口头的方式进行。如采取书面方式通报批评以促使安全生产行政相对人为一定行为或不为一定行为，以利于安全生产法规的贯彻执行。

## 第四节　安全生产行政处罚

### 一、安全生产行政处罚的概念

安全生产行政处罚是指安全生产监督管理机构对违反安全生产行政法规、尚未构成犯罪的安全生产行政违法行为依法追究安全生产行政法律责任的安全生产行政执法行为。这一概念具有以下特征：

(1) 实施安全生产行政处罚的主体是安全生产监督管理机构，国家其他行政机关不能行使安全生产行政处罚权。安全生产监督管理机构在实施安全生产行政处罚时，必须依据安全生产行政法规的规定实施处罚，绝对不能想罚就罚，想不罚就不罚。

(2) 安全生产行政处罚是对安全生产行政违法行为的一种制裁，只适用于安全生产行政违法，不适用于民事违法，不同于民事处罚和刑事处罚。

(3) 安全生产行政处罚是对违反安全生产行政法规的行为进行的处罚。安全生产行政处罚行为的作出是以安全生产行政相对人的安全生产行政违法行为为前提的。没有违反安全生产行攺法规的行为，就不应给予安全生产行政处罚。

(4) 安全生产行政处罚是对尚未构成犯罪的安全生产行政违法行为的处罚。如果违反安全生产行政法规的行为情节和危害性比较严重，根据我国《刑法》的规定已构成犯罪的，则应给予刑事处罚。

(5) 安全生产行政处罚是追究安全生产行政法律责任的行为。对于安全生产行政相对人的安全生产行政违法行为应负什么样的安全生产行政法律责任，安全生产监督管理机构应根据安全生产法规的规定进行安全生产行政处罚，使安全生产行政相对人承担相应的安全生产行政法律责任。

(6) 安全生产行政处罚是一种安全生产行政执法行为。这种行为的特点是具有单方性和强制性。也就是说，安全生产行政处罚决定的作出，并不取决于安全生产行政相对方当事人的同意与否，而直接由安全生产监督管理机构单方面决定，而且这种处罚裁决是以国家强制力为保证的，必须依法执行。

## 二、安全生产行政处罚行为

安全生产行政处罚行为是指违反安全生产法律、法规应当受到行政处罚的行为。

根据现行安全生产法律、法规规定，依照违反安全生产法律、法规行为所侵犯的客体不同，违反安全生产法律、法规应当受到处罚的行为有如下几个方面：

### (一) 安全评价、认证、检测、检验工作的机构，出具虚假证明的

安全评价、认证、检测、检验工作的机构是为安全生产提供技术服务的机构，应当遵守职业道德和执业准则，本着客观、公正的原则，如实地出具安全评价报告，作出科学真实的认证、检测、检验结论、证明。如果出具虚假的证明文件，会对安全生产构成很大的威胁，甚至会因此导致重大安全生产事故。

出具虚假证明，是指出具内容与实际情况严重不符合的安全评价报告、认证结论或有关检测、检验数据的行为。

### (二) 生产经营单位决策机构、主要负责人、个人经营的投资人不依法保证安全生产所必需的资金投入，致使生产经营单位不具备安全生产条件的

生产经营单位应当具备安全生产条件，实现安全生产条件就必须要有相应的资金投入，包括安全生产设施的建造、维护，安全设备的配备、维护、保养、更新以及对从业人员的培训等费用。缺乏保障安全生产所必需的资金投入，其直接的后果将会造成生产经营单位不具备安全生产条件，严重的则可能会导致安全生产事故的发生乃至事故的扩大造成严重后果。

生产经营单位决策机构、主要负责人、个人经营的投资人不依法保证安全生产所必需的资金投入，致使生产经营单位不具备安全生产条件是指生产经营单位应当具备的安全生产条件所必需的资金，而生产经营单位决策机构、主要负责人、个人经营的投资人不依法保证安全生产所必需的资金投入，安全生产监督管理机构责令其生产经营单位决策机构、主要负责人、个人经营的投资人在规定的期限纠正、而逾期未改正的行为。

### (三) 生产经营单位的主要负责人未履行安全生产法规规定的安全生产管理职责的

生产经营单位的主要负责人对本单位的安全生产工作负有建立健全安全生产责任制；组织制定安全生产规章制度和操作规程；保证安全生产投入的有效实施；督促、检查安全生产工作，及时消除安全生产事故隐患；组织制订实施安全生产事故应急救援预案；及时、如实报告安全生产事故的法定职责。

生产经营单位的主要负责人未履行安全生产法规规定的安全生产管理职责是指生产经营单位的主要负责人不履行规定的安全生产管理职责，安全生产监督管理机构责令其在规定的期限内应予以改正，而逾期未改正的行为。

（四）生产经营单位未按照规定设立安全生产管理机构、配备安全生产管理人员以及对有关人员未按照规定进行教育、培训和考核的

从事矿山开采、建筑施工单位和危险物品生产、经营、储存的生产经营单位，应当设置安全生产管理机构或者配备专职安全生产管理人员。从事矿山开采、建筑施工单位和危险物品生产、经营、储存以外的其他生产经营单位，从业人员超过300人的，应当设置安全生产管理机构或者配备专职安全生产管理人员；从业人员在300人以下的，应当配备专职或者兼职的，或者委托具有国家规定的相关专业技术职称的工程技术人员提供安全生产管理服务。危险物品的生产经营单位以及矿山、建筑施工单位的主要负责人和安全生产管理人员，应当由有关主管部门对其安全生产知识和管理能力考核合格后方可任职。生产经营单位应当对从业人员进行安全生产教育和培训，保证从业人员具备必要的安全生产知识和安全生产操作技能。对于特种作业人员必须按照国家有关规定经专门的安全作业培训，取得特种作业操作资格证书，方可上岗作业。

生产经营单位未按照规定设立安全生产管理机构、配备安全生产管理人员及对有关人员未按照规定进行教育、培训和考核，是指未按照规定设立安全生产管理机构、配备安全生产管理人员：（1）未按照规定设立安全生产管理机构、配备安全生产管理人员；（2）危险物品的生产经营单位以及矿山、建筑施工单位的主要负责人和安全生产管理人员未按照规定经考核合格的；（3）未按照规定对从业人员进行教育、培训，或者未按照规定如实告知从业人员有关的安全生产事项的；（4）特种作业人员未按照规定经专门的安全作业培训、并取得特种作业操作资格证书上岗作业的，必须按照国家有关规定经专门的安全作业培训，取得特种作业操作资格证书，方可上岗作业。

（五）生产经营单位新建、改建、扩建工程项目的安全设施，未与主体工程同时设计、同时施工、同时投入生产和使用的

生产经营单位新建、改建、扩建工程项目的安全设施，必须与主体工程同时设计、同时施工、同时投入生产和使用。

生产经营单位新建、改建、扩建工程项目的安全设施，未与主体工程同时设计、同时施工、同时投入生产和使用，是指安全生产监督管理机构责令其限期改正，而逾期未改正的行为。

（六）矿山建设项目或者生产、储存危险物品的建设项目，没有安全设施设计或者安全设施设计未按照规定报经有关部门审查同意的

矿山建设项目或者生产、储存危险物品的建设项目应当设计安全设施。设计的安全设施应当报经有关部门审查同意，方能实施。

矿山建设项目或者生产、储存危险物品的建设项目，没有安全设施设计或者安全设施设计未按照规定报经有关部门审查同意，是指安全生产监督管理机构责令其限期改正、而逾期未改正的行为。

（七）矿山建设项目或者生产、储存危险物品的建设项目的施工单位未按照批准的安全设施设计施工的

矿山建设项目或者生产、储存危险物品的建设项目的施工单位必须按照批准的安全设施设计施工，并保证安全设施的工程质量。

矿山建设项目或者生产、储存危险物品的建设项目的施工单位未按照批准的安全设施

设计施工是指安全生产监督管理机构责令其限期改正、而逾期未改正的行为。

（八）矿山建设项目或者生产、储存危险物品的建设项目竣工投入生产或者使用前，安全设施未经验收合格的

矿山建设项目或者生产、储存危险物品的建设项目竣工投入生产或者使用前，必须依照有关法律、法规、技术标准对安全设施进行验收。验收合格后，方可投入生产或使用。这是保证安全生产的前期预防措施。

矿山建设项目或者生产、储存危险物品的建设项目竣工投入生产或者使用前，安全设施未经验收合格，是指安全生产监督管理机构责令其限期改正，而逾期未改正的行为。

（九）未在有较大危险因素的生产、经营场所和有关设施、设备上设置明显的安全警示标志的

生产经营单位应当在有较大危险因素的生产、经营场所和有关设施、设备上，设置明显的安全警示标志，履行警示告知义务。

未在有较大危险因素的生产、经营场所和有关设施、设备上设置明显的安全警示标志是指安全生产监督管理机构责令其限期改正、而逾期未改正的行为。

（十）安全设备的安装、使用、检测、改造和报废不符合国家标准或者行业标准的

对安全设备的设计、制造、安装、使用、检测、维修、改造和报废，应当符合国家标准或者行业标准要求。

安全设备的安装、使用、检测、改造和报废不符合国家标准或者行业标准的，是指安全生产监督管理机构责令其限期改正、而逾期未改正的行为。

（十一）未对安全设备进行经常性维护、保养和定期检测的

生产经营单位对安全设备必须进行经常性的维护、保养，并定期检测，以保证其正常运转。维护、保养、检测应当做好记录。

未对安全设备进行经常性维护、保养和定期检测，是指安全生产监督管理机构责令其限期改正、而逾期未改正的行为。

（十二）未为从业人员提供符合国家标准或者行业标准的劳动防护用品的

生产经营单位应当为从业人员提供的劳动防护用品必须符合国家标准或者行业标准。这是保障从业人员安全所必需的。

未为从业人员提供符合国家标准或者行业标准的劳动防护用品是指安全生产监督管理机构责令其限期改正、而逾期未改正的行为。

（十三）特种设备以及危险物品的容器、运输工具未经取得专业资质的检测、检验合格，和未取得安全使用证或者安全标志，投入使用的

生产经营单位使用的涉及生命安全危险性较大的特种设备，以及危险物品的容器、运输工具必须由专业生产经营单位生产，并经取得专业资质的检测、检验机构检测、检验合格，取得安全使用证或者安全标志，方可使用。

特种设备以及危险物品的容器、运输工具未经取得专业资质的检测、检验合格，和未取得安全使用证或者安全标志，不得投入使用。

（十四）使用国家明令淘汰、禁止使用危及生产安全的工艺、设备的

生产经营单位不得使用国家明令淘汰、禁止使用危及生产安全的工艺、设备。

使用国家明令淘汰、禁止使用危及生产安全的工艺、设备是指安全生产监督管理机构

责令其限期改正、而逾期未改正的行为。

（十五）未经依法批准擅自生产、经营、储存危险物品的

生产、经营、运输、储存、使用危险物品的单位，必须经有关主管部门依照有关法律、法规规定和国家标准或者行业标准审查批准，才能从事危险物品生产、经营、运输、储存、使用活动。

未经依法批准擅自生产、经营、储存危险物品是指安全生产监督管理机构责令其限期改正、而逾期未改正的行为。

（十六）违反有关危险物品管理规定及进行危险作业未安排专门管理人员进行现场安全管理的

生产、经营、运输、储存、使用危险物品的单位，应建立专门的安全管理制度，采取可靠的安全措施，接受有关主管部门的监督管理。对重大危险源进行登记建档，评估、监控，制订应急预案。从事爆破、吊装等危险作业的单位，在进行爆破、吊装等危险作业时，应安排专门管理人员对现场进行安全管理。

违反有关危险物品管理规定及进行危险作业未安排专门管理人员进行现场安全管理，是指安全生产监督管理机构责令其限期改正、而逾期未改正的行为。

（十七）将生产经营项目、场所、设备发包或者出租给不具备安全生产条件或者相应资质的单位或者个人的

生产经营单位不得将生产经营项目、场所、设备发包或者出租给不具备安全生产条件或者相应资质的单位或者个人生产经营。“不具备安全生产条件”，即不具备安全生产有关法律、法规、国家标准或者行业标准所规定的安全生产条件。“不具备相应资质”，即不具备有关法律、法规规定的承包、承租相关生产经营项目、场所、设备所需要的资格条件。

将生产经营项目、场所、设备发包或者出租给不具备安全生产条件或者相应资质的单位或者个人是指安全生产监督管理机构责令其限期改正、而逾期未改正的行为。

（十八）未与承包、承租单位签订专门的安全生产管理协议或者未在合同中明确各自的安全生产管理职责或者未对承包、承租单位的安全生产统一协调管理的

生产经营项目、场所有多个承包、承租单位，生产经营单位应当与承包、承租单位签订专门的安全生产管理协议，或者在承包、承租合同中明确各自的安全生产管理职责；生产经营单位对承包、承租单位的安全生产应当做好统一协调管理工作。生产经营单位不履行这些规定的行为，实际上是一种对安全生产不负责任的行为。

生产经营单位未与承包、承租单位签订专门的安全生产管理协议或者未在合同中明确各自的安全生产管理职责或者未对承包、承租单位的安全生产统一协调管理是指安全生产监督管理机构责令其限期改正、而逾期未改正的行为。

（十九）两个以上生产经营单位，在同一作业区域内进行作业未签订安全生产管理协议或者未指定专职的安全生产管理人员的

两个以上生产经营单位在同一作业区域内进行生产经营活动，有可能危及对方安全生产，双方应当签订安全生产管理协议，以明确各自的安全生产管理职责和应当采取的安全措施，并应当指定专职安全生产管理人员进行安全检查与协调。签订安全生产管理协议，目的是为了落实安全生产管理责任制，如果双方不签订安全生产管理协议，在安全生产管

理中就可能因为责任不明而出现疏漏，甚至因此酿成安全事故。双方依法签订了安全生产管理协议，各自都按照协议约定履行职责，就能保障在同一作业区域内的生产安全。

两个以上生产经营单位，在同一作业区域内进行作业未签订安全生产管理协议或者未指定专职的安全生产管理人员是指安全生产监督管理机构责令其限期改正、而逾期未改正的行为。

（二十）生产、经营、储存、使用危险物品的车间、商店、仓库及员工宿舍不符合有关安全要求的

生产经营单位生产、经营、储存、使用危险物品的车间、商店、仓库不得与员工宿舍在同一座建筑物内，并应当与员工宿舍保持相应的安全距离。生产经营场所和员工宿舍应当设有符合紧急疏散要求、标志明显、安全畅通的出口。禁止封闭、堵塞生产经营场所或者员工宿舍的出口，以便人员疏散，保障人身安全。

生产、经营、储存、使用危险物品的车间、商店、仓库及员工宿舍不符合有关安全要求，是指安全生产监督管理机构责令其限期改正、而逾期未改正的行为。

（二十一）生产经营单位与从业人员订立免除或者减轻对从业人员因安全生产事故伤亡应负的责任协议的

生产经营单位不得以任何形式与从业人员订立协议，免除或者减轻其对从业人员因安全生产事故伤亡应当承担的责任。这是针对在采矿业、建筑业中，一些生产经营单位强迫从业人员与其签订“生死合同”，一旦发生人身伤亡事故，只给受害人或者其家属很有限的补偿，不再承担任何责任的情况，法律对此作出禁止性的规定。这是对从业人员的劳动安全合法权利的法律保障。

生产经营单位违反了这一规定，与从业人员签订协议，免除或者减轻因发生安全生产事故造成从业人员伤亡依法应当承担的法律责任。其协议已属于违法协议，从签订之日起即为无效。同时，对于生产经营单位与从业人员订立免除或者减轻生产经营单位对于从业人员因安全生产事故造成伤亡应承担责任的协议，这既属于严重侵犯从业人员合法权益的违法行为，也是应当受到行政处罚的行为。

（二十二）从业人员不服从管理，违章操作的

生产经营单位的从业人员在作业过程中，应当严格地遵守本单位的安全生产规章制度和操作规程，服从管理，正确地佩戴和使用劳动防护用品。这既是对从业人员规定的法定义务，也是保障从业人员安全生产的必要条件。

从业人员不服从管理，违章操作，是应当受到行政处罚的行为。

（二十三）在发生重大安全生产事故时不立即组织抢救或者在事故调查处理期间擅离职守或者逃匿以及对安全生产事故隐瞒不报、谎报或者拖延不报的

生产经营单位发生重大安全生产事故时，单位主要负责人应当立即组织抢救，在事故调查处理期间，不得擅离职守。生产经营单位发生安全生产事故后，事故现场有关人员应当立即报告本单位负责人。单位负责人接到事故报告后，应当迅速采取有效措施，组织抢救，防止事故扩大，减少人员伤亡和财产损失，并立即如实报告当地安全生产监督管理机构，不得隐瞒不报、谎报或者拖延不报，不得故意破坏事故现场，毁灭有关证据。这是生产经营单位主要负责人的法定职责和义务。

生产经营单位主要负责人在发生重大安全生产事故时不立即组织抢救或者在事故调查

处理期间擅离职守或者逃匿以及对安全生产事故隐瞒不报、谎报或者拖延不报的行为，是应当受到行政处罚的行为。

（二十四）当地人民政府、安全生产监督管理机构对安全生产事故隐瞒不报、谎报或者拖延不报的

当地安全生产监督管理机构在接到安全生产事故报告后，应当立即向当地人民政府报告事故情况，不得隐瞒不报、谎报或者拖延不报。

当地人民政府、安全生产监督管理机构对安全生产事故隐瞒不报、谎报或者拖延不报的行为，是应当受到行政处罚的行为。

## 三、安全生产行政处罚的种类

依照现行安全生产法律、法规规定，安全生产违法行为行政处罚主要有八种。

（一）警告

警告是指安全生产监督管理机构对轻微违反安全生产法规行为的当事人提出的警示和告诫的一种行政处罚。警告是一种处罚，一般是以书面形式作出的，必须送交被处罚人并向当事人宣布。警告的方式虽然近似于批评教育，但与一般的批评教育不同。其区别：一是警告属于行政处罚，对被处罚人违反安全生产法规的事实和所做的处罚记录在案，并作出书面裁决。二是带有强制性，通过警告裁决书和当面警告的形式，使被警告人认识自己行为的社会危害性，从而约束自己履行法律义务，不致再犯。如在《安全生产违法行为行政处罚办法》第三十七条、第三十八条中设有警告处罚的规定。

（二）罚款

罚款是指安全生产监督管理机构对违反安全生产法规行为的当事人的一种经济上的处罚。安全生产监督管理机构在对当事人进行经济处罚时，必须作出正式书面处罚决定，依法明确规定罚款的数额和缴纳的期限，并按规定告知被罚款人申请复议和提起诉讼的权利。如在《安全生产法》第七十九条、第八十条、第八十一条、第八十二条、第八十二条、第八十四条、第八十五条、第八十六条、第八十九条中设有罚款处罚规定。

（三）没收违法所得

没收违法所得是指安全生产监督管理机构对违反安全生产法规行为的当事人通过违法行为获取的全部经营收入收归国家所有的一种经济处罚。如在《安全生产法》第七十九条、第八十四条、第八十六条中设有没收违法所得处罚规定。

（四）责令改正、责令限期改正、责令停止违法行为

责令改正、责令限期改正、责令停止违法行为是指安全生产监督管理机构对违反安全生产法规行为的当事人，当场作出立即纠正或者限定一定时间内纠正的一种行政处罚。如在《安全生产法》第六章法律责任中，第八十条、第八十一条、第八十二条、第八十三条、第八十四条、第八十五条、第八十六条、第八十七条、第八十八条中设有责令改正、责令限期改正、责令停止违法行为的处罚规定。

（五）责令停产停业整顿、责令停产停业、责令停止建设

责令停产停业整顿、责令停产停业、责令停止建设是指安全生产监督管理机构对违反安全生产法规行为的当事人，采取限制其生产经营资格的一种行政处罚。如在《安全生

产法》第八十条、第八十一条、第八十二条、第八十三条、第八十五条、第八十六条、第八十七条、第八十八条中设有责令停产停业整顿、责令停产停业、责令停止建设的处罚规定。

（六）行政拘留

行政拘留是指对违反安全生产法规行为的当事人在短期内剥夺其人身自由的一种行政处罚。在实施行政拘留的程序中，对违反安全生产法规行为的当事人实施行政拘留处罚时，经安全生产监督管理机构依法提出，由公安机关依照治安管理条例的规定决定如何处罚。安全生产监督管理机构无行政拘留处罚裁决权。对于适用行政拘留处罚的行为，如在《安全生产法》第九十一条、第九十四条中设有行政拘留处罚规定。

（七）关闭

关闭是指安全生产监督管理机构对违反安全生产法规行为的当事人，剥夺其生产经营资格的一种行政处罚。如在《安全生产法》第八十四条、第九十三条、第九十四条中设有关闭处罚规定。

（八）吊销有关证照

吊销有关证照是指安全生产监督管理机构对违反安全生产法规行为的当事人，撤销其生产经营资格一种行政处罚。如在《安全生产法》第九十三条中设有吊销有关证照处罚规定。

## 四、安全生产行政处罚的管辖及权限

（1）警告、罚款、没收违法所得、责令改正、责令限期改正、责令停止违法行为、责令停产停业整顿、责令停产停业、责令停止建设的行政处罚，由安全生产违法行为所在地的县级以上安全生产监督管理机构决定。

（2）关闭行政处罚，由县级以上安全生产监督管理机构报请县级以上人民政府按照国务院规定的权限决定。

（3）吊销有关证照的行政处罚，由颁发证照的有关安全生产监督管理机构决定。

（4）拘留的行政处罚，由县级以上安全生产监督管理机构建议公安机关依照《治安管理处罚条例》的规定决定。

（5）刑事处罚，安全生产违法行为构成犯罪的，安全生产监督管理机构将案件移送司法机关，依法追究刑事责任。

（6）两个以上安全生产监督管理机构，因行政处罚管辖权发生争议的，由其共同的上一级安全生产监督管理机构指定管辖。

（7）对报告或者举报的安全生产违法行为，安全生产监督管理机构应当受理，发现不属于自己管辖的，应当及时移送有管辖权的安全生产监督管理机构或者其他有关部门处理。

受移送的安全生产监督管理机构对管辖权有异议的，应当报请共同上一级安全生产监督管理机构指定管辖。

（8）上级安全生产监督管理机构可以直接查处下级安全生产监督管理机构管辖的案件，也可以将自己管辖的案件交由下级安全生产监督管理机构管辖。

下级安全生产监督管理机构可以将重大、疑难案件报请上级安全生产监督管理机构管辖。

(9) 上级安全生产监督管理机构有权对下级安全生产监督管理机构违法或者不适当的行政处罚予以纠正或者撤销。

## 五、安全生产行政处罚的适用

### (一) 不予处罚的条件

不予处罚是指行为人的行为虽已构成安全生产违法行为，由于逾期或不具备责任年龄和能力等，因此法律规定可以不承担法律责任，即不予处罚的条件。

(1) 不满 14 周岁的人有违法行为的，不予行政处罚，责令其监护人加以管教。

(2) 违法行为轻微并及时改正的，没有造成危害后果的不予行政处罚。

(3) 违法行为在两年内未被安全生产监督管理机构发现的，不再给予行政处罚。安全生产违法行为在 6 个月内安全生产监督管理机构没有发现的，不再给予行政拘留处罚。逾期不再处罚的期限，从违法行为发生之日起计算。

(4) 精神病人在不能辨认或者不能控制自己行为时，有违反安全生产法规行为的，不予行政处罚，但应当责令其监护人严加看管。

(5) 违法事实不清的，不予行政处罚。

### (二) 从轻或者减轻处罚的条件

从轻或者减轻处罚，是指在法定的处罚限度内选择较轻的处罚，或者在某一处罚允许的幅度内适用接近于下限或下限的处罚。

(1) 已满 14 周岁不满 18 周岁的人实施违法行为的；

(2) 当事人主动消除或者减轻违法行为危害后果的；

(3) 当事人受人胁迫有违法行为的；

(4) 当事人配合安全生产监督管理机构查处违法行为有立功表现的；

(5) 其他依法应从轻或者减轻行政处罚的。

### (三) 从重处罚的条件

从重处罚是指在安全生产行政处罚类别中，选择较重的处罚或在某处罚允许的幅度内适用接近于上限或上限的处罚。

#### 1. 违反《安全生产法》规定

生产、销售未经依照《产品质量法》的规定确定的检验机构检验合格的危险化学品及其包装物、容器，责令停止违法行为，没收违法所得，依照《产品质量法》的规定从重处罚，并处违法所得一倍以上五倍以下的罚款。

#### 2. 违反《安全生产法》规行为

有下列情形之一的，可以从重处罚：

(1) 有较严重后果的；

(2) 胁迫、诱骗他人或者教唆不满 18 周岁的人实施违法行为的；

(3) 对检举人、证人打击报复的；

(4) 妨碍安全生产行政执法人员查处其违法行为的；

(5) 多次实施违法行为、屡犯不改的；

(6) 两人以上结伙实施违法行为中起主要作用的。

（四）实施处罚的前置条件

处罚前置条件是指安全生产监督管理机构对某一安全生产违法行为实施处罚时，必须考虑的因素。如安全生产监督管理机构检查发现事故隐患，应当首先责令限期改正，逾期不改正的，方可处罚。已经改正的不予处罚。如在《安全生产法》第八十条、第八十一条、第八十二条、第八十三条、第八十四条、第八十五条、第八十六条、第八十七条、第八十八条中均对实施处罚规定了前置条件。

（五）可以、并处的问题

可以是指安全生产监督管理机构在处罚与不处罚之间和在处罚幅度上有选择权，也是安全生产监督管理机构自由裁量权的具体表现。尽管安全生产监督管理机构有权在"可以"处罚中自由选择，但不能滥用，必须在规定的范围内，根据违法行为的性质、情节等因素综合裁量，否则就是滥用自由裁量权。

并处是指安全生产监督管理机构对同一违法行为依法同时适用两种或两种以上的行政处罚。在实施行政处罚的过程中，规定并处的行为，不能单处。如某营业性场所有重大火灾隐患，责令其限期改正，逾期不改的，对其处罚不能仅罚款了事，而且应当在责令其停产停业的同时，给予罚款处罚，因为罚款是责令停产停业的附加处罚措施。如在《安全生产法》第八十二条、第八十三条、第八十五条、第八十六条中均作了可以并处罚款的规定。

## 六、安全生产行政处罚的程序

安全生产行政处罚程序，是指实施安全生产行政处罚必须的过程和步骤。我国行政处罚法规定了行政处罚的决定程序和行政处罚的执行程序。在行政处罚决定程序中又规定了简易程序、一般程序、听证程序。

（一）安全生产行政处罚决定程序

安全生产行政处罚决定程序是指安全生产监督管理机构实施安全生产行政处罚时必须遵守的方式、步骤、空间、时限。它是安全生产行政处罚制度的重要内容，其目的：一是通过程序保证安全生产监督管理机构迅速有力地制止与制裁安全生产行政违法行为；二是在实施处罚过程中不损害当事人的合法权益。既要效率，又要公平，两者不能偏废。

安全生产行政处罚决定程序分为：

（1）依据安全生产行政处罚决定程序和环节，分为简易程序和一般程序。

（2）依据安全生产行政处罚决定程序的内容，分为听证程序、调查和决定程序、证据审查程序、当场处罚程序、罚款收缴程序。

（二）安全生产行政处罚简易程序

1. 简易程序的概念

安全生产行政处罚简易程序，又称当场处罚程序，是指安全生产监督管理机构对于事实清楚、情节简单、后果轻微的安全生产行政违法行为，当场给予处罚。这一概念具有以下特征：

（1）当场处罚是由安全生产监督管理机构依法作出的安全生产行政执法行为。

（2）当场处罚一般适用于事实清楚、情节简单，而且后果比较轻微的安全生产行政违法行为。

(3) 当场处罚是指发现安全生产行政违法行为后当即给予的安全生产行政处罚。

2. 安全生产行政处罚简易程序适用的条件

安全生产行政处罚简易程序的适用，必须符合一定的条件，依据我国《行政处罚法》的规定，主要有：

(1) 违法行为简单、事实清楚、证据确凿，无需进一步查证。

(2) 违法行为社会影响不大，处罚一般较轻。依据我国《行政处罚法》的规定，当场处罚一般以警告和低额罚款为限。

3. 安全生产行政处罚简易程序的具体步骤

安全生产行政处罚简易程序的具体步骤：

(1) 出示证件。这是简易程序的第一个步骤。出示证件是为了表明安全生产行政执法人员有实施安全生产行政处罚的资格。即安全生产行政处罚主体合法。

(2) 说明理由。安全生产行政执法人员在作出当场处罚决定之前，应当主动向当事人说明给予安全生产行政处罚的原因、违法事实和证据以及法律依据。

(3) 听取申辩。安全生产行政执法人员在作出当场处罚决定之前，应当主动告知当事人有权陈述和申辩，并听取当事人口头陈述和申辩，执法人员应予以答辩。这是保障当事人合法权利的重要一环。

(4) 处罚决定。安全生产行政执法人员在现场填写《安全生产行政处罚决定书》作出处罚决定。处罚决定书是具有法律效力的法律文书，应当写明：

1) 违法行为，违法的事实和证据；

2) 处罚依据，即依据处罚的法律、法规规定；

3) 处罚的种类、罚款数额；

4) 处罚的时间、现场地点；

5) 安全生产监督管理机构名称；

6) 安全生产行政执法人员签名或者盖章。

处罚决定书制作后，应交给被处罚人一份，并留存根备查。

(5) 执行。安全生产行政执法人员处罚决定书制作后，将处罚决定书当场交当事人执行。执行既可以在现场执行，也可以在规定的期限内执行。

(6) 告知权利。安全生产行政执法人员在执行安全生产行政处罚时，应当告知当事人，如对简易程序作出的安全生产行政处罚不服，在法定期间内可以向本级安全生产监督管理机构或其上级安全生产监督管理机构申请安全生产行政复议或者向人民法院提起安全生产行政诉讼。

(7) 备案。安全生产行政执法人员当场作出的安全生产行政处罚决定，必须报所属的安全生产监督管理机构登记备案，以备查考。

(三) 安全生产行政处罚一般程序

1. 安全生产行政处罚一般程序的概念

安全生产行政处罚一般程序，是指安全生产监督管理机构履行法定职责，对违反安全生产法律、法规行为予以处罚必须遵循的步骤。我国法律明确规定，不遵守法定程序的行政处罚无效。因此，准确掌握安全生产行政处罚的一般程序，对于保证安全生产法规的准确适用，保障安全生产行政执法的公正性，保护安全生产行政相对人的合法权益都具有十分重要的意义。

2. 受案范围和立案的条件

安全生产监督管理机构受理安全生产行政处罚案件的范围，主要包括以下几个方面：

（1）在安全生产行政执法中发现认为需要追究安全生产行政法律责任的（当场处罚的案件除外）；

（2）由公民、法人或者其他组织举报，经初步核查，认为需要追究安全生产行政法律责任的；

（3）有关部门移送并认为需要追究安全生产行政法律责任的；

（4）当地政府或上级部门交办的；

（5）其他需要立案的。

安全生产监督管理机构批准立案处罚的案件，必须具备以下条件：

（1）有明确的安全生产行政相对人；

（2）有违反安全生产法律、法规和规章的事实；

（3）属于安全生产监督管理机构法定职权管辖范围之内的。

对于符合受案范围和立案条件的，安全生产行政执法人员应填写《立案审批表》，经批准后，该案件进入立案处罚程序的下一个审理步骤。

3. 调查取证

调查取证，是指案件承办人对所要处罚的安全生产行政违法行为进行了解、核实和搜集证据的过程。调查取证是安全生产行政处罚的核心程序，也是立案程序的自然延伸，是裁决程序的基础。调查取证的任务是弄清事实，查清当事人是否应该负安全生产行政法律责任等全部情况。依照法律的规定，安全生产监督管理机构及其安全生产行政执法人员在进行调查取证时，必须做到全面、客观、公正。

安全生产行政处罚案件中的证据，是指能够证明案件真实情况的一切事实。也就是说，凡是能够直接或者间接地证明安全生产行政相对人行为存在或者不存在的所有客观事实都是证据。安全生产行政处罚案件中的证据主要有以下几种：

（1）书证。书证是指以文字、符号、图画等记载的表达人的思想和行为并用来证明案件情况的材料。

（2）物证。物证是指能够以自己的存在或外部形态、质量、特征等证明案件事实的物品。

（3）视听资料。视听资料是指用录音、录像等方法记录下来的音响或图像，或者电子计算机储存的数据和资料，包括录像带、录音带等。

（4）证人证言。证人是指与案件无直接利害关系，但又了解案件真实情况的人。证人所作的陈述为证人证言。证人证言包括：1）安全生产行政相对人的陈述是指当事人所作的关于案件事实的陈述。2）安全生产行政执法调查笔录、现场勘查笔录是指安全生产行政执法人员为查明与案件有关的事实，在了解情况、勘查现场过程中翔实记载的记录；3）检测或鉴定结果是指由法定技术机构对一定的客体进行检测、鉴别，并作出判定的书面材料。

调查取证是办理案件的基本过程和关键步骤，只有掌握充分确凿的证据，才能保证正确认定案件事实。只有在准确查明案件事实的基础上，才能正确地适用法律。因此，调查取证必须符合以下基本要求：1）搜集证据必须全面、客观、公正。安全生产监督管理机构及其安全生产行政执法人员要做到搜集证据正确，前提条件是全面、客观、公正。不仅要搜集直接证据，也要搜集间接证据；不仅要搜集正面证据，也要搜集反面证据。2）搜集证据必须合法。调查取证的合法性是正确搜集证据的重要保证，这就要求搜集证据必须由法定的单位和人员进行，同时，必须按法定的程序进行。3）搜集证据必须及时。随着时间的推移，某些不及时搜集的证据就会灭失。在证据有灭失的可能或者以后难以取得的情况下，经安全生产监督管理机构负责人批准，执法人员先行登记保存，填写《登记保存通知》，列出清单。

4. 案件审理及证据审查

案件调查取证结束后，安全生产行政执法人员将调查的结果和获取的有关证据材料提交给安全生产监督管理机构有关职能部门或者案件审理专门组织进行审理。

证据审查是指对证据进行审查鉴别，对证据的证明力作出判断，从而认定安全生产违法行为的事实。证据审查的主要要求是：证据是否客观真实，检测数据是否准确；案件的事实是否有相应的证据予以证明；证据是否与案件的事实存在着联系，各种证据之间是否相互印证；证据的表现形式是否正当。

5. 告知

告知是指安全生产监督管理机构向当事人告诉其有关事由和权利，允许当事人申辩和质证。

案件审理结束后，安全生产监督管理机构在作出安全生产行政处罚决定前，必须向被处罚的当事人告知作出安全生产行政处罚决定的事实、理由和依据以及有关权利，允许其申辩，听取其意见。安全生产监督管理机构在作出责令停产停业整顿、责令停产停业、吊销有关证照或者较大数额罚款等安全生产行政处罚决定之前，还应当告知被处罚的当事人有要求举行听证的权利。

6. 听证

听证是指安全生产监督管理机构作出重大安全生产行政处罚决定之前，应当事人的听证要求，依法通过听证会的形式，使当事人对安全生产行政处罚决定的事实、理由、依据、结果有所了解，行使其申辩的权利并进行质证的程序。其目的在于赋予当事人辩护和了解受处罚的事实、理由的权利，以提高安全生产行政执法活动的公正性。（详见本章安全生产行政处罚听证程序中的具体内容）。

7. 决定

决定是指安全生产监督管理机构负责人在对案件调查结果进行审查的基础上依法作出的安全生产行政处罚裁决。

安全生产监督管理机构负责人在对案件进行全面审查的基础上可以作以下几种处理决定：

（1）对违法事实不清或提出的处罚不当的，应决定退回重新审理；

（2）对违法事实清楚、情节显著轻微，符合免于处罚适用条件的，可以决定免于处罚；

（3）对查无实证，不能予以处罚的，可以决定案件予以撤销；

（4）不属本管辖权范围内的案件，应决定予以撤销；

（5）对违法事实清楚，证据确凿，适用法律、法规正确，符合法定程序的，应决定予以处罚。

8. 送达

送达是指安全生产监督管理机构依照法定程序和方式将处罚法律文书送交被处罚当事人的行为。送达的方式有直接送达、留置送达、邮寄送达、委托送达、公告送达等方式。

《安全生产行政处罚决定书》送达后，可产生以下两方面的结果：

一是程序方面的结果。当事人收到《安全生产行政处罚决定书》后，对其不服的，可以在法定期限内向安全生产监督管理机构的上级主管机关或者当地人民政府申请复议，从而引起新的安全生产行政程序产生。

二是实体方面的结果。若当事人对《安全生产行政处罚决定书》表示服从，则法定期限届满即发生法律效力，当事人必须履行其法定义务。

9. 执行与结案

执行是指安全生产监督管理机构依法将发生效力的安全生产行政处罚决定，按照其内容和要求付诸实现的行为。安全生产行政处罚决定一经送达即发生法律效力。

安全生产行政处罚只有得到及时执行，才能保证安全生产行政权力的权威性。安全生产行政处罚决定作出后，当事人应当在安全生产行政处罚决定的期限内予以履行。当事人对安全生产行政处罚决定不服向安全生产监督管理机构的上级主管机关或者当地人民政府申请复议，或者已向人民法院提起安全生产行政诉讼的，安全生产行政处罚不停止执行，法律另有规定的除外。

当事人逾期不自觉接受处罚，即可强制执行。当事人逾期不履行安全生产行政处罚决定的，作出处罚决定的安全生产监督管理机构可以采取下列措施：

（1）到期不缴纳罚款的，每日按罚款数额的百分之三加处罚款。适用这一执行措施的条件是：一是当事人不履行义务，到期不主动缴纳罚款的；二是当事人无正当理由延期或分期缴纳罚款的。当事人确有经济困难，只有向安全生产监督管理机构提出申请并经批准，才能暂缓或者分期缴纳。没有法定正当理由，当事人到期不缴纳罚款的，安全生产监督管理机构可以处以执行罚，依法加处罚款。

（2）申请人民法院强制执行。被安全生产行政处罚的当事人，如果在法定期限内不提起行政诉讼，到期又不履行安全生产行政处罚的，安全生产监督管理机构可以申请人民法院强制执行。

安全生产监督管理机构在依法申请人民法院强制执行时，应当提交申请执行书和据以执行的《安全生产行政处罚决定书》以及其他必须提交的材料。

申请人民法院强制执行必须符合下列法定条件：1）强制执行的范围必须是法律明确规定可以申请的合法的具体安全生产行政行为；2）被安全生产行政处罚的当事人不履行安全生产行政处罚决定已超过了规定的申诉或诉讼时限的。

人民法院经审查发现据以执行的安全生产行政处罚决定有错误的，经人民法院院长批准，不予执行，并将申请材料退回原申请的安全生产监督管理机构。

案件办理完毕，属于下列情况的，安全生产监督管理机构予以结案：1）安全生产行政处罚决定执行完毕的；2）经人民法院判决或者裁定并执行完毕的；3）免于安全生产行政处罚或者不予安全生产行政处罚的。

对于影响重大的、涉外的、人民法院审理判决的案件，必须报上级安全生产监督管理机构备案，这是安全生产行政行为接受监督原则的体现。

## 七、安全生产行政处罚的听证程序

### （一）听证程序的概念

听证程序是指安全生产监督管理机构在作出安全生产行政处罚决定之前，听取当事人的陈述、申辩、质证的行政制度。

### （二）举行听证的条件

举行听证以当事人的要求为前提，听证是当事人的一种权利，当事人要求举行听证的，应当在安全生产监督管理机构告知后3日内提出，否则，视为放弃听证的权利。安全生产监督管理机构应当在听证的7日前，通知当事人举行听证的时间、地点。

根据现行安全生产法律、法规规定，安全生产监督管理机构必须举行听证的安全生产行政处罚有：责令停产停业整顿、责令停产停业、吊销有关证照或者较大数额罚款（即对个人处以1万元以上罚款，对法人或者其他组织处以3万元以上罚款的）等。

### （三）听证主持人和参加人

1. 听证主持人

听证主持人是指安全生产监督管理机构指定的主持安全生产行政处罚案件听证程序的"行政法官"。听证主持人由安全生产监督管理机构负责人指定。听证主持人必须由非本案调查人员且与本案没有直接利害关系的人员担任。

听证主持人必须按听证程序进行指定。听证主持人的权力主要有：

（1）宣布听证会开始，宣布辩论和听证会结束；

（2）审阅听证会笔录，签名或者盖章后的听证会笔录具有法律文书效力；

（3）向本单位负责人提出安全生产行政处罚处理意见。

2. 听证会参加人

听证会参加人是指听证的内容与其有直接利害关系的安全生产行政执法人员、当事人或其他有关人员。

（1）安全生产行政执法人员是指行使安全生产行政权力，对安全生产违法当事人的违法行为进行调查并提出指控的安全生产监督管理机构的工作人员。安全生产行政执法人员是听证的一方。

安全生产行政执法人员在听证会中的主要权利和义务有：就当事人的违法事实提出指控和提出证据材料以及处罚意见；与当事人辩论。

（2）当事人是指听证的内容与其有直接利害关系的公民和组织的法定代表人或主要负责人，即利害关系人。当事人是当然的听证会的另一方。在安全生产行政处罚案件中，当事人是指实施违法行为，受到安全生产监督管理机构依法追究的人员。

当事人的主要权利有：对指控的事实及相关问题进行答辩，有与安全生产行政执法人员辩论和陈述的权利；请求补充或者改正有遗漏或有差别的听证笔录的权利；委托代理人代理听证的权利。

（3）其他有关人员是指凡是权利和利益可能受到安全生产行政处罚决定影响的人。参加听证会的人不以当事人为限，可以包括权利和利益间接受到安全生产行政处罚决定影响的人。

（四）听证程序

1. 听证前的准备

（1）当事人申请。当事人要求举行听证的，应在安全生产监督管理机构告知后3日内向安全生产监督管理机构提出申请。

（2）安全生产行政执法人员准备提出指控和提供有关材料。当当事人提交举行听证的申请后，安全生产行政执法人员就当事人的违法事实向举行听证的安全生产监督管理机构提供有关材料，做好指控事实的材料准备。

（3）通知是指安全生产监督管理机构在举行听证会之前，将有关听证的事项告知当事人。安全生产监督管理机构应当在举行听证会的7日前，通知当事人参加听证会的时间和地点。

（4）指定听证主持人。指定的听证主持人应在举行听证会之前告知当事人，以便当事人决定是否对听证主持人提出回避的申请。

（5）公告。听证必须公开听证、公开进行。举行听证的安全生产监督管理机构应当公告举行听证会的案由、时间、地点，以便其他相关人员申请参加听证或旁听。

2. 听证会的举行

（1）听证会开始。听证会主持人宣布听证会开始，并进行四个方面的程序性工作：核实听证会的参加人；宣布安全生产行政处罚案件的案由；告知当事人的权利和义务；宣布听证会的纪律。

（2）由案件调查人员介绍案件的违法事实和调查过程，宣读或出示有关证据。安全生产监督管理机构负有举证责任，应当向听证会提供作出该安全生产行政处罚决定的证据和依据。

（3）当事人对被指控的事实、证据、适用的法律依据等进行质证和申辩。

（4）听证会主持人就案件的有关问题向当事人、案件调查人员、证人询问。

（5）听证会辩论。听证会主持人通过听取双方的辩论，全面地了解安全生产行政处罚案件的主要事实及证据的可靠性程度。

（6）当事人最后陈述。主持人宣告辩论结束后，当事人有最后陈述的权利。当事人的最后陈述，包括当事人对安全生产行政执法人员提供的证据和事实的肯定性程度或异议，对安全生产行政执法人员予以处罚的法律依据的认可或异议，对处罚意见的态度，从轻、减轻或免除的要求或者认为没有违法的观点等。

在听证程序中，安全生产监督管理机构始终作为义务主体的一方，当事人则是作为权利主体的一方。目的是为了保证在充分听取双方意见的基础上作出安全生产行政处罚决定，维护安全生产行政执法的公正性，并充分保护当事人的合法权益。

（7）当事人或者其委托的代理人阅读、修改安全生产行政处罚案件听证笔录，并签字或盖章。听证主持人应当在听证会结束后，将听证情况和处理意见制成《安全生产行政处罚案件听证报告》，在该报告中，听证主持人要提出听证的结论或对案件的处理意见，报告制作完毕交安全生产监督管理机构负责人。

# 第五节　安全生产行政执行

## 一、安全生产行政执行的概念

安全生产行政执行是指安全生产监督管理机构对逾期不履行安全生产行政义务的安全生产行政相对人，依法采取强制手段，迫使其履行安全生产行政义务或达到与履行安全生产行政义务相同结果的安全生产行政执法行为。这一概念有以下特征：

(1) 安全生产行政执行的主体，是安全生产监督管理机构。

(2) 实施安全生产行政执行措施时，安全生产监督管理机构应在执行前作出安全生产行政强制执行决定。

(3) 安全生产行政执行的内容是安全生产行政义务。具体包括法律法规直接规定安全生产行政相对人的义务，安全生产监督管理机构作出的已产生法律效力的安全生产行政处理决定要求当事人履行的义务。

(4) 安全生产行政执行的对象，可以是物、行为人。

(5) 安全生产行政执行在执行中适用“执行不得进行和解”的原则。

## 二、安全生产行政执行与安全生产行政处罚的区别

安全生产行政执行与安全生产行政处罚的区别在于：

(1) 性质不同。安全生产行政执行本身不具有处罚的性质，仅是一种督促性措施或执行性行为。安全生产行政处罚则是对安全生产行政违法当事人用损害其权利、利益的方式而采取的一种法律制裁。

(2) 前提不同。安全生产行政执行是以当事人不履行具体安全生产行政行为所确定的安全生产行政法规上的义务为前提。安全生产行政处罚是以当事人违反安全生产行政法规所规定的义务或者其他有关规定为前提。

(3) 目的不同。安全生产行政执行的目的是为了促使法定义务人履行义务。安全生产行政处罚则是对安全生产行政相对人不履行法定义务的一种制裁，促使其不再重犯。

此外，在采取了安全生产行政强制执行后，对不履行法定义务的当事人还予以一定的处罚，但安全生产行政处罚却没有这个问题。

## 三、安全生产行政执行成立的条件

安全生产行政执行成立，应该具备以下条件：

(1) 当事人有不履行安全生产行政义务的故意；

(2) 法律明确规定当事人不履行义务可以采取安全生产行政强制执行措施的；

(3) 安全生产行政强制执行决定是经安全生产监督管理机构作出的。

## 四、安全生产行政执行的种类和形式

安全生产行政执行的种类和形式有间接执行和直接执行两种。

### (一) 间接执行

间接执行是指义务人在规定的期限内不履行法定义务，而由执行人代替义务人履行的行为。采用间接执行必须根据义务人不履行法定义务的情况依法进行。对不具备采用间接执行的，不应随意采用间接执行方式。间接执行分为代执行和执行罚两种。

代执行是指当事人不履行义务，而此项义务可以由他人代为履行以达到同一目的的，安全生产监督管理机构自行或请人代为履行，并由法定义务人员承担代履行费用的办法称为代执行。如由安全生产监督管理机构自行或请人代为拆除安全生产违章建筑，并由不履行拆除义务的法定义务人负担费用。代执行的条件：一是代执行的义务一般都是作为义务，如果是不作为义务，如对责令停产停业整顿、责令停产停业、吊销有关证照、较大数额罚款等安全生产行政处罚决定就不能代执行。二是法定义务人不履行的义务是他人可以代为履行能达到与法定义务人亲自履行同一目的的义务。如拆除安全生产违章建筑，这是可以替代的。对他人不能替代的义务，如接受行政拘留，就不能采取代执行的方法，因为代执行不能达到由法定义务人亲自执行的同一目的。三是代执行人的实际执行人，可以是安全生产监督管理机构，也可以由安全生产监督管理机构委托第三人进行，或者申请人民法院强制执行。

执行罚是指安全生产监督管理机构对拒不履行安全生产行政法规上规定其义务的当事人，可以一定数额的金钱给付，促其履行。如再不履行再罚，直到履行。执行罚的性质和目的，不是对义务人进行金钱处罚，而是以金钱给付义务的形式促使义务人自动履行义务。

代执行和执行罚都是间接执行的方法，两者的区别在于：一是代执行适用于他人可以代为履行并能达到同一目的的义务；执行罚则适用于他人不能代为履行或他人代为履行无法达到由法定义务人亲自履行的同一目的的义务。二是代执行是以由安全生产监督管理机构自行履行或交由他人代为履行以实现具体安全生产行政行为为内容的；执行罚则是以通过对法定义务人科以新的给付义务的方法或者采取其他方法以实现具体安全生产行政行为为内容。三是代执行是一次执行完毕的行为；执行罚是一个连续罚款或采用多种方法促其履行的强制执行过程，直至受罚人履行了义务或安全生产监督管理机构认为没有必要继续罚款或已没有适当方法促其履行为止。四是代执行完毕后，向法定义务人征收的费用是代为履行的报酬；执行罚的罚款是促使法定义务人履行义务的手段。

（二）直接执行

直接执行是指法定义务人不履行安全生产行政法规上规定的义务，安全生产监督管理机构依法对当事人的人身或财物采取必要的措施，迫使负有义务的当事人履行义务的强制方法。

直接执行的特点：一是适用的范围比代执行和执行罚宽。无论是作为义务还是不作为义务，无论是可替代义务，还是不可替代的义务，在必要时都可以采用。二是实施的条件较严格。一般只有在难以采用间接执行的方法，或虽然可以采用间接执行的方法，但显然不能或难以达到执行的目的时，才能采用直接执行。

直接执行的种类主要有两类：一是人身强制；二是财物强制。人身强制主要包括强制传唤、强制拘留。财物强制主要包括强制扣缴、强制履行、强制拆除等。

## 五、安全生产行政执行的依据和程序

### （一）安全生产行政执行的依据

安全生产行政执行必须以法律、法规为依据。实施安全生产行政执行的内容应有法律、法规的明确规定。对哪些具体安全生产行政行为所确定的义务，在什么情况下，采取什么方法予以执行，都应根据法律法规的明文规定进行。因为，安全生产行政执行是一种强制执行行为，它直接关系到公民的人身、财产等基本权利。只有依法执行，才能做到安全生产行政执行的合法性。

### （二）安全生产行政执行程序

（1）调查。查明当事人不履行义务的原因。如果发现不履行是由于原处理决定不当或违法所致，应当纠正处理决定。如果确属当事人无理拒绝或拖延，才决定强制执行。

（2）规定履行义务的期限，命令当事人在限定的期限内履行法定义务。

（3）执行。当事人在限定时间内仍不履行义务，安全生产监督管理机构应作出相应的执行决定，实施执行。

# 第七章　安全生产行政司法

安全生产行政司法是安全生产监督管理机构的一种职能，是调解安全生产行政执法中发生的有关安全生产行政争议的重要手段。因此，研究安全生产行政司法问题，掌握安全生产行政司法知识，对科学开展安全生产行政执法工作具有重要的指导意义。

## 第一节　安全生产行政司法的特征

### 一、安全生产行政司法的概念

安全生产行政司法是指安全生产监督管理机构依法在其职权范围内，处理和调解在安全生产行政执法中发生的有关安全生产行政争议的部分案件，以及由法律、法规明确规定的特定争议案件，适用法律规范的一种专门活动。这个概念包括以下几个基本要素：

（1）安全生产行政司法是解决有关争议的活动。它与安全生产行政处罚、安全生产行政许可、安全生产强制执行等执法行为不同。安全生产行政司法不是依法限制或剥夺争议双方当事人的某种权利，也不是为其设定某种义务，而是对已经存在的有关争议，依照国家有关法律和法规的规定进行处理或调解解决。因此，安全生产行政司法是以有关争议案件已经发生为前提的。

（2）安全生产行政司法是对在安全生产行政管理范围内发生的有关争议进行调解处理的活动。不在安全生产行政管理范围内或与安全生产行政管理无关的其他争议，则不属于安全生产行政司法调解处理的对象。

（3）安全生产行政司法是安全生产监督管理机构以第三者的身份，从公正的立场出发，对有关安全生产方面的争议进行调解处理的活动。虽然安全生产行政司法是具体安全生产行政行为的一种类型，但它不同于安全生产监督管理机构的安全生产行政执法行为。它的一个重要特点，就在于安全生产监督管理机构是以第三者的身份，从公正的立场出发，对当事人之间已经形成的争议进行调解处理，起了“法官”的作用。从安全生产监督管理机构履行国家安全生产行政职能的过程来看，安全生产行政执法是为了直接实现国家的安全生产行政管理目标，而安全生产行政司法则是为保证安全生产行政管理目标得以顺利实现的一种手段。

（4）安全生产行政司法是安全生产监督管理机构在其职权范围内，对有关争议案件适用法律的一种专门活动。安全生产行政司法不同于其他安全生产行政行为，它必须经法律的严格授权，只有具有安全生产行政司法权的机关或机构才能从事安全生产行政司法活动。例如安全生产行政复议，享有安全生产行政复议权的机关，一般只能是作出具体安全生产行政行为的上级主管机关或者当地人民政府。安全生产行政司法从其程序看，尽管它也属于安全生产行政程序，但它更接近于司法程序，比一般的安全生产行政程序更强调公正。

## 二、安全生产行政司法的特征

安全生产行政司法作为国家司法权行使的一个重要的组成部分，它与国家司法机关的司法裁判相比，具有以下主要特征：

（1）从主体上看，安全生产行政司法的主体是安全生产监督管理机构或其上级主管机关或者当地人民政府。即依法享有安全生产行政管理职权，并有权调解处理在安全生产行政管理范围内发生的有关安全生产行政争议部分案件的安全生产监督管理机构或其上级主管机关或者当地人民政府。

（2）从职能上看，安全生产行政司法只是对在安全生产行政管理范围内发生的与安全生产行政管理活动有关的安全生产行政争议案件进行调解处理，不能如同人民法院那样，行使一般审判权。

（3）从对象上看，安全生产行政司法只是对在安全生产行政管理范围向发生的与安全生产行政管理活动有关的安全生产行政争议案件进行调解处理，它涉及的范围不像司法裁判那样广。也就是说，安全生产行政司法一般不调解处理与安全生产行政管理活动无关的争议案件。

（4）从程序上看，安全生产行政司法程序不像司法裁判程序那样正规严格，体现了安全生产行政简易、高效的特点。由于安全生产行政司法就其性质来说属于行政性行为，它与安全生产行政执法相对应，是安全生产行政法制建设的重要组成部分。因此，其活动本身就要求简易、高效和迅速，而不能像司法裁判程序那样繁琐复杂。但是，安全生产行政司法毕竟是安全生产监督管理机构或由上级主管机关或者当地人民政府从公正的立场出发调解处理当事人业已产生的有关争议的行为，因此，它在调解处理方式上就与司法裁判有许多相同或相似之处。因而它能够排除安全生产行政中的专断性，体现出安全生产行政司法的公正和合理这一本质特征。

（5）从效力上看，安全生产行政司法行为的效力低于司法裁判行为的效力。一般来说，安全生产行政司法行为在原则上不具有终局决定权。其行为是否发生法律效力，在很大程度上取决于当事人的意志。如果当事人不服，还可以依法向人民法院起诉，由人民法院裁判。换句话说，在这种情况下，安全生产行政司法行为还要接受人民法院的司法审查。而人民法院司法裁判一经生效，则不论当事人是否诚服，均对其发生羁束力，即裁判力和执行力。

# 第二节 安全生产行政调解

## 一、安全生产行政调解的概念

安全生产行政调解，是指在安全生产监督管理机构主持下，根据自愿和合法的原则，通过说服教育的方法，促使双方当事人友好协商、互谅互让而达成和解协议，以解决其争议的一种诉讼外的活动。这个概念具有以下主要特点：

（1）安全生产行政调解是在安全生产监督管理机构的主持下进行的。是安全生产监督管理机构以第三者公正人的身份主持的就当事人双方有关安全生产方面的争议而进行的调解。由于安全生产监督管理机构是国家安全生产法律的执行机构，是国家安全生产行政管理的具体实施者，与人民群众的联系最为广泛和密切，这就决定了它最能了解群众发生安全生产方面纠纷的具体原因，因而能够及时地给予疏导，公正合理地解决矛盾。同时，由于安全生产行政调解是安全生产监督管理机构出面主持的，因而与人民调解和人民法院调解相比，它克服了前者不具有权威性和后者在程序、手续上比较复杂的短处。

（2）安全生产行政调解是根据自愿和合法的原则进行的。所谓自愿，是指安全生产行政调解必须完全符合当事人双方的意愿，由当事人自主决定。一方面，争议是否通过调解的方式解决，要由当事人双方决定，一方愿意另一方不愿意，不能调解；另一方面，调解达成的协议，也要由当事人双方完全同意，一方同意另一方不同意，协议不能履行。这是因为，安全生产行政调解不同于安全生产行政处罚，它不能由安全生产监督管理机构单方强制作出决定并强制履行，否则就达不到双方互谅互让，解决争议的目的。所谓合法，是指安全生产行政调解必须以国家的安全生产法律、法规和安全生产技术标准为依据，并符合社会公德的要求。主持调解的安全生产监督管理机构无权强迫任何一方当事人接受调解或履行义务，更无权对当事人的人身或财产予以强制，当然也不能背离国家安全生产法律、法规和安全生产技术标准以及社会公德的要求"和稀泥"。

（3）安全生产行政调解只适用解决当事人双方之间有关安全生产方面的争议，而不适用解决安全生产行政争议。因为，安全生产行政争议的产生都与安全生产监督管理机构行使安全生产行政职权有关，而安全生产行政职权是不允许当事人自由处理的。但是，安全生产监督管理机构在行使安全生产行政职权过程中对安全生产行政相对人的人身或财产造成损害而引起的安全生产行政赔偿争议，因其涉及财产利益，故可以进行调解。

（4）安全生产行政调解是诉讼外的调解，没有强制执行的效力。由于安全生产行政调解完全是根据当事人的意愿进行的，它不是诉讼的必经程序，因此，当事人不会因进行过安全生产行政调解而使自己提起诉讼的权利受到限制，安全生产行政调解的主体也不会因为做过调解而成为诉讼中的被告。

## 二、安全生产行政调解与其他调解的区别

在我国调解法律制度中，有安全生产行政调解（或称行政调解）、人民调解（或称民间调解）和人民法院调解（或称司法调解）。这三种调解共同构成了具有中国特色的调解法律制度。

从实践中可以看出，这三种调解有许多共同之处，其中最重要的是调解的原则相同，即都必须取得当事人的同意，不得强迫调解；都必须查明事实，分清责任；都必须以国家法律、法规为依据；都不得因调解而阻止当事人行使诉讼权等等。

但是，上述三种调解也有不容忽视的差异。弄清三者之间的差异或区别，有助于理解和掌握安全生产行政调解的内涵和外延。它们之间的区别主要有以下几个方面：

（1）调解的主持者不同。安全生产行政调解的主持者是安全生产监督管理机构；人民调解的主持者是人民调解委员会，这是群众性的自治调解组织；法院调解的主持者是人民法院。

（2）调解的对象和范围不同。安全生产行政调解和人民法院调解既可以适用于民事

争议，也可以适用于行政赔偿争议；人民调解只限于民事争议，而不能调解行政赔偿争议。

(3) 调解的性质不同。人民法院调解是人民法院主持的诉讼过程中的一种司法活动；安全生产行政调解是由安全生产监督管理机构主持的一种诉讼外的行政司法活动；而人民调解虽然也是一种诉讼外的调解，但不具备司法性质，而是人民群众依靠自己的力量进行自我教育、自我约束、自我管理的一种自治活动。

(4) 调解达成协议的效力不同。在人民法院主持下的调解一经成立，即发生与判决同等的法律效力，当事人双方必须履行。如果一方反悔，另一方有权向人民法院申请强制执行；而在安全生产监督管理机构或人民调解委员会主持下的调解所达成的协议，一般不具有法律上的强制性。它的履行，主要依靠双方当事人的相互承诺、信用和社会舆论来保证。如果一方反悔，则另一方只可寻求其他方式来解决争议，而不能向人民法院申请强制执行。

## 三、安全生产行政调解的原则与程序

### (一) 安全生产行政调解的原则

安全生产行政调解的原则，是贯穿于安全生产行政调解活动全过程的行为准则，是实现安全生产行政调解职能不可缺少的规则。

(1) 自愿原则。安全生产行政调解必须建立在尊重当事人双方自愿的基础上，不能在当事人拒绝接受调解时强迫进行。

(2) 依法办事原则。安全生产行政调解必须以事实为根据，以法律为准绳，重调查研究，要在弄清事实的基础上，分清是非，依法进行调解。在调解过程中，必须根据纠纷的性质正确地适用法律，公正合理地解决纠纷。

(3) 回避原则。安全生产行政调解是带有司法特征的安全生产行政行为，因此，必须坚持司法的公正性。回避原则是司法公正性的体现。它要求与争议有利害关系或者可能影响争议正确处理的安全生产行政执法人员回避。

### (二) 安全生产行政调解的程序

1. 受理

安全生产行政调解的受理，是安全生产监督管理机构对争议进行调解的决定。调解争议的受理来自两种情况：一是安全生产监督管理机构依其职权主动受理其管辖范围内的争议；另一种是安全生产监督管理机构依争议当事人的申请决定予以受理。

安全生产监督管理机构接到调解申请后，应当征询对方当事人的意见。对方当事人不愿调解的应做好记录，并应以书面形式通知申请人。安全生产监督管理机构对不予受理调解的申请，应向申请人说明理由。凡受理的案件，应指定专人办理。

2. 调查

安全生产监督管理机构受理安全生产行政调解案件后，除情节简单、事实清楚、是非分明的争议可以即时进行调解外，一般均应做周详的调查，查明争议的起因和过程，收取必要的证据，掌握事实真相，在分清是非的基础上拟定调解方案。

3. 调解

调解是在调查的基础上，依据调解方案进行的。在调解人员的主持下，争议双方当事人应就争议的事实和理由进行陈述，调解人员应根据调查的情况，依照有关法律、法规对争议双方当事人进行说服教育，公正调解。争议双方当事人应本着互谅互让的原则，当面协商，以求争议得到圆满解决。

4. 达成协议

经调解双方当事人自愿达成协议的，主持调解人员应制作调解协议书。协议书应写明争议双方当事人的姓名、职务、争议事项、调解结果及其他应说明的事项，由主持调解的安全生产监督管理机构调解人员和双方当事人签名或盖章，三方各持一份。对达成的调解协议，双方当事人应当自觉履行。

经调解不能达成协议的，调解人员应做记录，并在调解意见书上说明情况，由调解人员签名并加盖主持调解的安全生产监督管理机构印章，调解意见书一式三份，三方各持一份。

## 第三节 安全生产行政复议

### 一、安全生产行政复议的概念

安全生产行政复议，是安全生产监督管理机构在行使安全生产行政管理职权，实施安全生产行政执法时，与作为被管理对象的安全生产行政相对人就已生效的具体安全生产行政行为发生争议，根据安全生产行政相对人的申请，由该安全生产监督管理机构的上级主管机关或者当地人民政府对引起争议的具体安全生产行政行为进行复查并作出决定的一种法律制度。这个概念包括以下几个基本要素：

(1) 安全生产行政复议是解决安全生产行政争议的一种活动。所谓安全生产行政争议，是指安全生产监督管理机构在安全生产行政管理、实施安全生产行政执法活动中，因其实施具体安全生产行政行为而与安全生产行政相对人之间发生的争议。

(2) 安全生产行政复议是对安全生产监督管理机构实施的引起争议的具体安全生产行政行为进行复查的活动。

(3) 对具体安全生产行政行为进行复查的机关，是作出具体安全生产行政行为的安全生产监督管理机构的上级主管机关或者当地人民政府。

### 二、安全生产行政复议的特征

从安全生产行政复议的概念及其要素可以看出，安全生产行政复议具有以下特征：

(1) 安全生产行政复议是主管机关的活动，是主管机关对其管理的安全生产监督管理机构进行监督的一种较为规范的活动。我国建立行政复议制度的目的，就是为了完善行政机关内部的监督机制，从而进一步保证行政机关严格依法行政。由此可见，国家用行政复议这种监督方式保证行政执法的统一、正确和公正，是行政复议最重要而且最基本的特征。

(2) 安全生产行政复议只能由与某一具体安全生产行政行为有利害关系的安全生产行政相对人，向作出具体安全生产行政行为的安全生产监督管理机构的上级主管机关或者当地人民政府提出复议申请才可进行。没有安全生产行政相对人的申请，复议机关就不能主动复议。可见，安全生产行政复议是一种依申请的行政行为。

(3) 安全生产行政复议必须按照法定程序进行。安全生产行政相对人提出复议申请必须在法律、法规规定的期限内提出，复议机关受理申请后，需要进行调查取证工作，并应在法定期限内作出复议决定。

## 三、安全生产行政复议与安全生产行政诉讼的联系和区别

安全生产行政复议和安全生产行政诉讼作为两种不同的解决安全生产行政争议的法律途径，它们之间既有联系，又有区别。

### (一) 安全生产行政复议与安全生产行政诉讼的联系

(1) 立法的目的相同。两者都是通过解决安全生产行政争议，来保护安全生产行政相对人的合法权益，维护和监督安全生产监督管理机构依法行使职权。

(2) 监督的对象相同。两者都是对安全生产监督管理机构的具体安全生产行政行为实施监督，通过审查安全生产监督管理机构的具体安全生产行政行为，来监督安全生产监督管理机构是否合法行使国家安全生产行政权力。

(3) 适用的某些原则相同。两者都适用不调解的原则、不停止原具体安全生产行政行为执行的原则等。

### (二) 安全生产行政复议与安全生产行政诉讼的区别

(1) 性质不同。安全生产行政复议属于安全生产行政司法的范畴，是安全生产监督管理机构的上级主管机关或者当地人民政府行使行政权力的行为。安全生产行政诉讼属于审判司法的范畴，是司法机关行使审判权力的行为。

(2) 主体不同。安全生产行政复议的主体是安全生产监督管理机构的上级主管机关或者当地人民政府。安全生产行政诉讼的主体是作为审判机关的人民法院。

(3) 监督范围不同。在受案范围和审查范围上，安全生产行政复议要大于安全生产行政诉讼。在受案范围上，安全生产行政复议不仅包括安全生产行政诉讼的全部受案范围，而且大于安全生产行政诉讼的受案范围；在审查范围上，安全生产行政复议既要审查具体安全生产行政行为的合法性，又要审查具体安全生产行政行为的适当性，而安全生产行政诉讼只审查具体安全生产行政行为的合法性。

(4) 监督途径不同。安全生产行政复议是安全生产监督管理机构的上级主管机关或者当地人民政府内部行政监督的一种方式；而安全生产行政诉讼则是一种来自安全生产监督管理机构的上级主管机关或者当地人民政府以外的监督方式。

(5) 执行的制度不同。安全生产行政复议实行一级复议、书面审理、行政首长负责制；安全生产行政诉讼则实行两审终审、开庭审理和合议制。

(6) 依据法律不同。在安全生产行政复议中，审查具体安全生产行政行为的合法性和适当性依据的是法律、法规、规章以及上级行政机关依法制定和发布的具有普遍约束力的决定、命令。在安全生产行政诉讼中，审查具体安全生产行政行为的合法性依据的是法律、法规，而行政规章只能作为参照。

(7) 审查程序不同。安全生产行政复议的程序既具有安全生产行政程序的特征，又具有司法程序的特征，较为简便易行；而安全生产行政诉讼程序则属于司法程序，比安全生产行政复议程序严格。

安全生产行政复议和安全生产行政诉讼既有联系又有区别，是为实现同一目的而采取

的两种法律制度。

## 四、安全生产行政复议的原则

安全生产行政复议的原则，是指对安全生产行政复议全部活动具有普遍指导意义的基本准则。

### （一）合法性原则

合法性原则主要有以下几个方面：

（1）履行复议职责的主体应当合法。履行复议职责的主体必须是作出具体安全生产行政行为的安全生产监督管理机构的上级主管机关或者当地人民政府。

（2）审理复议案件的依据应当合法。履行复议职责的主体受理的复议案件必须是依法有管辖权的案件，不是管辖范围内的案件无权受理。同时，审理复议案件，必须依照法律、法规和上级行政机关制定的其他规范性文件。

（3）审理复议案件的程序应当合法，在审理复议案件时，应当严格按照法定的步骤、形式、顺序和时限进行。

### （二）及时性原则

及时性原则主要有以下几个方面：

（1）受理复议申请应当及时。案件复议机关收到安全生产行政相对人的复议申请后，应当及时对复议申请进行审查，符合法定条件的，要及时做出受理决定；对不符合法定条件的，也要及时以书面形式告知申请人。

（2）审理复议案件应当及时。案件复议机关受理案件后，应当抓紧进行调查、取证、审理、裁决等工作。尤其是作出具体安全生产行政行为的安全生产监督管理机构，更要及时提供证据材料、答辩材料，以利于安全生产行政复议活动的进行。

（3）作出复议决定应当及时。安全生产行政复议案件审理结束后，应当及时制作复议决定书，履行部门内部的审批程序。要在法定的期限内，将复议决定送达安全生产行政相对人。

（4）对不履行复议决定的处理应当及时。安全生产行政复议决定一经作出，即具有法律效力。对于安全生产行政相对人不起诉又不履行复议决定的，应当及时申请人民法院强制执行；对于作出具体安全生产行政行为的安全生产监督管理机构不履行复议决定的，应当及时责成其履行，并依法追究或建议追究有关人员的行政责任。

### （三）公开、公正原则

公开、公正原则的内容主要包括：

（1）复议程序公开。复议程序对申请人公开，申请人可以依法查阅被申请人提出的书面答复、作出具体安全生产行政行为的证据、依据和其他有关材料。

（2）复议依据公开。复议依据对申请人公开，而不能依据内部文件进行复议，同时，作出的复议决定必须公开。

（3）要对申请人和被申请人一视同仁，公正对待。不论其地位多高，权势多大，应一样相待，不能厚此薄彼，更不能以情代法。尤其是在审查原某一具体安全生产行政行为时，应公平正直，绝不能偏私。如果安全生产监督管理机构作出的安全生产行政处罚决定，不是为了惩戒违法行为人，而是为了其他目的，则这个具体安全生产行政行为就是不公正的。如果实施具体安全生产行政行为的安全生产行政执法人员不是出于善意，而是出于报私仇、泄私愤，借机报复的目的，则该具体安全生产行政行为是不公正的。复议审理必须要看具体安全生产行政行为在时间、空间、适用对象大都相同的条件下是否一视同仁，大体相当。最关键的是要做到复议过程和复议结果的公正。

（四）一级复议制原则

一级复议制是指生产经营单位或者个体经营的投资者对安全生产监督管理机构作出的具体安全生产行政行为不服，可以向该安全生产监督管理机构的上级主管机关或者当地人民政府申请复议，对复议决定不服，只能依法向人民法院提起行政诉讼，不得再向复议机关的上一级机关申请复议。

## 五、安全生产行政复议的范围

（一）安全生产行政复议范围的概念

安全生产行政复议范围，是指安全生产监督管理机构的上级主管机关或者当地人民政府，受理安全生产行政相对人不服具体安全生产行政行为，而申请安全生产行政复议案件的权限范围。

（二）可受理安全生产行政复议的行为

可受理安全生产行政复议的行为，是指安全生产行政相对人对不服的具体安全生产行政行为，可以向安全生产监督管理机构的上级主管机关或者当地人民政府申请进行安全生产行政复议的行为和安全生产监督管理机构的上级主管机关或者当地人民政府根据安全生产行政相对人的申请可以受理进行安全生产行政复议的具体安全生产行政行为。

可以受理安全生产行政复议的行为包括：

（1）安全生产行政处罚行为。对拘留、罚款、没收违法所得、责令改正、责令限期改正、责令停止违法行为、责令停产停业整顿、责令停产停业、责令停止建设、关闭不服的。

（2）安全生产行政强制行为。对强制拆除，对财产查封、设备及物品扣押不服的。

（3）安全生产行政许可行为。对矿山安全生产许可证、建筑施工安全生产许可证、危险化学品安全生产许可证、烟花爆竹安全生产许可证、民用爆破器材安全生产许可证、危险化学品运输资质证、危险化学品准购证、危险化学品购买证中止、撤销不服的；对新建、改建和扩建危险化学品项目设立批准、安全设施设计审查以及竣工验收，对经营危险化学品开业使用前进行的安全检查，对危险化学品及其包装物（容器）质量、危险化学品生产、储存、经营、运输申请领证前安全检查确认不服的。

（4）安全生产监督管理机构不作为行为。认为符合法定条件申请安全生产监督管理机构颁发许可证、审批的事项，安全生产监督管理机构拒绝颁发、审批或者不予答复的。

（5）安全生产监督管理机构违法要求履行其他义务的行为。认为安全生产监督管理机构违法征收财物、摊派费用、违法集资或者违法要求履行其他义务的。

（三）可不受理安全生产行政复议的行为

（1）抽象的安全生产行政行为。依据国家法律、法规，结合本行政区域实际制定的具有普遍约束力的安全生产决定、命令和规范性文件的行为。

（2）内部的安全生产行政行为。安全生产监督管理机构对内部人员因违反行政纪律所作出的行政处分。

(3) 对事故原因、事故责任认定不服的，不予受理安全生产行政复议。当事人对安全生产监督管理机构认定的事故原因、事故责任认定不服的，可向事故发生地的安全生产监督管理机构的上一级安全生产监督管理机构或者事故发生地安全生产监督管理机构的上级主管机关或者当地人民政府申请重新认定。

## 六、安全生产行政复议参加人

安全生产行政复议参加人是指参加安全生产行政复议活动并保护自己合法权益的人，包括申请人、被申请人、复议第三人、复议法定代理人。

### (一) 申请人

申请人是指认为安全生产监督管理机构的具体安全生产行政行为侵犯其合法权益，依法向安全生产监督管理机构的上级主管机关或者当地人民政府申请复议的公民、法人。

公民是指具有中华人民共和国国籍并根据我国法律规定享有权利和承担义务的自然人。公民都有权申请安全生产行政复议。

法人是指具有民事权利能力和民事行为能力，依法独立享有民事权利和承担民事义务的组织。在我国，法人包括企业法人、机关事业单位和社会团体法人。它们作为组织，是与公民相互区别的具有自己独立利益的一类法律主体。在它们认为合法权益受到具体安全生产行政行为侵害时，与公民一样有权申请安全生产行政复议。

法人以外的其他组织是指不具备法人资格的所有组织。不具备法人资格的组织，一般是指具有法人资格的分支机构，如企业、机关、事业、社会团体的下属组织，这些都属于法人以外的其他组织。这类组织虽然没有法人资格，但是与法人一样具有自己相对独立的利益，是一类特殊的民事主体。当它们认为合法权益受到具体安全生产行政行为侵害时，与法人一样有权申请安全生产行政复议。

### (二) 被申请人

被申请人是指经申请人认为其具体安全生产行政行为侵害自己的合法权益，并由复议机关通知参加复议的安全生产行政主体。从这个概念可以看出，安全生产行政复议被申请人是安全生产行政主体，是作出具体安全生产行政行为的安全生产监督管理机构，而不是某个安全生产行政执法人员。因为，安全生产行政执法人员的具体安全生产执法行为代表的是其所在的安全生产监督管理机构的意志，而不是他个人的意志。虽然安全生产监督管理机构的具体安全生产行政行为是通过特定的安全生产行政执法人员实施的，但其具体安全生产行政行为是以安全生产监督管理机构的名义作出的，所以，当公民、法人或者其他组织认为其具体安全生产行政行为侵害了自己的合法权益，提出安全生产行政复议申请时，只能以该安全生产行政执法人员所在的安全生产监督管理机构作为安全生产行政复议被申请人，而不能以该安全生产行政执法人员直接作为被申请人。

### (三) 复议第三人

复议第三人是指除申请人以外的同复议的具体安全生产行政行为有利害关系，为维护自己的合法权益并经复议机关批准作为第三人参加复议的公民、法人或者其他组织。参加安全生产行政复议第三人，应具备以下条件：

(1) 安全生产行政复议第三人，必须是同被申请的安全生产行政复议的具体安全生产行政行为有利害关系的人。

(2) 安全生产行政复议第三人，必须是依申请并经复议机关批准参加复议的其他公民、法人或其他组织，其行政法律关系的主体地位与申请人相同。

(3) 安全生产行政复议第三人，参加复议必须在复议进行期间。

(四) 复议代理人

复议代理人是指有权申请复议的公民因为无行为能力或者限制行为能力的，可以由其法定代理人代替成为申请复议的人。安全生产行政复议代理人仅限于其法定代理人的范围内，不是其法定代理人就不能代理其申请安全生产行政复议。法定代理人一般都是对被代理人负有监护责任的人。无行为能力或者限制行为能力的人，是指不满18周岁的未成年人，或者是不能辨认、不能控制自己行为的患有精神病的人。其监护责任人，可以是父母、祖父母、外祖父母、兄弟、姐妹等。一般来说，由法定代理人只适用于被代理人属于无行为能力或者限制行为能力的自然人，不适用于法人或者其他组织。而申请安全生产行政复议的被申请人是安全生产监督管理机构。但在安全生产行政执法中，往往不对无行为能力或者限制行为能力的人作出具体安全生产行政行为。因此，安全生产行政复议实际上不存在复议代理人，即法定代理人的问题。

## 七、安全生产行政复议的程序

### (一) 申请

1. 申请期限

公民、法人或者其他组织向作出具体安全生产行政行为的安全生产监督管理机构的上级主管机关或者当地人民政府申请复议，应在知道具体安全生产行政行为之日起60日内提出。在一般情况下，超过了法定的申请期限，安全生产行政相对人的复议申请权即丧失。

知道具体安全生产行政行为之日，是指以下几种情况：一是如果安全生产监督管理机构作出具体安全生产行政行为是当场作出的，其决定书上注明的日期，就可以定为安全生产行政相对人知道具体安全生产行政行为的当日；二是如果安全生产监督管理机构作出具体安全生产行政行为的决定书是事后送达的，则以安全生产行政相对人收到决定书的日期，为安全生产行政相对人知道具体安全生产行政行为的当日；三是如果安全生产监督管理机构作出的具体安全生产行政行为的决定书是以公告形式送达的，则以公告所注明的日期或者以公告发布时的日期，定为安全生产行政相对人知道具体安全生产行政行为的当日。安全生产行政复议应在期限内提出申请，但在以下情况下其申请期限可以适当延长：一是在申请期限接近到期时，因不可抗拒力或者其他正当理由被耽误的。不可抗拒力是指申请人不能预见、不能避免和不能克服的客观事实，如地震、火灾、洪水等自然灾害。二是存在影响申请人正常行使申请权障碍的。在这两种情况下，申请人可以向安全生产监督管理机构的上级主管机关或者当地人民政府提出延长安全生产行政复议申请期限的请求及理由。对于安全生产行政相对人提出的请求，安全生产监督管理机构的上级主管机关或者当地人民政府应当认真核实，作出是否准予延长安全生产行政复议申请期限的决定，并告知申请人。

2. 申请方式

（1）书面申请。书面申请是指公民、法人或者其他组织认为安全生产监督管理机构作出的具体安全生产行政行为侵害了其合法权益，向安全生产监督管理机构的上级主管机关或者当地人民政府递交的安全生产行政复议申请书，以表达申请安全生产行政复议意愿和要求。

（2）口头申请。口头申请是指安全生产行政复议申请人以口头的方式向安全生产监督管理机构的上级主管机关或者当地人民政府表达申请安全生产行政复议意愿和要求。口头申请安全生产行政复议的人必须将申请的主要事实理由表达清楚。对于口头申请人叙述的情况，安全生产监督管理机构的上级主管机关或者当地人民政府应当进行记录，记录完毕后应向口头申请人宣读，确认无误后由口头申请人签名或者盖章。

（二）受理

安全生产监督管理机构的上级主管机关或者当地人民政府在收到复议申请书之日起5日内，对复议申请书进行认真审查，并作出以下处理：

（1）对于符合申请条件，没有重复申请复议，书面申请或口头申请符合法定要求，没有向人民法院起诉，并且是在法定申请复议期内提出复议申请的，应当依法予以受理。

（2）对于不符合法定申请条件之一的复议申请，安全生产监督管理机构的上级主管机关或者当地人民政府应当决定不予受理并告之理由。

（3）对于复议申请书的内容不符合法定要求之一，如不补正则无法进行复议的，安全生产监督管理机构的上级主管机关或者当地人民政府应将复议申请书发还申请人，限期补正。如果申请人过期不补正的，则视为未申请。

（三）审理

1. 审理的一般要求

安全生产监督管理机构的上级主管机关或者当地人民政府决定公开审理的复议案件，应当在审理前7日内将公开审理时间、地点告知当事人及其他复议参加人。同时，将复议申请书副本发送被申请人，被申请人在收到复议申请书副本之日起10日内，向安全生产监督管理机构的上级主管机关或者当地人民政府提交作出具体安全生产行政行为的有关材料或证据，并提出答辩书。

复议期间，具体安全生产行政行为不停止执行。但是在以下一些特定情况下，具体安全生产行政行为也可以停止执行：一是被申请人认为需要停止执行的；二是复议机关认为需要停止执行的；三是申请人申请停止执行的，复议机关认为其要求合理，决定停止执行的；四是法律、法规和规章规定停止执行的。

在复议机关作出复议决定以前，申请人可以撤回复议申请。但是，申请人撤回复议申请必须完全是出于自愿，或者以被申请人改变其所作的具体安全生产行政行为为前提，否则不得以任何理由撤回复议申请。

审理复议案件，必须以法律、法规、地方性法规、规章和具有普遍约束力的安全决定、命令为依据。

2. 审理的内容

（1）合法性审理。合法性审理是指对安全生产监督管理机构作出的具体安全生产行政行为是否合法问题的审查。主要包括：

一是安全生产监督管理机构行使的职权是否合法。安全生产监督管理机构的设立、变更或撤销以及其行使的职权范围，都是有法律、法规规定的。超越职权，行使不属于自己的职权，或者侵犯其他行政机关的职权而作出的具体安全生产行政行为，都属违法行为。

二是作出的具体安全生产行政行为依据的客观事实是否清楚、证据是否确凿。安全生产监督管理机构在没有查清客观事实，没有确凿证据的情况下，作出的具体安全生产行政行为，属违法行为。

三是作出的具体安全生产行政行为适用法律、法规是否正确。安全生产监督管理机构作出的具体安全生产行政行为，适用的法律、法规应与申请人安全生产行政违法事实相对应，不能该适用甲法而适用了乙法，或者该适用某法的甲条款而适用了乙条款。适用的法律、法规应是行为人行为时有效的法律、法规，而不能适用废止的、违法的规章或者是规章以下的规范性文件。适用法律、法规错误，作出的具体安全生产行政行为，属违法行为。

四是作出具体安全生产行政行为的程序是否合法。安全生产监督管理机构作出的具体安全生产行政行为不经法定程序或者不按照法定程序进行的，都属于违法行为。

（2）适当性审理。适当性审理是指对安全生产监督管理机构作出的具体安全生产行政行为是否公平、合理，适当进行审查。主要包括：一是作出的具体安全生产行政行为在适用自由裁量时是否公平、合理、适当。根据法律规定，为了行使安全生产行政管理职权的需要，允许安全生产监督管理机构在法定的范围内运用自由裁量权，有选择地进行自由裁量作出具体安全生产行政行为。根据《安全生产法》的规定，安全生产监督管理机构作出的具体安全生产行政行为大部分可运用自由裁量权。因此，安全生产监督管理机构在作出具体安全生产行政行为、运用自由裁量权时必须公平、合理、适当。不公平、不合理、不适当的具体安全生产行政行为，属于不当的具体安全生产行政行为。二是作出的具体安全生产行政行为在适用自由裁量时是否违法。例如法规规定，合法的罚款幅度为5000元以上5万元以下，如果安全生产监督管理机构在同类案件中，对情节较重的处以5000元罚款，而对情节轻微的处以5万元罚款，则属不当。如果罚款超出合法幅度5万元或者低于5000元，则属违法。不当或违法的具体安全生产行政行为均应当纠正。

### （四）决定

决定是指上级主管机关或者当地人民政府对安全生产监督管理机构的具体安全生产行政行为进行合法性、适当性审理后，作出的具有法律效力的安全生产行政复议决定。上级主管机关或者当地人民政府对安全生产行政复议案件经过审理，可以根据不同情况，分别作出以下决定：

（1）对认定事实清楚、证据确凿、适用依据正确、程序合法、内容适当的安全生产行政复议案件，应作出维持原具体安全生产行政行为的决定。

（2）对主要事实不清、证据不足的，适用依据错误的，违反法定程序的，超越或者滥用职权的，具体安全生产行政行为明显不当的安全生产行政复议案件，应作出撤销、变更或者确认该具体安全生产行政行为违法的决定。

上级主管机关或者当地人民政府根据上述情况，相应作出责令被申请人，即安全生产监督管理机构履行法定职责的决定，或者责令被申请人，即安全生产监督管理机构重新作出具体安全生产行政行为的决定。

### （五）执行

执行是指已生效的安全生产行政复议决定内容的履行。安全生产行政复议决定的履行包括被申请人，即安全生产监督管理机构对安全生产行政复议决定的履行和申请人对安全生产行政复议决定的履行。

1. 被申请人的履行

被申请人的履行是指作为被申请人的安全生产监督管理机构对复议机关作出的安全生产行政复议决定的执行。根据《行政复议法》规定，被申请人不履行或者无正当理由拖延履行行政复议决定的，复议机关应当责令其限期履行。因此，被申请人，即安全生产监督管理机构必须无条件地履行安全生产行政复议决定所确定的义务。如果被申请人，即安全生产监督管理机构不履行安全生产行政复议决定，上级主管机关或者当地人民政府有权责令其履行，否则不但决定要履行，而且还要承担法律责任。

2. 申请人的履行

申请人的履行是指申请人对复议机关作出的安全生产行政复议决定的执行。根据《行政复议法》规定，申请人逾期不起诉又不履行复议决定的，或者不履行终局的行政复议决定的，可由安全生产监督管理机构申请人民法院强制执行。

# 第八章　安全生产行政诉讼

安全生产行政诉讼是国家赋予安全生产监督管理机构的一项权利和义务。实施安全生产行政诉讼制度，对于贯彻执行国家的法律、法规，保障安全生产行政相对人的合法权益，维护和促进安全生产监督管理机构依法行使职权，加强廉政建设，都具有重要的作用。因此，必须学习、研究、掌握安全生产行政诉讼知识用以指导工作实践。

## 第一节　安全生产行政诉讼的概念

安全生产行政诉讼是指公民、法人或者其他组织认为安全生产监督管理机构及其安全生产行政执法人员的具体安全生产行政行为侵犯其合法权益，依法向人民法院提起诉讼，并由人民法院依法审理案件的活动。根据这一概念，安全生产行政诉讼具有以下特征：

（1）安全生产行政诉讼是处理和解决安全生产行政争议的司法活动，也就是说安全生产行政诉讼是专门解决安全生产监督管理机构在行使安全生产行政职权过程中与安全生产行政相对人发生的权利义务的争执。这种争执必须是因具体安全生产行政行为引起的，由人民法院受理，并由其主持进行的诉讼活动。

（2）安全生产行政诉讼的原告和被告是恒定的。安全生产行政诉讼是因公民、法人或者其他组织认为具体安全生产行政行为侵犯其合法权益，不服安全生产行政处理决定而向人民法院提起的诉讼。所以，原告是公民、法人或者其他组织，被告是安全生产监督管理机构。在安全生产行政诉讼中两者的身份和位置是不能互换的。

（3）安全生产行政诉讼是人民法院依申请的行为。即安全生产行政相对人对安全生产监督管理机构作出的安全生产行政处理决定不服而提起诉讼的。如果安全生产行政相对人对安全生产行政处理决定虽有异议但不主动提起诉讼，则人民法院不主动处理。

（4）安全生产行政诉讼主要是审查具体安全生产行政行为的合法性。这包括两层意思：一是审查安全生产监督管理机构的具体安全生产行政行为，不审查抽象的安全生产行政行为；二是审查安全生产监督管理机构具体安全生产行政行为是否合法，以及安全生产行政处罚是否公正，但是一般不审查其是否适当。

（5）安全生产行政诉讼的目的主要是保护安全生产行政相对人的合法权益。在安全生产行政法律关系中安全生产监督管理机构拥有法律赋予的安全生产行政管理权力和手段，而安全生产行政相对人处于被管理地位。建立安全生产行政诉讼制度主要是为了防止安全生产监督管理机构违法、越权或滥用职权，保护安全生产行政相对人的合法权益。

## 第二节　安全生产监督管理机构应诉案件的范围

安全生产监督管理机构应诉案件的范围是指公民、法人或者其他组织对安全生产监督管理机构作出的具体安全生产行政行为不服，向人民法院提起诉讼，经人民法院受理，安全生产监督管理机构应当应诉的案件。

公民、法人或者其他组织对以下具体安全生产行政行为不服，可以向人民法院提起诉讼，安全生产监督管理机构应当应诉的案件范围包括：

（1）对拘留、罚款、没收违法所得、责令改正、责令限期改正、责令停止违法行为、责令停产停业整顿、责令停产停业、责令停止建设、关闭不服的。

（2）对矿山安全生产许可证、危险化学品安全生产许可证、烟花爆竹安全生产许可证、危险化学品运输资质证、危险化学品准购证、危险化学品购买证中止、撤销不服的；对新建、改建和扩建危险化学品项目设立批准、安全设施设计审查以及竣工验收，对经营危险化学品开业前进行的安全检查，对危险化学品及其包装物（容器）质量、危险化学品生产、储存、经营、运输申请领证前安全检查确认不服的。

（3）认为符合法定条件申请安全生产监督管理机构颁发许可证、审批的事项，而安全生产监督管理机构拒绝颁发、审批或者不予答复的。

（4）认为安全生产监督管理机构违法征收财物、摊派费用、违法集资或者违法要求履行其他义务的。

## 第三节　安全生产监督管理机构在诉讼中的权利义务

### 一、安全生产监督管理机构参加诉讼的必然性

安全生产行政诉讼是对安全生产行政争议的处理和解决，是由安全生产行政相对人提起诉讼，人民法院受理并由人民法院主持进行的，安全生产监督管理机构参加应诉的司法活动。安全生产监督管理机构是安全生产行政诉讼的参加人之一，是参加安全生产行政诉讼的当事人，以被告的身份参加安全生产行政诉讼活动。

安全生产行政诉讼的被告是指作出具体安全生产行政行为的、经原告认为侵犯其合法权益而提起诉讼，并由人民法院通知应诉的安全生产监督管理机构及其相关的上级主管机关或者当地人民政府。

在安全生产行政诉讼中成为被告的：一是公民、法人或者其他组织依法直接向人民法院提起诉讼的，作出具体安全生产行政行为的安全生产监督管理机构是被告；二是经安全生产行政复议的案件，安全生产监督管理机构的上级主管机关或者当地人民政府决定维持原具体安全生产行政行为的，作出原具体安全生产行政行为的安全生产监督管理机构是被告；三是经安全生产行政复议的案件，安全生产监督管理机构的上级主管机关或者当地人民政府改变原具体安全生产行政行为的，安全生产监督管理机构的上级主管机关或者当地人民政府是被告。

安全生产行政诉讼中的原告与被告，只是一种法律上的称谓，它反映了一种起诉与应诉的诉讼关系，表明参加诉讼的一方在诉讼中特定的身份和法律地位，而不说明地位的差别。安全生产行政诉讼关系的成立，必然既有向人民法院控告的一方，又有被控告的一方。原告即是起诉人，被告即是应诉人，二者在诉讼中的地位完全平等，其权利和义务基本相同。无论是原告还是被告，谁败谁胜，取决于客观事实和法律、法规规定的标准。

在社会生活中，人们往往把被告看作是违法犯罪的人，这是对被告概念尤其是对安全生产行政诉讼中的被告概念的一种误解。在安全生产行政法律关系中，安全生产监督管理机构享有安全生产行政执法权，它与安全生产行政相对人之间，是一种管理与被管理、决定与被决定的关系，双方处于不相等的法律地位，而日常大量的安全生产行政执法活动与安全生产行政相对人密切相关，对此，法律必须为被管理者规定某种救济方式。这种方式就是法律赋予安全生产行政相对人的依法起诉权。安全生产行政相对人的依法起诉权，决定了作出具体安全生产行政行为的安全生产监督管理机构，在安全生产行政诉讼中是被告。事实上，充当安全生产行政诉讼中的被告是安全生产监督管理机构为解决争议而必须承担的法律义务，只表明安全生产监督管理机构在诉讼中的特定身份，它与刑事诉讼中的被告不同，二者不能相提并论。

安全生产监督管理机构作为被告在安全生产行政诉讼中出庭应诉，是社会主义民主与法制的具体体现，是对安全生产监督管理机构的安全生产行政执法情况进行法律监督的一项重要措施。如果安全生产监督管理机构不严格执法，徇私枉法，侵犯了公民、法人或者其他组织的合法权益，后者就有权向人民法院提起诉讼，这既是公民、法人或者其他组织对自己利益的保护，也是对安全生产监督管理机构安全生产行政执法的监督。

但是，目前在安全生产监督管理机构中有少数领导和安全生产行政执法人员对安全生产行政诉讼的意义缺乏认识，认为安全生产监督管理机构当作被告出庭应诉，有失安全生产监督管理机构的尊严和威信，不愿意当被告，甚至不出庭应诉或拒不执行人民法院的生效判决或裁定。我们要充分地认识到，引起安全生产行政诉讼或者败诉的原因是安全生产监督管理机构自己执法不严，没有认真履行安全生产行政职责而造成的。通过安全生产行政诉讼司法审查，可以发现安全生产行政执法过程中存在的问题和应当吸取的经验教训，制定措施加以改正。这正是参与安全生产行政诉讼接受法律监督的目的所在。同时，对人民法院的生效判决或裁定，必须严格执行，拒不执行的应负法律责任。

## 二、安全生产监督管理机构在诉讼中的权利

安全生产监督管理机构在安全生产行政诉讼中有如下权利：

（1）应诉答辩权。安全生产监督管理机构作为被告出庭应诉，对原告的指控有权答辩和反驳。

（2）委托诉讼代理人代理诉讼权。安全生产监督管理机构作为被告出庭应诉时，其法定代表人可以委托诉讼代理人参与诉讼。这种委托，可以委托公民、律师或安全生产监督管理机构的安全生产行政执法人员等。

安全生产监督管理机构委托诉讼代理人代为诉讼时，必须向人民法院提交由安全生产监督管理机构的法定代表人，即委托人签名或盖章的授权委托书。授权委托书应注明委托的事项和权限，也就是规定诉讼代理人的权利和义务。

（3）使用本民族语言文字进行诉讼权。安全生产监督管理机构的法定代表人或安全生产监督管理机构委托的诉讼代理人都有权使用本民族语言进行应诉答辩和反驳。

（4）申请审判人员、鉴定人、勘验人、翻译人员回避权。安全生产监督管理机构在安全生产行政诉讼中，有权申请审判人、鉴定人、勘验人、翻译人员回避。

（5）申请保全证据权。安全生产监督管理机构在安全生产行政诉讼中有权申请保全

证据。

（6）纠正、变更原具体安全生产行政行为权。安全生产监督管理机构在人民法院对安全生产行政诉讼案件判决或者裁定前，有权纠正、变更原具体安全生产行政行为。

（7）辩论权。安全生产监督管理机构的法定代表人或者委托的诉讼代理人在安全生产行政诉讼中有权进行辩论，并且可以采用书面或口头方式进行。

（8）向证人、鉴定人、勘验人发问权。安全生产监督管理机构的应诉人在安全生产行政讼中经审判长许可有权向证人、鉴定人、勘验人发问。

（9）查阅并申请补正庭审笔录权。安全生产监督管理机构应诉人在安全生产行政诉讼中经人民法院许可，有权查阅、补正庭审笔录，复制庭审材料和有关法律文书。

（10）上诉和申诉权。安全生产监督管理机构在安全生产行政诉讼中对人民法院的判决或裁定，有依法提起上诉和申诉的权利。

（11）决定被诉的具体安全生产行政行为停止执行权。安全生产监督管理机构在安全生产行政诉讼中有权依法决定被诉的具体安全生产行政行为停止执行。

（12）补充、搜集证据权。安全生产监督管理机构在安全生产行政诉讼中可以向人民法院提出申请要求补充、搜集证据。

作为原告的公民、法人或其他组织与作为被告的安全生产监督管理机构在安全生产行政诉讼中的诉讼地位不能发生倒置或互换。

因此，安全生产监督管理机构在安全生产行政诉讼中既没有起诉权，也没有反诉的权利。但是，在二审即上诉审理程序中，安全生产监督管理机构有请求撤回上诉的权利。

### 三、安全生产监督管理机构在诉讼中的义务

安全生产监督管理机构在安全生产行政诉讼中有如下义务：

（1）出庭应诉的义务。安全生产监督管理机构出庭应诉，既是安全生产监督管理机构的权利，又是安全生产监督管理机构的义务，必须按时出庭应诉，如果安全生产监督管理机构不出庭应诉，并不影响人民法院依法判决。

（2）向人民法院提交答辩状和作出的具体安全生产行政行为的有关材料的义务。安全生产监督管理机构应在收到起诉副本之日起 10 日内向人民法院提交作出的具体安全生产行政行为的有关材料和应诉答辩状。

（3）不得自行向原告和证人搜集证据的义务。安全生产监督管理机构在安全生产行政诉讼过程中，不得自行向原告和证人搜集证据。因为，安全生产监督管理机构是代表国家依法行使安全生产行政职权的机构，其作出的具体安全生产行政行为，按照程序应当是先有确凿的证据和客观的事实，然后才能作出具体安全生产行政行为的决定，也就是说先取证，后裁决。如果安全生产监督管理机构在安全生产行政执法中，先裁决，后取证，这就从根本上违背了依法行政的原则。在安全生产行政诉讼中，人民法院审查的是安全生产监督管理机构在诉讼前作出的具体安全生产行政行为依据的事实是否确凿，适用的法律、法规是否正确。所以，在安全生产行政诉讼期间，安全生产监督管理机构不得向原告和证人搜集证据。但是，对个别的证据，由于时间紧迫或者有特殊原因来不及搜集的，安全生产监督管理机构可以在诉讼期间向人民法院提出请求，由人民法院决定是否调取或搜集。

（4）举证的义务。安全生产监督管理机构在安全生产行政诉讼中负有举证的义务。

安全生产监督管理机构在接到人民法院的应诉通知后，应向人民法院提供作出的具体安全生产行政行为的证据和有关法律依据，应尽可能地把那些能够说明事实真相、反映案件事实本来面目的证据材料提供给人民法院，以便其作出公正判决、裁定。

（5）遵守庭审程序和诉讼纪律的义务。安全生产监督管理机构及其委托诉讼代理人在人民法院审理安全生产行政案件的过程中，要严格遵守庭审程序和诉讼纪律，不得要特权，不得蛮横无理，要文明守纪，谦虚谨慎，不骄不躁，树立安全生产监督管理机构的良好形象。

（6）不得妨碍安全生产行政诉讼的义务。安全生产监督管理机构不得实施妨碍安全生产行政诉讼的行为，有义务协助人民法院审理安全生产行政案件。

（7）履行人民法院生效的判决和裁定的义务。安全生产监督管理机构作为安全生产行政诉讼当事人一方，必须履行人民法院生效的判决和裁定，不得以任何理由抗拒执行。如果认为判决、裁定确实有错误，应在执行的前提下，向有关机关申诉。

（8）败诉时承担诉讼费用的义务。安全生产监督管理机构在安全生产行政诉讼中如果败诉，必须依法按时缴纳诉讼费用。

## 第四节　安全生产监督管理机构在诉讼中的应诉

### 一、应诉的概念

应诉是指被告接到人民法院的应诉通知后，针对原告起诉的请求和理由提出答辩状以及在法庭上依据证据、事实和法律，与原告方进行辩论的活动。

安全生产监督管理机构在安全生产行政诉讼中，应诉活动一般从接到原告起诉状副本并提出答辩状开始，一直到人民法院依法作出判决为止。根据国家法律规定，作为被告的安全生产监督管理机构如果在安全生产行政诉讼中不提出答辩状，不影响人民法院对案件的审理。

### 二、应诉的前期准备

应诉的前期准备是指自安全生产监督管理机构收到人民法院送达的《应诉通知书》和《起诉状》副本起，到安全生产监督管理机构向人民法院提交作出的具体安全生产行政行为的有关材料和答辩状为止的时间内应做好的准备工作。一般来说，安全生产监督管理机构在这段时间内应做四个方面的工作。

#### （一）认真审阅起诉状

应诉人员接到起诉状副本后，应认真审阅，并根据《行政诉讼法》的规定，核查其是否符合起诉规定。主要应审查的事项如下：

（1）原告起诉是否符合诉讼时效的规定。我国《行政诉讼法》规定，行政诉讼的时效主要有三种情况：

一是申请人不服复议决定的，可以在收到复议决定书之日起15日内向人民法院起诉；二是申请人申请复议，复议机关逾期不作决定的，申请人可以在复议期满之日起15日内向人民法院提起诉讼。《行政复议法》规定的复议期限为复议机关收到复议决定书之日起60日；

三是公民、法人或者其他组织直接向人民法院提起诉讼的，应当在知道作出具体安全生产行政行为之日起3个月内提出。

经过对起诉状的审查，如果原告超过诉讼期限而起诉的，属丧失起诉权，人民法院应不予受理。如果原告超过了诉讼期限起诉的，人民法院也受理了，应诉人员应当向人民法院提出，受理这样的起诉属违法行为，应予裁定纠正，并驳回起诉。如果原告因不可抗拒力或者其他特殊情况耽误了法定起诉期限的，在障碍消除后的10日内，可以申请延长期限，由人民法院决定。如果只有原告申请延长期限，而没有人民法院的决定，应诉人可向人民法院提出，受理此案不符合法律规定。

（2）原告起诉是否符合《行政诉讼法》的有关规定。我国《行政诉讼法》规定，提起诉讼应当符合下列条件：

一是原告是认为具体安全生产行政行为侵犯其合法权益的公民、法人或者其他组织；

二是有明确的被告；

三是有具体的诉讼请求和事实根据；

四是属于人民法院受案范围和受诉人民法院管辖的起诉。

如果原告的起诉不符合上述四项起诉条件中的任何一项，应诉人员应向人民法院提出不应予以受理。

（二）认真审查证据材料

证据是指能够证明案件真实情况的一切事实。安全生产监督管理机构作出具体安全生产行政行为决定或处理其他案件时，事实是否清楚，证据是否确凿，是安全生产监督管理机构胜诉与败诉的关键。证据材料审查判断的内容主要有五个方面。

1. 对书证的审查和判断

书证是指以文字、符号图案所记录或表示的内容证明案件事实的书面材料。在审查和判断时应注意以下几点：

（1）书证的制作人是谁，制作书证是否违反法律、法规，其程序是否合法；

（2）书证是不是仿造的；

（3）书证的内容有无记载不清、记载错误的情况，与案件的事实有无矛盾；

（4）书证本身的效力。

2. 对物证的审查和判断

物证是指对案件事实具有证明意义，并以其本身存在的形态、特征、规格、质量等来证明案件事实的物品。在审查和判断时应注意以下几点：

（1）物证是否客观真实，有无伪造的可能和成分；

（2）物证是在何时、何种情况下形成的，有无其他证据材料加以证明；

（3）物证与案件事实有无内在的必然联系，与对方当事人违法或不违法的客观事实是否一致；

（4）物证与其他证据是否一致。

3. 对视听资料的审查和判断

视听资料是指利用录像、录音反映出的图像、音响或者以计算机储存的数据资料以及以其他信息保存手段记录的资料，可以成为证明案件事实的证据。在审查和判断时应注意以下几点：

（1）来源是否合法。即应注意研究它是在违法事实发生时形成的，还是违法事实发生以后增补或复制的；

（2）内容是否真实。即有无剪裁和伪造。

4. 对证人证言的审查和判断

证人证言，是指以口头或书面的方式向安全生产监督管理机构所作的认定案件事实的陈述。在审查和判断时应注意以下几点：

（1）证人证言与其证据是否一致；

（2）证人证言的来源；

（3）证人提供证言时是否受到外界影响；

（4）证人与当事人有无利害关系；

（5）证人的资格。

5. 对当事人陈述的审查和判断

当事人陈述是指在安全生产监督管理机构办案过程中，案件当事人就自己所经历的案件事实向安全生产监督管理机构所作的叙述、承认或辩解。因为案件认定的结果与案件当事人具有直接的利害关系，所以，对案件当事人陈述的审查判断也就尤为重要。在审查和判断时应注意以下几点：

（1）审查判断陈述的合理性；

（2）审查判断当事人陈述的动机和条件；

（3）审查判断与同案人员的陈述之间有无矛盾；

（4）将当事人陈述与其他证据结合起来一并研究，审查判断它们之间有无矛盾。

（三）决定诉讼代理人

根据我国《行政诉讼法》规定，当事人、法定代理人可以委托1～2人为诉讼代理人。作为被告的安全生产监督管理机构的法定代表人应当行使其诉讼权利、履行其诉讼义务。但也可以将其诉讼权利和义务委托其他人。委托诉讼代理人可以是两个方面的人员：一是委托本单位业务比较强、熟悉法律知识的人员；二是委托律师。但也可以委托本单位一名人员的同时请一名律师共同进行诉讼代理。如果委托律师担任诉讼代理人，必须办理合法的手续，即签订委托代理合同。在委托代理合同中应明确以下几点：

（1）明确代理的事项和期限。代理事项应根据具体案件而定。代理期限一般应当从起诉开始到人民法院作出判决、裁定为止。

（2）明确代理权限，应注明是全权代理还是部分代理。

（3）明确收费数额。签订代理合同时，应当缴纳代理费用，并在合同中注明。

（四）撰写答辩状

答辩是指被告的安全生产监督管理机构在安全行政诉讼中，针对原告向人民法院提出的诉讼请求和理由而作出书面形式的回答和辩驳。向人民法院提交答辩状是法律赋予安全生产监督管理机构的一项诉讼权利，其目的在于使安全生产监督管理机构有机会明晰地阐明其作出的具体行政行为的根据或者理由，便于人民法院在审理案件时能兼听双方当事人的理由和意见，全面查明案情，分清是非，正确及时地解决安全生产行政诉讼案件。

### 三、出庭应诉

出庭应诉，是指被告的安全生产监督管理机构的法定代表人或其委托的诉讼代理人在法庭上接受审判调查和与原告方进行辩论的活动。

#### （一）开庭时应诉人的职责

按照法庭的审判程序，开庭时法庭由书记员查明当事人或其他诉讼参与人是否出庭，并宣布法庭纪律。随后审判长宣布开庭，其具体内容包括：宣布合议庭组成人员，具体案由；核对当事人基本情况；宣布当事人在法庭审理期间的诉讼权利和应承担的诉讼义务；询问当事人是否申请回避等。

在此期间，安全生产监督管理机构的应诉人员应当履行以下职责：

（1）如实回答法庭的询问，提出相关的问题。

（2）按照规定，人民法院审理行政案件时，合议庭由审判员组成或者由审判员、陪审员组成，其合议庭的成员应当是3人以上的单数。如果发现合议庭的组成不符合这一要求，应向法院提出请求，按照法律规定组成合议庭后再进行审理。

（3）根据规定，当事人认为审判员、翻译员、鉴定人、勘验人与本案有利害关系或者其他关系可能影响公正审判时，应向法庭申请提出有关人员回避。

（4）根据规定，证人在作证前不得在法庭旁听。如果发现证人在庭审开始时已在旁听席旁听的，应向法庭提出要求责令证人退出法庭，到证人休息室听候传唤。

（5）根据规定，当事人最多只能委托两名诉讼代理人。如果发现原告方出庭人数超过法律规定时，应向法院提出责令多余人员退出当事人席。

#### （二）法庭调查期间应诉人的职责

法庭调查是法庭听取当事人的陈述和审查证据，全面查清案情的诉讼活动。

法庭调查的基本顺序是：询问当事人和当事人陈述；法庭依原告、被告、第三人及他们各自的代理人的顺序进行询问，分别听取陈述，询问证人，询问鉴定人，向当事人出示书证、物证。

在法庭调查期间，安全生产监督管理机构的应诉人员应履行以下职责：

（1）要认真做好陈述。实事求是、全面地陈述作出具体安全生产行政行为的事实根据及其适用的法律、法规。同时，要注意观察法庭上各方面人员的情况。要聚精会神地听取审判人员和原告的发问。如果认为所问的问题与本案无关，可以拒绝回答。如果发现原告对证人有诱供的现象，应当及时指出，要求法庭予以制止。要注意原告、证人、鉴定人对法庭所问问题的回答内容，结合已掌握的证据加以对比分析，以辨真伪。

（2）要认真向证人和鉴定人发问。向证人和鉴定人发问时，要抓住案件的关键问题和要害问题发问。对所提供证据的来源、证言的真实性、鉴定结论的科学依据、鉴定人的资格等问题要有针对性地发问，如果发现问题应及时向法庭提出。

（3）要认真分辨当庭出示的证物。对当庭宣读的未到庭的证人证言笔录和其他作为证据的文书等要认真分辨其真实性，并提出自己对物证的看法。如果发现问题，应申请法庭重新鉴定。

（4）在法庭调查期间，如果发现了新的问题，并且此问题同案件的实质有关，而又不能当庭得到证实，可以请求法庭延期审理。

应诉人员要通过法庭的调查，根据获得的案件情况，认真充实、修改答辩状或辩论要点，使辩论意见建立在法庭调查的基础之上。如果通过法庭调查，证明具体安全生产行政行为所依据的证据不可靠，就不应坚持己见，应当考虑是否撤销、变更或重新作出具体安全生产行政行为，并向法庭提出，请求法庭予以准许。

（三）法庭辩论期间应诉人的职责

法庭辩论是指在法庭上由审判长指挥，诉讼双方当事人就安全生产行政案件事实，在法庭调查基础上，以事实为根据，以法律为准绳，以口头形式进行阐述、争论或反驳并可以重复进行的诉讼活动。

根据法律规定，法庭辩论按以下顺序进行：原告及其诉讼代理人发言；被告及其诉讼代理人答辩；第三人及其诉讼代理人发言或者答辩；互相辩论。法庭辩论终结后，由审判长按原告、被告的先后顺序征询双方的最后意见。

在法庭辩论期间，安全生产监督管理机构的应诉人员应履行以下职责：

应诉人员在法庭辩论期间要以协助法庭查明案情，维护安全生产监督管理机构的权益和社会公共利益为出发点，紧密围绕辩论的内容来进行。做到有理、有据、有节，抓住案件事实，依据法律，合乎情理，以理服人，既要适可而止，又不要得理不饶人。在法庭辩论中应主要抓住以下内容进行辩论：案件的事实；案件的法律适用；案件定性的准确性；案件证据的证明力；作出的具体安全生产行政行为的程序的合法性。

### 四、法庭评议、宣判

法庭辩论结束后，合议庭全体成员退庭进行评议，然后合议庭作出裁决。

评议结束后，合议庭成员重新回到法庭进行宣判。判决书宣读后，审判长即告知当事人上诉权利、上诉期限和可上诉的人民法院。

宣判可以当庭宣判，也可以定期宣判。人民法院宣告判决，一律公开进行。当庭宣判的，应当在10日内发送判决书；定期宣判的，宣判后立即发给判决书。至此，第一审终结。

对于第一审法庭笔录，如果书记员不当庭宣读，安全生产监督管理机构的应诉人可以当庭或者在5日内要求阅读。如果认为对自己的陈述记载有遗漏等，有权申请补正。

安全生产监督管理机构的应诉人无论是否阅看笔录，均应在笔录上签名或者盖章。拒绝签名或盖章的，由书记员记明情况附卷。

安全生产监督管理机构应当收取人民法院的安全生产行政诉讼第一审判决书，但收取判决书并不等于同意判决的内容。安全生产监督管理机构如果拒绝收取判决书，人民法院将采取适当的方式送达，并且不影响判决书按期发生法律效力。

安全生产监督管理机构如果不服人民法院第一审判决或裁定的，有权在法定期限内向上一级人民法院提起上诉。

## 第五节　人民法院判决的执行

人民法院判决执行是指安全生产行政诉讼案件经人民法院审理，其作出的判决中规定的事项的实施。

人民法院判决的安全生产行政诉讼案件的执行，往往有两个方面的情况：一是由安全生产监督管理机构对人民法院发生法律效力的判决的执行；二是公民、法人或者其他组织对人民法院发生法律效力的判决，在法定期限内不提起诉讼又不履行的，由安全生产监督管理机构申请人民法院采取强制方式执行。

## 一、由安全生产监督管理机构执行的判决

对人民法院发生法律效力的判决，安全生产监督管理机构逾期不提出上诉的，必须执行。

### （一）判决执行要求

在安全生产行政诉讼中，作为被告的安全生产监督管理机构对下列情况判决的执行要求有：

（1）判决安全生产监督管理机构重新作出具体安全生产行政行为的，安全生产监督管理机构不得以同一事实和理由作出与原具体安全生产行政行为基本相同的具体安全生产行政行为。

（2）判决安全生产监督管理机构在一定期限内履行法定职责的，安全生产监督管理机构必须在规定的期限内履行职责。如果安全生产监督管理机构认为在规定的期限内履行职责有困难时，应当在规定的期限内向人民法院申请延期执行，经人民法院裁定准许方可延期执行，否则，仍应按判决规定的期限履行职责。

（3）判决、裁定撤销、部分撤销或者变更具体安全生产行政行为的，安全生产监督管理机构不得按原具体安全生产行政行为执行或者要求安全生产行政相对人履行义务。

### （二）拒绝执行判决，应承担法律责任

安全生产监督管理机构拒绝执行人民法院已经发生法律效力的判决，是违法行为，应当承担相应的法律责任，人民法院有权采取下列措施：

（1）对应当归还的罚款或者应当给付的赔偿金，人民法院通知银行从该安全生产监督管理机构的账户上划拨。

（2）在规定期限内不执行的，从期满之日起，人民法院对该安全生产监督管理机构按日处以50~100元的罚款。

（3）人民法院向该安全生产监督管理机构的上级主管机关或者当地人民政府或监察机关提出司法建议。

拒不执行判决，情节严重构成犯罪的，要依法追究安全生产监督管理机构主要负责人和直接责任人的刑事责任。

## 二、由安全生产监督管理机构申请执行的判决

人民法院发生法律效力的判决、裁定维持具体安全生产行政行为，安全生产行政相对人拒绝执行的，安全生产监督管理机构可以申请人民法院强制执行。申请人民法院强制执行，应当采取书面方式。安全生产监督管理机构应向人民法院提交申请执行书、据以执行的法律文书、证明该具体安全生产行政行为合法和被执行人财产状况的材料以及其他有关材料。

人民法院收到强制执行申请书和有关案件材料后，进行审查，决定是否强制执行。

# 第九章　安全生产行政赔偿

安全生产行政赔偿，是国家的一项重要的法律制度，它是保护公民、法人或者其他组织合法利益，强化安全生产监督管理机构及其安全生产行政执法人员依法行政的重要手段。学习、研究、掌握安全生产行政赔偿法律知识，对于防止安全生产行政执法违法，履行安全生产行政赔偿义务，都具有重要的意义。

## 第一节　安全生产行政赔偿的概念

### 一、安全生产行政赔偿的概念

安全生产行政赔偿是指安全生产监督管理机构及其安全生产行政执法人员的具体安全生产行政行为侵犯公民、法人或者其他组织的合法权益并造成实际损失，安全生产监督管理机构应当承担的赔偿责任。

从行政法的意义上讲，安全生产行政赔偿，实质上是安全生产行政侵权赔偿，它是由安全生产行政违法行为，包括明显有失公正、行为不当侵犯了公民、法人或者其他组织的合法权益而引起赔偿的一种安全生产行政责任，即安全生产行政侵权赔偿责任。

安全生产行政侵权赔偿责任，是指公民、法人或者其他组织的合法权益受到安全生产监督管理机构及其安全生产行政执法人员作出的具体安全生产行政行为侵犯造成损害的，有权请求赔偿。也就是说，安全生产监督管理机构及其安全生产行政执法人员在执行公务、行使国家安全生产行政职权过程中所作出的具体安全生产行政行为侵犯了公民、法人或者其他组织的合法权益造成了损害的，安全生产行政相对人有权请求赔偿，由安全生产监督管理机构承担赔偿的法律责任。

### 二、安全生产行政赔偿的特征

安全生产行政赔偿，是我国法律制度的一项重要内容。安全生产行政赔偿具有以下特征：

（1）安全生产行政赔偿的抽象主体是国家。根据《国家赔偿法》的规定，侵犯公民、法人或者其他组织的合法权益造成损害的行政机关为赔偿义务机关。按照这个规定，安全生产监督管理机构及其安全生产行政执法人员行使安全生产行政职权侵犯公民、法人或者其他组织的合法权益造成损害的，应由安全生产监督管理机构履行赔偿义务。但作出具体安全生产行政行为的安全生产行政执法人员不承担赔偿义务。对于引起侵权赔偿的安全生产行政执法人员，安全生产监督管理机构可以根据其主观是否有故意或者重大过失来决定是否对其进行追偿。

（2）安全生产行政赔偿的产生是由安全生产监督管理机构及其安全生产行政执法人员执行公务、行使安全生产行政职权的过程中，违法的具体安全生产行政行为所引起的。

如越权、滥用权力、不履行法定义务、处罚明显有失公正等行为引起的。很明显，安全生产行政侵权是构成安全生产行政赔偿的前提和基础，安全生产行政赔偿则是安全生产行政侵权的直接法律后果。

（3）安全生产行政赔偿是应受到具体安全生产行政行为侵害并造成实际损害的索赔人的申请而进行的。索赔人在提出赔偿请求时，必须证明损害事实的存在，以及损害事实与安全生产行政侵权行为之间的因果关系。

## 第二节 安全生产行政赔偿的范围

### 一、安全生产行政赔偿的构成要件

安全生产行政赔偿作为一种国家赔偿，它是以违法为原则，但并不等于只要存在违法行为就发生赔偿。构成安全生产行政侵权赔偿，需要具备法律规定的必要条件。依据法律规定，构成安全生产行政侵权损害赔偿必须具备的要件是：

（1）损害的客观事实必须存在。安全生产行政赔偿以公民、法人或者其他组织受到具体安全生产行政行为侵犯其合法权益造成损害的事实存在为前提，这种损害的结果必须是客观的、真实的，而不是想象或推测的。同时，这种损害必须是涉及安全生产行政相对人合法权益的损害。也就是说，被损害的权益是受法律保护的，应具有合法性。如果是违法利益受到损害，就不发生安全生产行政赔偿责任。所谓合法权益，是指国家法律、法规规定公民、法人或者其他组织应当享有并且受到国家法律保护的权利和利益，包括人身权、财产权和其他合法权益。

（2）损害必须是违法的具体安全生产行政行为造成的。安全生产行政赔偿必须是由安全生产监督管理机构及其安全生产行政执法人员违法的具体安全生产行政行为造成的损害。而且这种具体安全生产行政行为是违法行使的行为，只有违法的具体安全生产行政行为造成安全生产行政相对人的人身权或财产权受到损害的，才能构成安全生产行政赔偿。合法的具体安全生产行政行为造成安全生产行政相对人的人身权或财产权损害的，不构成安全生产行政赔偿。

（3）违法与损害之间必须有因果关系。构成安全生产行政赔偿的一个要件之一，就是违法的具体安全生产行政行为与受损害的事实之间必须存在因果关系，即违法的具体安全生产行政行为的作出是损害事实发生的直接原因，而损害事实的发生是违法的具体安全生产行政行为造成的必然结果。由于受害人自己的行为或者第三人的行为造成的损害，不能请求安全生产行政赔偿；因不可抗拒等原因所引起的损失，也不得请求安全生产行政赔偿。

（4）安全生产行政侵权行为必须是法律规定的应负赔偿责任的行为。安全生产监督管理机构是否应承担安全生产行政赔偿责任，必须以法律规定为依据。如果虽然某些具体安全生产行政行为违法，并给公民、法人或者其他组织的合法权益造成损害，但法律规定不应承担安全生产行政赔偿责任的，受害人也不能请求损害赔偿。

以上是安全生产行政赔偿的四个实质要件，它们既相互联系又相互制约，缺一不可，否则，就不构成安全生产行政赔偿责任。

## 二、安全生产行政赔偿的范围

安全生产行政赔偿范围，是指安全生产监督管理机构究竟对哪些损害承担赔偿责任。安全生产行政赔偿主要体现两个方面。

（一）侵犯公民人身权的违法行为

安全生产监督管理机构及其安全生产行政执法人员在行使安全生产行政职权时，有下列侵犯人身权情形之一的，安全生产监督管理机构应承担安全生产行政赔偿责任：

（1）违法拘留或者违法采取限制公民人身自由的行政强制措施的。按照国家规定，安全生产监督管理机构没有直接实施行政拘留处罚权，但是安全生产监督管理机构如果发现行为人的违法行为应当依法实施行政拘留处罚的，应当由公安机关或者以公安机关的名义裁决。如果安全生产监督管理机构对行为人直接实施行政拘留，或者不应当拘留而拘留的，就侵犯了公民的人身自由权，造成了损害，安全生产监督管理机构就应承担赔偿责任。

（2）非法拘禁或者以其他方法非法剥夺公民人身自由的。安全生产监督管理机构及其安全生产行政执法人员如果在行使安全生产行政职权时，超越职权，采取拘留、禁闭、隔离、关押等方法剥夺公民人身自由，应承担赔偿责任。

（3）以殴打等暴力行为或者唆使他人以殴打等暴力行为造成公民身体伤害或者死亡的。安全生产监督管理机构及其安全生产行政执法人员在行使安全生产行政职权时，如果殴打公民或采取其他暴力方式，或者唆使他人殴打或采取其他暴力方式造成公民身体伤害或者死亡的，应承担赔偿责任。

从本质上讲，殴打等暴力行为不是一种职权行为，但它与职权行为有关，或者是作为行使职权的一种手段，或者是假借行使职权之便，或者是在行使职权的时间或场所实施的，因此，这类行为造成的对公民的人身伤害，按法律规定应当承担赔偿责任。

（4）造成公民身体伤害或者死亡的其他违法行为。安全生产监督管理机构及其安全生产行政执法人员行使法律没有授权或者法律禁止做的事，如超越职权、滥用职权等，或者安全生产监督管理机构及其安全生产行政执法人员没有履行职责，构成安全生产行政失职等职务违法行为，造成公民身体伤害或者死亡的，应承担赔偿责任。

（二）侵犯公民、法人或者其他组织财产权的违法行为

安全生产监督管理机构及其安全生产行政执法人员在行使安全生产行政职权时，有下列侵犯公民、法人或者其他组织财产权情形之一的，安全生产监督管理机构应承担安全生产行政赔偿责任：

（1）违法实施罚款、吊销有关证照、没收违法所得、责令改正、责令限期改正、责令停止违法行为、责令停产停业整顿、责令停产停业、责令停止建设、关闭等安全生产行政处罚。在实践中，安全生产监督管理机构在这类违法方面往往有以下几种情形：一是罚款。罚款的数额违法，安全生产监督管理机构必须在法定的罚款数额范围内实施处罚，罚款超过法定的数额，就属违法。罚款的程序违法，安全生产监督管理机构违反法律规定的程序实施罚款处罚，也属违法。二是吊销有关证照。安全生产监督管理机构不依法中止或者撤销有关证照的行为，属违法。三是没收违法所得。安全生产监督管理机构如果将公民、法人或其他组织合法的所得予以没收，属违法。四是责令改正、责令限期改正、责令

停止违法行为、责令停产停业整顿、责令停产停业、责令停止建设、关闭是限制或剥夺其生产经营能力的一种处罚。安全生产监督管理机构实施这种处罚必须有一个前提，就是责令其限期改正而逾期不改正的才能实施这种处罚。安全生产监督管理机构发现违法行为没有责令其限期改正，或者责令其限期改正，已经改正的，或者没有任何法律依据，就实施了这种处罚的，属违法，并应承担因此而造成的财产损失，承担赔偿责任。

（2）违法对财产查封、设备扣押的。安全生产监督管理机构不依法或者没有法律依据对当事人的某些动产或者不动产实行就地封存，不允许其享有财产权的，或者将财产置于自己控制之下的；或者发现生产现场存在事故隐患和违法行为而没有责令其当场改正的，或者当场能够改正事故隐患和违法行为而责令停产停业的，属违法，应承担赔偿责任。

（3）违反国家规定征收财物、摊派费用的。安全生产监督管理机构如果在没有法律规定的情况下，凭借手中的安全生产行政职权，向公民、法人或者其他组织征收财物、摊派、集资费用的，属违法，应承担赔偿责任。

（4）造成财产损害的其他违法行为。《行政赔偿法》规定赔偿的这一款，是一项概括性的兜底规定，涉及面较广。例如矿山、建筑施工和危险物品生产、储存项目申请安全生产监督管理机构履行安全设施设计审查或竣工验收法定职责，安全生产监督管理机构拒绝履行，安全生产监督管理机构的这种不作为行为也属违法行为，如果造成矿山、建筑施工和危险物品生产、储存项目建设单位财产损害，应承担赔偿责任。

## 第三节 安全生产行政赔偿法律关系主体

安全生产行政赔偿法律关系主体是指在安全生产行政赔偿的法律关系中享受赔偿请求权的赔偿请求人与承担赔偿义务的赔偿责任机构。

### 一、安全生产行政赔偿的请求人

安全生产行政赔偿请求人是指认为安全生产监督管理机构及其安全生产行政执法人员作出的具体安全生产行政行为侵害其合法权益，依法向安全生产监督管理机构提起安全生产行政赔偿请求的公民、法人或者其他组织。安全生产行政赔偿请求人在法律上的特征是：

（1）必须是认为自己的合法权益受到侵害。对他人的合法权益受到侵害的，不能以自己的名义提起赔偿请求。

（2）必须与安全生产监督管理机构及其安全生产行政执法人员作出的具体安全生产行政行为有关联。也就是说，赔偿请求人受到的侵害是具体安全生产行政行为造成的。与具体安全生产行政行为无关联的，不能充当赔偿请求人。

（3）赔偿请求人可以是中国公民、法人或其他组织，也可以是在中国从事生产生活活动的外籍公民、法人或者其他组织。

（4）赔偿请求资格可以继承。赔偿请求权一般由本人行使，但在下列情况下允许由其他人行使：

受害人死亡的，其继承人或者其他有抚养关系的亲属有权要求赔偿。其条件是：受害人必须死亡，没有死亡的不能由他人行使赔偿请求权；受害人死亡后，只能由其继承人或者其他有抚养关系的亲属要求赔偿。继承人或者其他有抚养关系的亲属应依照《婚姻法》、《继承法》的规定确定。

受害的法人或者其他组织终止的，承受其权利的法人或者其他组织有权请求赔偿。其条件是：受害的法人或者其他组织必须终止，未终止的不能由其他人行使赔偿请求权；受害的法人或者其他组织终止后，只能由承受权利的法人或者其他组织请求赔偿。

## 二、安全生产行政赔偿义务的机构

### （一）安全生产行政赔偿义务机构的概念

安全生产行政赔偿义务机构，是指在安全生产行政赔偿法律关系中，被赔偿请求权人提出赔偿的，作出具体安全生产行政行为并依法承担赔偿责任的安全生产监督管理机构。赔偿义务机构在法律上的特征是：

（1）赔偿义务机构是安全生产监督管理机构，而不是安全生产监督管理机构的安全生产行政执法人员。虽然具体安全生产行政行为是由安全生产行政执法人员实施的，但其性质是行使安全生产行政职权的职务行为。由于安全生产行政执法人员的具体安全生产行政行为是代表安全生产监督管理机构作出的，而安全生产监督管理机构是代表国家行使安全生产行政职权的，因此，赔偿的法律责任应由安全生产监督管理机构承担。另外，安全生产行政执法人员赔偿能力低，法律确定行使国家安全生产行政职权的安全生产监督管理机构承担赔偿责任不仅有保护安全生产行政相对人的合法权利的用意，而且安全生产监督管理机构对其安全生产行政执法人员负有依法行政的教育义务，由于其安全生产行政执法人员违法作出具体安全生产行政行为在一定程度上也是安全生产监督管理机构未尽教育职责而造成的。因此，违法的具体安全生产行政行为造成的后果也应由安全生产监督管理机构承担。这符合行使安全生产行政权力与义务相一致的法制原则。

（2）赔偿义务机构必须是作出具体安全生产行政行为的安全生产监督管理机构。没有作出具体安全生产行政行为的安全生产监督管理机构与赔偿请求人无法律上的联系，不能成为赔偿义务的机构，所以承担赔偿义务的机构必定是作出具体安全生产行政行为并且侵害了赔偿请求人合法权利的安全生产监督管理机构。

### （二）安全生产行政赔偿义务的主体

根据《国家赔偿法》的规定，按照安全生产行政职权的行使特点，赔偿义务主体分为以下几种情况：

（1）单独承担赔偿义务的主体是指作出具体安全生产行政行为的安全生产监督管理机构造成公民、法人或者其他组织的合法权益受到损害的，该安全生产监督管理机构是承担赔偿义务的主体。

（2）共同承担赔偿义务的主体是指两个以上安全生产监督管理机构共同行使安全生产行政职权时，侵犯公民、法人或者其他组织的合法权益造成损害的，该两个以上的安全生产监督管理机构为共同承担赔偿义务的主体。

（3）经安全生产监督管理机构上级主管机关或者当地人民政府复议的，具体安全生产行政行为侵犯公民、法人或者其他组织的合法权益造成损害的，最初造成侵权行为的安全生产监督管理机构为承担赔偿义务的主体。

(4) 经安全生产监督管理机构的上级主管机关或者当地人民政府复议，复议决定加重的，对公民、法人或者其他组织造成损害的，其上级主管机关或者当地人民政府对加重的部分承担赔偿义务，而最初造成侵权行为的安全生产监督管理机构也承担赔偿义务。

(三) 安全生产行政赔偿义务的追偿

安全生产行政赔偿义务的追偿权的形成，与安全生产行政赔偿义务的归属有直接的关系。依据《国家赔偿法》的规定，安全生产行政赔偿的主体是安全生产监督管理机构或者是授权的组织，而不是安全生产行政执法人员，或其他有关人员。所以，损害发生后，无论安全生产行政执法人员或是授权的有关人员有无过失与故意，安全生产监督管理机构或授权的组织都应承担赔偿义务，支付赔偿费用。但是，完全由安全生产监督管理机构或授权的组织承担赔偿义务，安全生产行政执法人员或授权行使安全生产行政职权的人员不负任何责任的结果可能会放纵有过错的安全生产行政执法人员或授权行使安全生产行政职权的人员，使有重大过错的安全生产行政执法人员或授权行使安全生产行政职权的人员得不到应有的惩罚与追究，为此，《国家赔偿法》在规定安全生产监督管理机构或授权行使安全生产行政职权的组织承担安全生产行政赔偿义务的同时，也规定了对安全生产行政执法人员或授权行使安全生产行政职权的人员的追偿权。《国家赔偿法》第十四条规定："赔偿义务机关赔偿损失后，应当责令故意或者重大过失的工作人员或者受委托的组织或者个人承担部分或者全部赔偿费用；对有故意或者重大过失的责任人员，有关机关应当依法给予行政处分，构成犯罪的，应当依法追究刑事责任"。这种追偿权有利于促进安全生产行政执法人员或授权行使安全生产行政职权的人员认真总结教训，不滥用职权，恪尽职守，严格依法办事。

## 第四节　安全生产行政赔偿程序

### 一、安全生产行政赔偿程序的概念

安全生产行政赔偿程序，是指安全生产行政赔偿请求人向承担安全生产行政赔偿义务的主体机构请求安全生产行政赔偿，负有安全生产行政赔偿义务的主体机构给予安全生产行政赔偿或者通过人民法院解决安全生产行政赔偿纠纷的步骤与方法。根据《行政诉讼法》规定，公民、法人或者其他组织单独就损害赔偿提出请求，应当先由行政机关解决。《国家赔偿法》规定，赔偿请求人要求赔偿应当先向赔偿义务机关提出申请，也可以在申请行政复议和提起行政诉讼时一并提出。根据国家法律规定，安全生产行政赔偿程序，包括安全生产行政赔偿先行处理程序和安全生产行政赔偿诉讼程序。

### 二、安全生产行政赔偿先行处理程序

(一) 安全生产行政赔偿先行处理程序的概念

行政赔偿请求人向人民法院提出安全生产行政赔偿诉讼之前，应当先向承担安全生产行政赔偿义务的主体机构请求赔偿，由承担安全生产行政赔偿义务的主体机构先进行处理的步骤与方法。

(二) 请求安全生产行政赔偿的条件

承担安全生产行政赔偿义务的主体机构在实施安全生产行政赔偿先行处理程序时，承担赔偿义务的主体机构受理的赔偿请求人提出的赔偿请求，必须符合一定的条件，履行法定的手续。根据《国家赔偿法》的规定，请求安全生产行政赔偿应具备的条件主要为实质条件和形式条件。

1. 实质条件

（1）赔偿请求人必须具有请求权。请求权是法律赋予公民、法人或者其他组织的权利，没有请求权的公民、法人或者其他组织不得行使请求权。根据《国家赔偿法》的规定，享有赔偿请求权的包括：合法权益受到安全生产监督管理机构及其安全生产行政执法人员违法侵害的直接受害的公民、法人或者其他组织；有请求权的公民死亡时，其继承人或其他有抚养关系的亲属有权请求赔偿；有请求权的法人或者其他组织终止的，继续承受其权利的法人或者其他组织有权请求赔偿。

（2）赔偿请求必须向承担赔偿义务的主体机构提起。安全生产行政赔偿义务的主体机构是代替国家履行赔偿义务的机构，受害人在请求赔偿时，要弄清谁是安全生产行政赔偿义务的主体机构，然后才能有针对性地提出赔偿请求。

（3）赔偿请求事项必须符合法律规定的范围。赔偿请求人所提出的赔偿请求事项，必须符合《国家赔偿法》规定的赔偿范围。

（4）赔偿请求必须在法律规定的期限内提起。根据《国家赔偿法》规定，赔偿请求人必须在两年时限内向安全生产行政赔偿义务主体机构提出赔偿请求。超过法定时限，请求权即消失，承担安全生产行政赔偿义务的主体机构将不予受理。

2. 形式条件

赔偿请求人向承担安全生产行政赔偿义务的主体机构提出安全生产行政赔偿请求时，应当以书面形式提出申请。赔偿申请书应写明下列事项：

（1）受害人的基本情况。如姓名、性别、年龄、就业单位、职业和住所等。如果是由受害人的继承人、法定代理人或者有抚养关系的亲属行使其请求权的，还应写明继承人、法定代理人或者有抚养关系的亲属的姓名、性别、年龄、职业、住所、与受害人的关系等事项；请求人如果是法人或者其他组织时，应写明单位名称、地址以及法定代表人或主要负责人的姓名、住所、职务；如果是承受终止的法人或者其他组织请求权的法人或者其他组织要求赔偿的，则必须同时写明他们的名称、住所、法定代表人或主要负责人的姓名、职务。

（2）请求的具体事项。赔偿申请书必须写明请求赔偿的具体事项和要求。如要求赔偿的数额等。

（3）请求赔偿的理由和事实根据。赔偿申请书中必须简明扼要地写明损害行为发生的时间、地点和事实经过。如有证明材料的应同时附上证明材料。

（4）安全生产行政赔偿义务的主体机构。赔偿申请书必须写明承担安全生产行政赔偿义务的主体机构的名称，以表明该赔偿申请书是向该机构提出的。

（5）提交赔偿申请书的时间。赔偿申请书必须写明提交赔偿申请书的年月日，这直接关系到承担安全生产行政赔偿义务的主体机构进行受理的时限。

如果请求人的赔偿申请书没有将法律所要求的内容写清楚或写完整，承担安全生产行政赔偿义务的主体机构应当告知赔偿请求人需要补充的内容，并要求其补充完整，不能因其赔偿申请书有缺漏而拒绝受理。

（三）安全生产行政赔偿申请的受理和处理

1. 安全生产行政赔偿申请的受理

承担安全生产行政赔偿义务的主体机构在收到赔偿请求人的申请书后，应按照法律的规定，对申请书提出的赔偿要求进行审查，如果经审查认为其申请符合法定赔偿条件的，应当在自收到申请书之日起两个月内，依法给予请求人赔偿。

2. 安全生产行政赔偿申请的处理

承担安全生产行政赔偿义务的主体机构对于已经受理的安全生产行政赔偿请求，经过审查，一般有以下两种处理情况：

（1）给予赔偿。承担安全生产行政赔偿义务的主体机构对赔偿请求人的申请经过审查，认为符合法律规定条件的，应在规定的时限内给予赔偿。

（2）拒绝赔偿。承担安全生产行政赔偿义务的主体机构对赔偿请求人的申请经过审查，认为赔偿请求人的申请不符合法律规定赔偿条件的，应拒绝赔偿。

赔偿请求人的申请受到承担安全生产行政赔偿义务的主体机构拒绝的，可以在期限届满之日起3个月内向人民法院提起赔偿诉讼，通过司法程序求得损害赔偿。

（四）安全生产行政赔偿先行处理的效力

根据《国家赔偿法》的规定，在安全生产行政赔偿先行处理的程序中，经由承担安全生产行政赔偿义务的主体机构与赔偿请求人相互协商达成的赔偿协议书具有法律效力。它与人民法院的调解书具有同等的法律效力，既可以成为承担安全生产行政赔偿义务的主体机构履行赔偿义务的依据，又可以成为赔偿请求人申请人民法院强制执行的依据。承担安全生产行政赔偿义务的主体机构必须履行协议规定的赔偿义务，并在规定的期限内向赔偿请求人支付赔偿金，不得拒绝或拖延履行，否则，赔偿请求人有权申请人民法院强制执法。

## 三、安全生产行政赔偿诉讼程序

（一）安全生产行政赔偿诉讼程序的概念

安全生产行政赔偿诉讼程序是指安全生产行政赔偿请求人对承担安全生产行政赔偿义务的主体机构逾期不予赔偿或者赔偿请求人对赔偿数额有异议时，赔偿请求人向人民法院提起安全生产行政赔偿诉讼的步骤与方法。

（二）提起安全生产行政赔偿诉讼的条件

（1）必须符合当事人的条件。安全生产行政赔偿诉讼的当事人包括原告和被告。原告必须是认为安全生产监督管理机构及其安全生产行政执法人员违法行使安全生产行政职权侵犯其合法权益并造成损害的公民、法人或者其他组织。安全生产行政赔偿诉讼的原告与安全生产行政赔偿先行处理程序中的赔偿请求人的范围是完全相同的。被告必须是违法行使安全生产行政职权，侵犯安全生产行政相对人的合法权益并造成损害的承担安全生产行政赔偿义务的主体机构。安全生产行政赔偿诉讼的被告与安全生产行政赔偿先行处理程序中的承担安全生产行政赔偿义务的主体机构的范围和标准是一致的。

（2）必须有具体的诉讼请求和事实根据。安全生产行政赔偿诉讼请求是原告对被告的权利主张。安全生产行政赔偿诉讼的请求以要求被告承担赔偿责任为内容。所以，原告请求赔偿的方式、范围、数额等必须具体明确；事实根据是原告提起诉讼所根据的事实，包括案情事实和证据事实等。

（3）原告必须在安全生产行政赔偿先行处理程序结束后的 3 个月内提起诉讼，逾期不起诉的，当事人提起安全生产行政赔偿诉讼的权利自动消失。

（三）安全生产行政赔偿诉讼的审理和判决

安全生产行政赔偿诉讼案件，由人民法院审理，其具体的方式与安全生产行政诉讼的审理基本相同，实行的也是公开审理、回避原则，合议、两审终审制度。区别之处是安全生产行政赔偿诉讼不准调解。

经人民法院审理的安全生产行政赔偿诉讼案件，当事人双方必须履行其依法作出的判决或裁定。如果被告拒不履行人民法院的判决或裁定，人民法院可以采取措施强制执行。

## 第五节　安全生产行政赔偿方式和标准

### 一、安全生产行政赔偿的方式

（一）对公民人身权侵害的赔偿方式

（1）支付赔偿金。支付赔偿金是指承担安全生产行政赔偿义务的主体机构以财产、金钱的方式向受害人赔偿损失。

（2）消除影响、恢复名誉。消除影响、恢复名誉是指承担安全生产行政赔偿义务的主体机构以一定的形式，在侵权行为影响的范围内消除侵权影响，恢复受害人的名誉。

（3）赔礼道歉。赔礼道歉是指承担安全生产行政赔偿义务的主体机构以一定的形式，公开向受到名誉权或荣誉权损害的受害人道歉。

（二）对公民、法人或者其他组织财产权侵害的赔偿方式

（1）支付赔偿金。对不能返还财产或恢复原状的，一般采用支付赔偿金的方式进行赔偿。

（2）返还财产。对违法罚款、没收财产或者违反国家规定征收财物、摊派费用的，一般采用返还财产的方式进行赔偿。

（3）恢复原状。对应当返还的财产，能修复恢复原状的，一般采用恢复原状的方式进行赔偿。

### 二、安全生产行政赔偿金的计算标准

（一）侵犯人身权支付赔偿金的计算标准

侵犯人身权交付赔偿金的计算，包括两个方面：一是侵犯公民人身自由的。例如违法拘留和违法采取限制人身自由的强制措施。二是侵犯公民生命健康权的。例如刑讯逼供、殴打致残致死的。侵犯公民人身自由权同时又侵犯公民生命健康权的，应分别计算后以相加数额为赔偿金额。

1. 侵犯公民人身自由的赔偿金计算标准

侵犯公民人身自由的赔偿金计算标准：按日计算，每日赔偿金按照上年度职工日平均工资计算。

2. 侵犯公民生命健康的赔偿金计算标准

侵犯公民生命健康的情况比较复杂，大致分为以下三类：

（1）造成身体伤害的，应当支付医疗费，以及赔偿因误工减少的收入。医疗费按照医院对公民身体伤害治疗所必需的费用计算，凭据支付。但如果治疗与侵权行为造成的伤害无关，其治疗病情的费用不予赔偿；未经医院同意自购药品，伤害治疗痊愈后应当出院，拒不出院的费用不予赔偿。

误工赔偿，每日赔偿金按照国家上年度职工日平均工资计算，最高额为国家上年度职工日平均工资的5倍。

（2）造成部分或者全部丧失劳动能力的，应当支付医疗费以及残疾赔偿金。医疗费的赔偿标准同造成身体伤害赔偿医疗费的标准相同。

残疾赔偿金的赔偿标准，应依据丧失劳动能力的程度来确定，分为部分丧失劳动能力和全部丧失劳动能力两类。部分丧失劳动能力的，最高额为国家上年度职工平均工资的10倍。全部丧失劳动能力的，最高额为国家上年度职工平均工资的20倍。

（3）造成死亡的，应当支付死亡赔偿金、丧葬费。死亡赔偿金、丧葬费，最高额为国家上年度职工年平均工资的20倍。

（二）侵犯公民、法人或者其他组织财产权的赔偿金计算标准

侵犯公民、法人或者其他组织财产权的赔偿金支付应当在不能返还财产，不能恢复原状时适用，具体计算方法是：

不能恢复原状的，按照损害程度付给相应的赔偿金。损害程度应请专业鉴定部门专业人员鉴定确定；应当返还的财产灭失的，付给相应的赔偿金，其数额应请财产评估部门鉴定确定；对财产权造成其他损害的，按照直接损失给予赔偿。

## 第六节　安全生产行政赔偿的时效

### 一、安全生产行政赔偿时效的概念

安全生产行政赔偿的时效是指安全生产行政赔偿请求人在法定期间不行使向承担安全生产行政赔偿义务的主体机构要求赔偿的权利，即丧失了向承担安全生产行政赔偿义务的主体机构或人民法院请求赔偿的权利。也就是说，安全生产行政相对人在法定期间提出赔偿要求，法律就应予以保护；反之，在法定期间没有提出要求赔偿的，就丧失了要求法律保护的权利。超过法定期间要求赔偿的，承担安全生产行政赔偿义务的主体机构或人民法院有权不予受理。

### 二、安全生产行政赔偿时效

根据《国家赔偿法》规定，赔偿请求人请求国家赔偿的时效为两年，自安全生产监督管理机构及其安全生产行政执法人员行使安全生产行政职权时的行为被依法确认为违法之日起计算，但被羁押时间不计算在内。安全生产行政赔偿必须严格执行这一规定的要求。这一规定表明以下几点：

（1）安全生产行政赔偿的时效为两年；

（2）安全生产行政赔偿时效计算的开始日为自安全生产监督管理机构及其安全生产行政执法人员行使安全生产行政职权时的行为被依法确认为违法之日。在计算赔偿时效

时，如果赔偿请求人被羁押，其羁押的期间不计算在两年内；

（3）赔偿请求时效的中止。安全生产行政赔偿请求时效的中止是指赔偿时效在进行过程中的最后6个月内，因不可抗力或者其他障碍不能行使请求权的，时效暂时停止计算。从停止计算时效的原因消除之日起赔偿时效继续计算，其中停止的期间不计入两年之内。由于时效中止涉及是否能保留赔偿请求权的问题，因此，应严格依照法定的下列条件办理：

1）时效中止的原因只能是由于不可抗力或者其他障碍不能行使请求权的。这里的不可抗力易于理解，其他障碍是指赔偿请求人因重病住院，临时公务出国等原因不能行使请求权。

2）时效中止的原因只能发生在时效进行过程中的最后6个月内，在此之前或之后都不能予以认定。

3）时效中止的期间从发生不可抗力或者其他障碍不能行使请求权开始之日至消失之日。

4）时效中止的期间不计算在两年之中，而不是又从头开始计算两年。

# 第十章　安全生产事故调查

安全生产事故调查是安全生产行政执法的一项重要的内容，掌握安全生产事故调查的程序、步骤和方法，对于提高安全生产行政执法水平，提升安全生产事故办案质量，具有重要的意义。

## 第一节　安全生产事故调查的职责

### 一、安全生产事故调查的概念

安全生产事故调查，是指安全生产监督管理机构或者由人民政府委托的安全生产事故调查组织，为了查明安全生产事故原因、核定事故损失、认定事故责任和依法对安全生产事故肇事人的违法事实进行侦查、勘验的行为。这一概念具有以下特征：

（1）安全生产事故调查的主体，是安全生产监督管理机构或者受人民政府委托的安全生产事故调查的组织。不是公民、法人或者其他组织。

（2）安全生产事故调查的目的，是为了查明安全生产事故原因、核定事故损失、认定事故责任和依法对安全生产事故肇事人的违法事实进行侦查、勘验，以及对安全生产事故案件作出意见和建议。

（3）安全生产事故调查，是安全生产监督管理机构或者受人民政府委托的安全生产事故调查组织的安全生产行政执法行为，必须依法进行。

### 二、安全生产事故调查的职责

安全生产事故调查的职责是指担负安全生产事故调查的组织或者人员承担的责任。

安全生产事故调查的职责有：查明安全生产事故经过、事故性质、事故原因；搜集和提取与事故相关的言证、物证；查清事故人员伤亡和财产损失；认定事故责任；根据事故的性质、责任情况，依法提出处理意见和建议。

### 三、安全生产事故调查的职权

安全生产事故调查的职权是指担负安全生产事故调查的组织或者人员在实施安全生产事故调查职务范围内的权力。

安全生产事故调查的职权有：有权要求有关部门、发生事故的单位或者个人保护好事故现场；有权要求有关单位和有关人员提供必要的技术资料；有权对有关单位及个人进行调查询问；有权提取事故物证；有权要求有关部门和人员配合进行事故调查和事故模拟试验；有权对人员的伤亡、财产损失情况进行统计、核准；有权对有关事故责任人提出处理意见和建议。

## 第二节 安全生产事故调查的管辖

### 一、安全生产事故等级的划分

安全生产事故是指在生产经营过程中或者与生产经营有关的活动中发生的人身伤害、财产损失和环境破坏的灾祸。

根据有关规定，我国的安全生产事故分为四个等级：

（1）特别重大事故。即一次事故造成死亡人数 30 人以上；重伤 100 人以上（包括急性工业中毒，下同）；直接经济损失 1 亿元以上。具有以上情况之一的，为特别重大事故。

（2）重大事故。即一次事故造成死亡人数 10 人以上 30 人以下；重伤 50 人以上 100 人以下；直接经济损失 5000 万元以上 1 亿元以下。具有以上情况之一的，为重大事故。

（3）较大事故。即一次事故造成死亡人数 3 人以上 10 人以下；重伤 10 人以上 50 人以下；直接经济损失 1000 万元以上 5000 万元以下。具有以上情况之一的，为较大事故。

（4）一般事故。即一次事故造成死亡人数 3 人以下；重伤 10 人以下；直接经济损失 1000 万元以下。具有以上情况之一的，为一般事故。

### 二、安全生产事故调查的管辖

安全生产事故调查的管辖，是指安全生产监督管理机构或者受人民政府委托进行安全生产事故调查的组织所负责的事故案件。

根据安全生产事故等级的大小不同，安全生产事故调查的工作由相应级别的人民政府负责管辖。

（1）特别重大事故，国务院管辖。由国务院直接组织调查组或者授权或者委托有关部门进行特别重大事故的调查。

（2）重大事故，省（自治区、直辖市）管辖。由省级人民政府直接组织事故调查组或者授权或者委托有关部门进行重大事故的调查。

（3）较大事故，设区的市管辖。由市级人民政府直接组织事故调查组或者授权或者委托有关部门进行较大事故的调查。

（4）一般事故，县（县级市）管辖。由县级人民政府直接组织事故调查组或者授权或者委托有关部门进行一般事故的调查。

特别重大事故以下等级的事故，如果事故发生地与发生事故的单位不在同一个行政区域的，由事故发生地的人民政府负责事故的调查。

### 三、安全生产事故调查的专班

安全生产事故调查的专班，是指开展安全生产事故调查工作的专门组织。

当接到发生安全生产事故报告后，应该迅速地成立安全生产事故调查专班，开展安全生产事故的调查工作。较大或者一般安全生产事故的调查工作专班，应该由人民政府、安全生产监督管理机构、公安、检察、监察、工会等有关部门及其有关技术专家组成。

# 第三节 安全生产事故调查

## 一、安全生产事故调查的程序

安全生产事故调查的程序是指在实施事故案件的侦查过程中的顺序和步骤。在事故案件侦查过程中，要全面、客观地依法收集各种证据，依法使用侦查手段，做到依法调查，文明执法。

安全生产事故调查的程序，如图 10-1 所示。

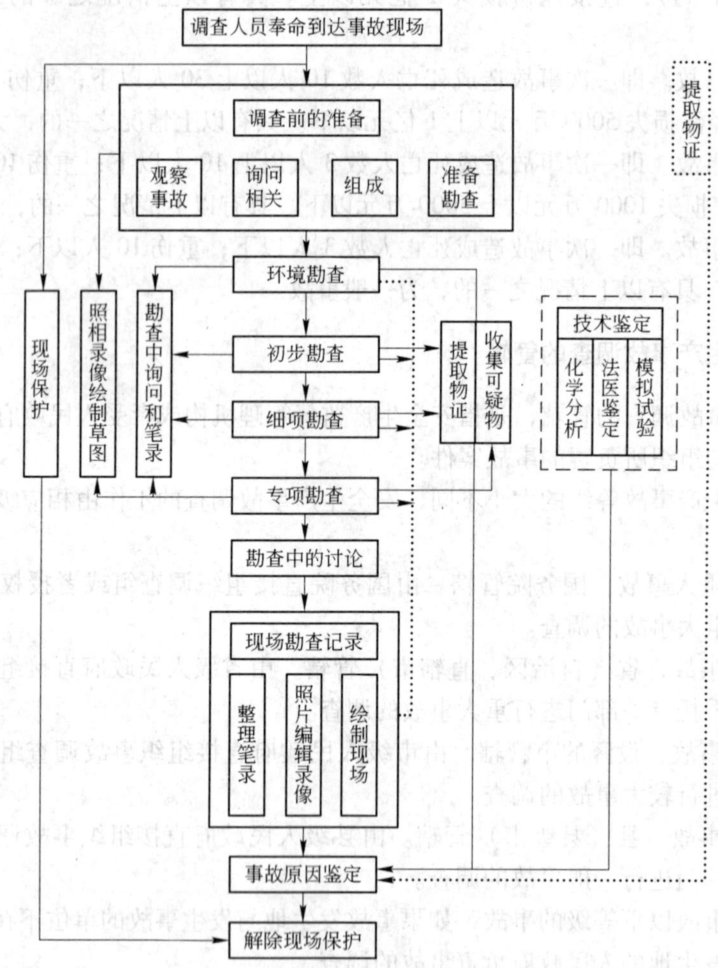


图 10-1 事故现场调查程序

## 二、安全生产事故调查步骤与方法

### （一）事故现场保护

事故调查主要以事故现场为主要对象，从观察事故的状态，研究事故形成的条件，确定事故具体原因，分清事故责任等，从事故现场着手的。只有保护好事故现场，才能观察到事故现场的原始状态，发现各种痕迹物证，为事故调查创造有利条件。事故现场保护的基本要求是：

（1）成立事故现场保护组织，确定专人负责事故现场保护工作。应根据事故现场规模的大小，组织若干人员，指定专人负责保护事故现场。事故现场保护人员要有高度的责任感，坚守岗位，认真履行职责。

（2）事故现场保护人员要服从命令，听从指挥，遵守纪律，不准非工作人员进入现场，不准触摸、移动、拿用现场物品。

（3）事故现场必须经过事故调查负责人批准后，才能撤除、清理。

（二）事故现场询问

事故现场询问，是事故调查的重要手段和方法。通过事故现场询问，可以为现场勘查提供线索，有助于发现、判断事故痕迹、物证，有利于分析判断事故情况。同时也为事故提出证人、证言。因此，事故现场询问在事故调查过程中是一项十分重要的工作。

1. 事故现场询问的对象

事故现场询问的对象主要是：发现事故最早的人和报告事故的人；事故的当事人；事故现场工作人员；对生产工艺熟悉的人等。

2. 事故现场询问的主要内容

（1）询问事故发生前现场情况。如生产工艺、机器设备运行情况、电源使用情况，在场人员活动情况等。

（2）询问最先发现事故人或者报告事故人或者事故当事人，发现或者发现事故的详细经过以及相关状态。

（3）询问参与施救人员当时现场的情况。

（4）询问受伤人员受伤的经过和情况。

3. 事故现场询问的主要方法

事故现场询问是一门艺术，在询问的过程中，要抓住重点，明确日的，重复询问关键问题。同时要做到及时、全面、细致、客观、合法，具体询问方法主要有：

（1）自由陈述法。即让询问对象自然地、比较详细地陈述事故情况。在采用这种方法时，一般情况下，调查人员在询问对象叙述未完之前，不应该插言制止或者提问，以防打乱其思路，遗漏重要情节。

（2）广泛提问法。即在询问对象作了系统陈述之后，根据事故情况和在陈述中的疑点进行提问。

（3）联想刺激法。即向询问对象提醒问题，刺激其对事故前有关问题进行联想回忆，使询问对象把事故前的有关情况情节反映出来。

（4）检查性提问法。即对询问对象的陈述进行追根溯源的一种询问方式。此法可以核查询问对象陈述的准确性、真实性，以便从中发现问题，查明具有证据意义的问题。

（5）质证提问法。即对询问对象陈述的事实进行巩固确定的一种询问方式。通过提问，使询问对象保证自己作出的陈述是无误的。

4. 验证证言

证人在提供证言时，由于客观因素的影响，往往有证言与实际不相符合的情况，这主要是因为：一是证人故意隐瞒事实真相，说了假话；二是证人主观上揭示事实真相，而且确认自己讲的是真话，但其陈述与实际不完全符合甚至完全不符合。因此，必须对询问中所收集的各种证言认真地审核验证。

（1）对证人证言诉审查。审查证人认识分析问题的能力；审查证人发现事故发生的时间以及事故的情况和他当时的位置与行动，以判断其所提供的证言是否符合客观事实；审查证人证言诉来源，是证人亲自看见的，还是道听途说的；审查证人与责任人或者当事人之间的关系，以判断证言的真实性；审查各个证人证言提供的证据的共性或者矛盾，以判断出提供的证据正确与否，或者发现新的问题。

（2）对证人证言的验证。验证证人证言来源的客观性。即证人有没有长期保持提供这样的证言，以证实证言的真实性。

5. 事故现场询问笔录

事故现场询问笔录是一种法律文书。一般有两种形式：一是由事故调查人员根据询问的对象的陈述制作的；二是由询问对象自己亲笔书写的。事故现场询问笔录是认定事故原因，处理事故责任的重要证据材料，制作事故现场询问笔录的要求是：

（1）必须及时、准确、客观、完全、合法。

（2）必须两人询问，一人问，一人记，对询问对象的陈述要按其语气逐句记录。不能做任何修饰、概括和整改。

（3）询问结束时，必须向询问对象宣读笔录，或者由询问对象自己阅读。如果询问对象请求补充或者修正，应当补充，并要求询问对象在补充、修改处按手印。

（4）询问笔录或者是询问对象自己亲笔书写的证言，均应探明顺序编号，并由询问对象逐页签名、盖章或者按手印。事故调查询问人员也应在笔录上签字。

（5）询问笔录必须用钢笔书写，字迹应清晰、工整。询问笔录里遗留下来的空白，应在询问对象签字前，由询问人画线填满。询问笔录必须存入档案。

（三）事故现场勘查

事故现场勘查，是事故调查机构或者调查人员在法律规定的范围内，使用科学的手段和方法，对事故场所、物体、尸体等进行实地勘验、查找、鉴别、提取事故证据的重要手段，也是查明事故原因的重要途径。事故现场勘查的主要任务是搜集、认定、获取事故物证，查明事故损失以及人员伤亡情况，为查明事故原因、追究事故责任提供证据。

事故现场勘查，一般按环境勘查、静态勘查、动态勘查、专项勘查四个步骤进行。

1. 环境勘查

环境勘查是指对事故现场及周围情况进行的巡视和观察。了解事故现场及周围情况，对事故的发生是否产生影响。通过对事故现场及周围情况的勘查，为进行初步勘查确定方向。

2. 静态勘查

静态勘查又称初步勘查，就是在不移动事故现场任何物体的情况下，从各个不同的角度，对事故现场进行观察，弄清事故现场全貌和各种物体之间的相互关系。通过对事故现场的静态勘查，求得对事故现场内部情况有一个全面的了解，发现可能引起事故原因的各个疑点，以确定勘查的重点。

3. 动态勘查

动态勘查又称细项勘查，是在环境勘查和静态勘查的基础上，根据环境勘查和静态勘查中发现的每个疑点，可能翻动物体逐项进行深入细致的勘查研究，以辨真相，确定事故原因。

4. 专项勘查

专项勘查就是对事故现场勘查中发现的与事故相关的重点问题进行了专门的勘查。通过专项勘查为事故原因提取证据。

总之，对事故现场的勘查，要根据事故现场的特点和发现的痕迹、搜集的证据进行全面综合分析，以确定事故原因。

（四）事故现场勘查记录

事故现场勘查记录，包括事故现场记录、事故现场照相、录像和绘制的事故现场图。

1. 事故现场勘查记录

事故现场勘查记录应详尽地记载勘查过程中所发现的主要情况。

（1）事故概要。凶手事故发生的时间、地点；当事人的姓名、地址以及所陈述的事故发生的经过情况；事故财产损失、人员伤亡情况。

（2）主要事实。包括事故现场的方位及周围环境、勘查时所发现的情况与事故原因有关的痕迹、物证。

（3）结尾。现场勘查人员和见证人员在事故现场勘查记录上签名。

2. 事故现场照相、录像

事故现场照相、录像的基本内容和基本要求是：

（1）方位照相、录像。方位是反映整个事物现场和周围环境的情况，表明事故现场所处的位置及其与周围物体之间的联系。

（2）概貌照相、录像。概貌照相、录像是指以整个事故现场或者以事故现场主要部位为主题的拍摄。

（3）重点部位照相、录像。重点部位照相、录像是指对事故原因、损失、伤亡人员状态等重点部位的拍摄。

3. 绘制事故现场图

事故现场图，包括事故现场总平面图、事故现场方位图、物体平面布置图、透视图、复原图等。

事故现场图要标示注明图的名称、比例、方向及其说明，绘制日期、绘制人签字。

（五）技术鉴定

对于事故原因难以确定的事故，应借助科学技术设备和科学方法进行技术鉴定。技术鉴定一般常采用三种方式。

1. 仪器分析鉴定

仪器分析鉴定就是运用仪器设备进行化学分析鉴定和物理分析鉴定。

（1）化学分析鉴定。化学分析鉴定就是运用仪器设备进行化学定性、定量分析。化学分析鉴定方法通常采取两种形式：一是常规分析。也就是正常情况下的化学分析。二是红外光谱或者气相色谱分析。

（2）物理分析鉴定。物理分析鉴定一般采用三种方法：1）金相分析。就是利用金相显微镜等仪器对金属组织结构进行分析，观察金属组织结构有什么不同的变化。如电线短路起火，就可以用这种方法进行鉴定分析。2）剩磁检测。例如要分析鉴定是否是雷电或者是静电引起的火灾事故就可以用这种方法。3）碳化导电的鉴别。如火灾事故可以用这种方法鉴别木质材料碳化导电状况，以确定是否是最先起火的部位。

2. 模拟试验

模拟试验是为了验证或者核实事故原因而进行的事故原因再现性的试验，在必要和可能的情况下，将事故恢复原状，然后按照调查中推断的情况进行实验，以验证、推断的情况正确与否。

3. 直观鉴定

直观鉴定是根据事故现场勘查获得的痕迹、物证，经过对各种情况进行观察分析，按照事物发展的一般规律和已有的经验进行直观鉴定。直观鉴定应该有事故调查的人员参加，听取各种意见，综合各个方面的观点，统一大家的认识，形成一致的鉴定结论。

（六）核定事故损失

核定事故损失，包括财产损失和人员伤亡损失。

核定事故损失，要实事求是，不得虚假、瞒报、伪造、篡改事故损失。在核实中，如果发现遗漏、瞒报要追补统计。

## 第四节 安全生产事故责任的认定

### 一、安全生产事故责任的分类

事故责任是指对造成事故应负一定责任的单位和个人。按照事故责任人的行为与事故之间的因果关系，事故责任可分为四类。

（一）直接责任

直接责任是指行为人的行为直接导致安全生产事故发生，并形成了一定的损失。

（二）间接责任

间接责任是指行为人的行为虽然没有直接导致安全生产事故发生，但是由于其不履行或者不正确履行自己的职责，而对事故的发生负有一定的责任。

（三）直接领导责任

直接领导责任是指直接主管安全生产工作的领导，在其职责范围内对安全生产工作不负责任，不履行或者不正确履行其职责，对事故发生应负有的责任。

（四）领导责任

领导责任是指单位的主要负责人，虽然不直接主管安全生产工作，但是对安全生产工作不重视，发现的安全生产事故隐患不督促整改或者整改不力，以致发生事故，对事故发生应负有的责任。

### 二、安全生产事故责任的认定

安全生产事故责任的认定是指对安全生产事故责任的责任人应该承担其责任的确认。

安全生产事故责任的认定应根据事故的证人、证言、事故的物证、事故的损失、事故的原因和事故与责任人之间的因果关系经及责任人应履行的安全生产工作职责的履行情况实事求是地进行认定。

安全生产事故责任认定的方法：

(1) 顺推认定法。即从事故责任人出发推出事故结果。其推理过程是：事故责任人—责任人的安全生产职责—责任人的行为—事故原因—事故结果。

(2) 逆推认定法。即从事故的结果，推出事故责任人。其逆推过程是：事故结果—事故原因—责任人的行为—责任人的安全生产职责—事故责任人。

如果事故是由单一行为造成的，则实施单一行为的人为事故责任人；如果事故是由多种因素、多种行为造成的，则多个行为人均为事故责任人。

### 三、安全生产事故责任的类别

根据事故责任人的行为与事故原因之间的关系，以及事故造成的后果等具体情况，将事故责任分为四种。

(一) 刑事责任

刑事责任是指事故责任人的行为触犯了刑法，构成犯罪的，应该依法承担刑事责任。

(二) 民事责任

民事责任指事故责任人的行为侵害了个人财产或者他人的人身安全的，应该依法承担民事责任。

(三) 行政责任

行政责任是指事故责任人的行为违反了安全生产法律、法规，其行为不构成犯罪的，应该依法承担行政责任。

(四) 违反纪律责任

违反纪律责任是指事故责任人的行为违反了本单位的安全生产管理规章制度，应该依法承受其纪律责任。

## 第五节　安全生产事故调查终结

### 一、安全生产事故调查终结的概念

安全生产事故调查终结是指安全生产事故调查专班，在办理事故案件中，对经过调查认为事故案件事实已经查清，证据确凿，事故原因及事故责任明确，不需要再进行调查的阶段。安全生产事故调查终结是事故调查工序的最后一道工序。事故调查终结是对前一段的调查活动进行全面总结的工作阶段。

### 二、安全生产事故调查终结的条件

安全生产事故调查终结的事故案件，必须具备三个基本条件：

(1) 事故案件的事实清楚。是指发生安全生产事故案件的时间、地点、缺失、原因、责任等事实都已经核查清楚。

(2) 证据确凿、充分。就是每一个证据都经过查证，没有虚假情况若干证据能组成一个完整的体系，其中没有一个环节脱漏情况，并足以排除其他各种可能性，据此可以得出唯一的结论。如果不能排除其他的可能性，则不能认为证据确凿已经充分。

（3）法律手续完备。衡量法律手续是否完备必须要看在事故调查过程中形成的各种法律文书和履行法律的手续是否符合法律的规定，只有符合法律规定的要求，才具有法律效力。因此，不完备的应该补齐，否则会影响法律文书或者证据材料的效力。

上述三个条件，必须同时具备，如果缺少其中一个条件，则不能宣告事故案件调查终结。

## 三、制作事故调查结案报告

安全生产事故调查终结的事故案件，应该制作事故调查结案报告。事故结案报告，是负责安全生产事故调查办案专班或者人员对所调查的事故案件。认为具备结案条件时，向人民政府或者安全生产监督管理机构所作的文书。安全生产事故调查报告的内容包括：

（1）事故发生的基本概况。包括事故发生的单位、时间、地址；事故当事人的姓名、性别、年龄、籍贯、民族、文化程度、职业、住所和简要经历等。

（2）事故发生经过和抢险救援的情况。包括发现的经过、事故扩大的经过、事故抢险救援经过和方法、效果等。

（3）事故造成的人员伤亡和直接经济损失情况。包括死亡多少人，损毁哪些财物等。

（4）事故发生的原因和事故的性质。包括是人为原因还是机构故障等。

（5）事故的责任和处理意见建议。包括直接责任、间接责任、领导责任和相应的处理意见等。

（6）事故教训、整改、防范措施。包括通过这起事故应该吸取哪些教训，采取哪些防范和整改措施。

## 四、安全生产事故责任的追究

安全生产事故责任的追究是指对造成事故发生的有关责任人应该承担相应的责任追查处理。

### （一）刑事责任的追究

刑事责任是指国家刑事法律规定的犯罪行为所应该承担的法律后果。造成安全生产事故的责任者，其行为构成犯罪的，安全生产监督管理机构应该将事故案件移送司法机关，依法追究其刑事责任。

### （二）行政责任的追究

行政责任是指有关行政管理法律、法规的规定，其行为尚未构成犯罪的，依法应当承担的法律后果。行政责任分为两类，即行政处罚和行政处分。

行政处罚是指国家行政机关及其他依法可以实施行政处罚权的组织，对违反行政法律、法规、规章尚不构成犯罪的公民、法人及其他组织实施的一种制裁行为。

造成安全生产事故的责任者，其行为尚不构成犯罪的，但应该给予行政拘留的，安全生产监督管理机构应该建议公安机关予以制裁。

行政处分是指对安全生产行政执法人员违法行为给予的一种制裁性的处理。如果安全生产事故的发生，认定其事故与行政执法人员有一定的责任的，但既不构成刑事处罚，也不构成行政处罚的，应由所在单位或者上级主管机关给予相应的处理。

（三）民事责任追究

民事责任是指民事法律关系的主体没有按照法律规定或者合同约定履行自己的民事义务，或者侵犯了他人合法权益所应该承担的法律后果。民事责任通常分为两类，违约责任和侵权责任。

违约责任，或者称合同责任，是指合同当事人在合同订立后没有按照合同的约定履行自己的义务而应该承担的民事责任。

侵权责任，是指民事主体因为自己的过错，侵犯了他人的财产权或者说人身权造成损害而应当承担的对受害人责任赔偿的民事责任。如果安全生产事故发生，造成人员伤亡或者说他人财产损失的，应当追究发生事故的单位赔偿人员伤亡或者财产损失的民事责任。

# 第十一章　安全生产行政执法责任

安全生产监督管理机构及其安全生产行政执法人员是履行国家安全生产行政职能、实施安全生产行政执法的主体。在行使安全生产行政职权中，既有一定的权利，又有一定的义务，同时还负有一定的责任。安全生产监督管理机构及其安全生产行政执法人员在安全生产行政执法中违法时，必须追究其相应的责任。

## 第一节　安全生产行政执法责任的概念

安全生产行政执法责任，是指安全生产监督管理机构及其安全生产行政法人员因没有认真履行自己的职责、做好分内应做的工作或者执法违法而应当承担的相应处分。这一概念具有以下特征：

（1）承担相应责任的一般是个人，即行为人，而不是安全生产监督管理机构。因为在安全生产行政执法中，明确了每个执法人员的权利、义务和相应的责任范围，只有个人不作为或违法，才会造成相应的后果。因此，行为人应承担相应的责任。

（2）安全生产行政执法人员因没有认真履行自己的职责、做好分内应做的工作，主要是指应该作为的不作为而造成后果的行为人应承担相应的责任。

（3）执法违法是指安全生产行政执法人员对因在执法中违法而造成的后果应当承担相应的责任。

（4）责任是指由于违反法定义务而应当承担的后果。违反法定义务是承担责任的前提，责任是违反法定义务的必然结果。

（5）安全生产行政执法责任应根据其造成后果的严重程度，承担相应的刑事责任、行政责任、赔偿责任。

## 第二节　刑 事 责 任

### 一、刑事责任的概念

刑事责任，是指安全生产行政执法人员在安全生产行政执法中的行为触犯了刑法，构成犯罪的，应当依法承担的刑事处罚。

### 二、刑事责任行为

刑事责任行为，是指安全生产行政执法人员在安全生产行政执法中那些应当受到刑事处罚的行为。按照法律规定，安全生产行政执法人员在安全生产行政执法中有下列行为的应当受到刑事处罚：

（一）渎职行为

1. 渎职行为的概念

渎职行为是指国家机关工作人员滥用职权或者玩忽职守、徇私舞弊，侵害国家机关的正常管理活动的行为。在安全生产行政执法中，安全生产行政执法人员容易犯渎职罪的情况主要是滥用职权、玩忽职守、徇私舞弊。

（1）滥用职权是指国家机关工作人员包括安全生产行政执法人员违反法律规定的权限和程序，滥用职权或者超越职权，致使公共财产、国家和人民利益遭受重大损失的行为。

（2）玩忽职守是指国家机关工作人员包括安全生产行政执法人员不履行、不正确履行或者放弃履行其职责，致使公共财产、国家和人民利益遭受重大损失的行为。

（3）徇私舞弊是指国家机关工作人员包括安全生产行政执法人员利用职务之便为徇个人私利或者亲友私情，致使公共财产、国家和人民利益遭受重大损失的行为。

2. 渎职行为的主要特征

（1）行为的主体只能是国家机关工作人员。安全生产监督管理机构的安全生产行政执法人员从属于国家机关工作人员，因此是行为的主体。

（2）渎职的行为只能由国家机关工作人员包括安全生产行政执法人员利用职务上的便利滥用职权、玩忽职守或徇私舞弊构成，即构成渎职的行为必须与行为人的职权、职责具有不可分割的联系。

（3）渎职行为侵犯的客体是国家机关的正常管理活动。虽然渎职行为往往还同时侵犯了公民的权利或者干扰了社会主义市场经济秩序，但侵犯的主要还是国家机关的正常管理活动，因为渎职行为从其引起的后果看可能侵犯了公民的人身权利，引起人身伤亡，或者使公共财产、国家和人民的财产造成重大损失，但这些都属于渎职行为的社会危害性的客观表现，其本质仍然属于侵犯了国家机关的正常管理活动。

（4）渎职行为只有致使公共财产、国家和人民利益遭受重大损失的，才能构成犯罪。是否造成重大损失，是区分罪与非罪的重要标准。未造成重大损失的，是属于一般工作过失的渎职行为，可以由有关部门给予批评教育或者行政处分。造成重大损失的渎职行为，则应当追究其刑事责任。

（5）在安全生产行政执法中，对不符合要求的安全设施设计、高危行业建设项目擅自通过审查、验收的；对应当通过的安全设施设计、高危行业建设项目审查、验收而故意拖延的；发现事故隐患不及时通知改正等滥用职权、玩忽职守的行为，造成严重损失构成犯罪的，应当追究其刑事责任。

3. 滥用职权与玩忽职守行为的区别

滥用职权行为与玩忽职守行为在客观方面具有明显的区别：

（1）滥用职权行为在客观方面表现为违反或者超越法律规定的权限和程序而使用手中的职权，致使公共财产、国家和人民利益遭受重大损失的行为。滥用职权的行为，必须是行为人手中有“权”，并且滥用权力，与危害结果有直接的因果关系，如果行为人手中并无此权力，或者虽然有权但行使权力与危害结果没有直接的因果关系，则不能构成滥用职权罪，而应当按照其他规定处理。

（2）玩忽职守行为在客观方面表现为不履行、不正确履行或者放弃履行职责，致使公共财产、国家和人民利益遭受重大损失的行为。玩忽职守的行为，必须是违反国家的工作纪律和规章制度的行为，通常表现为工作马虎草率，极端不负责任；或者放弃职守，对自己应当负责的工作撒手不管等等。

4. 渎职罪的刑事处罚

根据《刑法》第三百九十七条规定，国家机关工作人员滥用职权或者玩忽职守，致使公共财产、国家和人民利益遭受重大损失的，处3年以下有期徒刑或者拘役；情节特别严重的，处3年以上7年以下有期徒刑。本法另有规定的，依照规定。

国家机关工作人员包括安全生产行政执法人员徇私舞弊，犯前款罪的，处5年以下有期徒刑或者拘役；情节特别严重的，处5年以上10年以下有期徒刑。本法另有规定的，依照规定。由于国家机关工作人员担负着管理国家事务的职责，必须秉公守法，而徇私舞弊的行为是徇个人私利或者亲友私情的行为，因为这种行为是从个人利益出发，置国家利益于不顾，所以主观恶劣性要比滥用职权和玩忽职守的行为严重，故而规定了较重的处罚。

（二）受贿行为

1. 受贿行为的概念

受贿行为，是指国家工作人员包括安全生产行政执法人员利用职务上的便利，索取他人财物，或者非法收受他人财物，为他人谋取利益的行为。

2. 受贿行为的主要特征

（1）受贿行为的主体是国家工作人员包括安全生产行政执法人员。

（2）受贿行为在客观方面表现为利用职务上的便利，索取他人财物，或者非法收受他人财物，为他人谋取利益。

利用职务上的便利，是指行为人利用本人职务范围内的权力，即自己职务上主管、负责或者承办某种公共事务的职权所形成的便利条件。

索取他人财物是指行为人在职务活动中主动向他人索要财物。索贿是严重的受贿行为，比一般受贿具有更大的主观恶劣性和社会危害性，因此，对索取他人财物的，法律没有规定要以为他人谋取利益为条件，不论索取他人财物后是否为他人谋取利益，均构成受贿罪。

非法收受他人财物是指行贿人主动给予受贿人财物时，受贿人非法收受他人财物的行为。

为他人谋取利益是指受贿人利用职权为行贿人办事，即进行“权钱交易”。至于为他人谋取的利益是否正当，为他人谋取的利益是否实现，均不影响受贿罪的成立。

（3）受贿行为的行为人在主观上只能是故意，其目的就是为了索取或者接受贿赂，并且为行贿人谋取私利。

（4）斡旋受贿行为是一种特殊的受贿方式。斡旋受贿行为是指国家工作人员包括安全生产行政执法人员利用本人职权或者地位形成的便利条件，通过其他国家工作人员包括安全生产行政执法人员职务上的行为，为请托人谋取不正当利益，索取请托人财物或者收受请托人财物的行为。如利用上下级之间的隶属关系，利用部门、单位之间的工作关系等等，让其他国家工作人员包括安全生产行政执法人员为请托人办事。

谋取不正当利益，是指根据法律及有关政策规定不应得到的利益。

3. 受贿罪的刑事处罚

根据《刑法》第三百八十六条和第三百八十三条规定，犯受贿罪的，要根据受贿所得数额及情节依法处罚。索贿者从重处罚。

（1）个人受贿数额在10万元以上的，处10年以上有期徒刑或者无期徒刑，可以并处没收财产；情节特别严重的，处死刑，并处没收财产。

（2）个人受贿数额在5万元以上不满10万元的，处5年以上有期徒刑，可以并处没收财产；情节特别严重的，处无期徒刑，并处没收财产。

（3）个人受贿数额在5000元以上不满5万元的，处1年以上7年以下有期徒刑；情节严重的，处7年以上10年以下有期徒刑。个人受贿数额在5000元以上不满1万元，犯罪后有悔改表现、积极退赃的，可以减轻处罚或者免予刑事处罚，由其所在单位或者上级主管机关或者当地人民政府给予行政处分。

（4）个人受贿数额不满5000元，情节较重的，处2年以下有期徒刑或者拘役；情节较轻的，由其所在单位或者上级主管机关或者当地人民政府酌情给予行政处分。

对多次受贿未经处理的，按照累计受贿数额处罚。

# 第三节 行政责任

## 一、行政责任的概念

行政责任是指安全生产行政执法人员对在安全生产行政执法中行政违法、行政不当行为所引起的法律后果，应当依法承担的行政处分。行政违法、行政不当与行政责任是一种因果关系。行政违法、行政不当是因，行政责任是果。这一概念有以下特征：

（1）行政责任的主体是安全生产行政执法人员因违反行政法律规范，侵害了公民、法人或者其他组织的合法利益而造成损害，尚不构成犯罪而应承担的行政责任。

（2）行政责任的承担者必须是履行行政法律上的权利和义务的行政执法主体，没有行政法律上的权利和义务的，不能承担行政责任。

（3）行政责任是行政违法、行政不当引起的行政后果。行政责任是基于行政执法主体违反行政法律规范，造成公民、法人或者其他组织合法权益的损害而承担的责任。因为违法行为与行政责任并不是等同的关系，所以不是所有的违法行为都能引起行政后果，只有违法行为造成一定的损害后果，才会产生行政责任。行政责任在责任性质上的这一特征，不同于刑事责任。

## 二、行政责任行为

行政责任行为是指安全生产行政执法人员在安全生产行政执法中那些应当受到行政处分的行为。

（一）行政违法行为

1. 行政违法行为的概念

行政违法行为是指安全生产行政执法人员在行使安全生产行政职权、履行安全生产行政职责中违反行政法律规范的行为。这一概念有以下特征：

(1) 行政违法行为的性质是违反行政法律规范的行为，是行为人在主观上有过错的行为。

(2) 行政违法行为是尚未构成犯罪的行为。行政违法与刑事违法有质的区别，二者由不同的法律规范调整，依法追究不同的法律责任。但它们也有量的联系与区别，行政违法比刑事违法的危害小，但某种行政违法的后果严重、危害程度大的，也可以构成犯罪。而行政违法仅限于尚未构成犯罪的行为，这是行政违法与刑事违法的区别。

(3) 行政违法的后果是承担行政责任。违反法律必须承担相应的责任，这是社会主义法制的基本要求。

2. 行政违法行为

(1) 行政违法行为的方式。行政违法的行为方式分为作为的行政违法行为与不作为的行政违法行为。

作为的行政违法行为是指行为人不履行行政法规规定的作为义务的行为。

不作为的行政违法行为是指行为人不履行行政法规规定的不作为义务的行为。

(2) 行政违法行为的内容。行政违法行为可分为实体上的行政违法行为和程序上的行政违法行为。

实体上的行政违法行为是指行为人违反实体性行政法规规范的行政行为。其具体表现为：1) 无权行政行为。是指安全生产行政执法人员在主管职权范围之外，实施了无权实施的行政行为。2) 越权行政行为。是指行为人超越其职权范围的行为。其越权行政行为实际是无权实施的行政行为，属于行政违法行为。3) 滥用职权的行政行为。是指以非法的目的和理由，不正当地行使职权。它是以合法的形式，实现非法目的的一种违法行政行为。4) 行政失职行为。是指行为人以消极的态度不履行法定职责的行为。如应该保护的不保护，应该管理的不管理，应该答复的不答复或无理拒绝的，均为失职，属于行政违法行为。5) 其他违法行为。如因过错违法适用法律、错误认定事实等违法行为。

程序上的行政违法行为，是指行为人违反程序性行政法规规范的行政行为。其具体表现为：1) 手续违法。是指行政行为在手续上的缺陷、不完备，属于程序上的一种违法行政。如未按法定的程序步骤进行，附加不该经过的程序步骤，程序步骤的顺序颠倒，不遵守时限等。2) 形式违法。是指行政行为未按法定形式进行，属于程序上的另一种违法行政。行政行为的形式，一般有三种，即口头形式、书面形式、动作形式。法规对行政行为的形式有明确要求的，行为人必须采用法定形式，否则，则属于形式违法。

划分实体上的行政违法行为和程序上的行政违法行为，有利于正确适用行政法规规定，依法处理行政违法行为。

(二) 行政不当行为

1. 行政不当行为的概念

行政不当也称行政失当，是指安全生产行政执法人员实施行政行为不适当的行为，根据行政法律规范的要求，行政行为应当做到既合理又合法。合理行政与合法行政同属行政法律规范的基本要求。违反法律有效要件的行政行为构成违法，而违反法律规范的目的与精神的要求、显失公平的行政行为，即行政不当，也构成实质上的违法，同样是一种行政违法行为，因为它违反了行政法律规范的要求。行政不当行为的主要特征有：一是以行为合法为前提，它发生在法律允许的范围之内，以自由裁量权为基础；二是行政行为不适当，有瑕疵；三是它是一种可撤销行为，而不是一种无效行为。

2. 行政不当与行政违法的联系与区别

根据行政法律规范的要求，行政行为既应合法，又须合理适当，违反合法要求，构成行政违法，违反合理要求，则构成行政不当，两者合称行政过错。所以，行政违法与行政不当是行政过错的两种不同的表现形式，二者既密切联系，又有明显区别。

两者的密切联系的体现：(1) 均系行政主体行使行政职权过程中出现的、与行政职责相连的法律问题；(2) 都是以行政法律的规范、目的以及精神为依据确认的；(3) 都是在主观上有过错的行为。

两者的明显区别：(1) 行为的合法性不同。行政违法行为是不合法行为，而行政不当，在形式上仍属合法范畴；(2) 行政效力不同。行政违法自始无效，而行政不当仍有法律效力；(3) 行为的责任不同。行政违法应负行政责任，而行政不当只负改进之责。

(三) 行政侵权行为

1. 行政侵权行为的概念

行政侵权行为是指因作为或不作为而违法侵害他人财产权利或人身权利的行为。行政侵权必须是安全生产监督管理机构及其安全生产行政执法人员违法侵害他人财产权利和人身权利，并依法应承担行政赔偿责任的行政行为。这一概念有以下特征：

(1) 行政侵权行为的属性是行政行为即职务行为，并系行政违法行为，行政合法行为即使在客观上影响安全生产行政相对人的合法权益也不能构成行政侵权；

(2) 行政侵权行为造成了安全生产行政相对人的财产权益或人身权利的实际损害；

(3) 行政主体必须承担行政赔偿责任。

2. 行政侵权与行政违法的联系与区别

行政侵权属于行政违法，是一种行政违法行为。两者的联系是行政侵权必然是行政违法，但行政违法不等于行政侵权。因为，两者都是行政主体违反行政法律规范的行政行为，在行为主体、行为属性、违法性质上都是相同的，但是又有区别。主要是：一是行政侵权行为侵犯了安全生产行政相对人的合法权益，并直接造成了损害的事实，而一般行政违法行为则不一定必然会造成这种结果；二是行政侵权行为要承担行政赔偿责任，而一般行政违法行为只负责恢复其权利或履行自己的义务，而不负行政赔偿责任；三是行政侵权行为造成的后果一般较重，一般行政违法行为造成的后果较轻。

有关行政侵权赔偿，请参阅本书第九章《安全生产行政赔偿》中的相关叙述。

## 三、行政责任的构成与分类

### (一) 行政责任的构成

行政责任的构成，旨在解决在已构成行政违法的基础上，行为人是否承担行政责任，以及承担某种行政责任所必须具备的要件。这些要件是承担行政责任的前提和基础。行政责任的构成要件是：

(1) 必须有行政违法行为存在。行政违法行为存在，是行为人承担行政责任的前提，它是构成行政责任的客观条件。

(2) 必须有安全生产行政相对人合法权益受到损害事实的存在。这也是承担行政责任的客观条件。如果仅有行政违法行为存在，而无损害事实存在，行为人也不承担行政责任。

(3) 行政责任必须符合法律的规定。行政责任是国家法律规定的一种责任。它的责任内容、责任范围、责任方式以及承担责任的程序都必须由法律明确加以规范和确认，这是构成行政责任的法定条件。否则，就难以确认行为人的行政责任和承担的行政责任。

(二) 行政责任的分类

按照行政责任的具体内容，行政责任可分为人身性行政责任、权能性行政责任和经济性行政责任。

(1) 人身性行政责任。人身性行政责任是指依法限制责任主体人身自由的行政责任，如行政拘留。

(2) 权能性行政责任。权能性行政责任是指使责任主体全部或部分失去原有权能的行政责任，如撤职。

(3) 经济性行政责任。经济性行政责任是指使责任主体承担经济上的义务的行政责任，如赔偿、罚款。

## 四、行政责任的追究

(一) 行政责任追究的概念

行政责任追究，是指有权机关确认行政违法行为人的违法行为及应承担的行政责任，并强制其承担行政责任的行为。

(二) 追究行政责任的原则

追究行政责任的原则是指追究行政责任活动必须遵循的基本准则。主要的原则为责任法定原则、责任自负原则、责罚相适原则。

1. 责任法定原则

责任法定原则是指行政责任应由行政法律规定，追究行政责任的机关应严格依法办事，凡法律规定应当承担责任的，对任何人一律平等适用；凡法律规定不承担责任的，或者未规定应当承担责任的，则不应当追究责任。应当依照法定程序、方式追究行政责任。

2. 责任自负原则

责任自负原则是指行政责任应由违法的行为人自己承担。违法行为是特定行为人的行为。行为人实施了违反行政法律规范的行为，责任应当自负。责任自负原则的基本要求是，行政责任的主体只能是违法行为的实施者，行政责任的效力只涉及违法行为人，而不能牵连与违法行为无关的人。

3. 责罚相适原则

责罚相适原则是指违法行为人承担行政责任的轻重程度，应与其行为的违法程度相适应。也就是说行政责任的轻重，应与主观过错程度、行为的情节和对社会的危害程度相适应。不能偏轻偏重，更不能畸轻畸重，应当责罚相适，公平合理。

(三) 受追究的行政责任行为

安全生产监督管理机构的安全生产行政执法人员在安全生产行政执法中有下列行为之一的，应当追究其行政责任：

(1) 违反法律规定采取限制人身自由的强制措施，或者采取其他方法非法拘禁或者变相拘禁他人的；

（2）刑讯逼供或者采取其他非法方式进行讯问造成较严重后果的；

（3）不依法履行审批和监督管理的；

（4）没收违法所得或者收回有关安全生产许可证违反法律、法规规定的；

（5）工作严重失职或者故意颠倒是非，使无辜者受到追究的；

（6）办案中泄露案情，或者依法应当追究刑事责任或者应当给予安全生产行政处罚而故意不予追究或者处罚的；

（7）在实施安全生产行政处罚时，超过法律、法规规定的权限，严重侵犯公民、法人或者其他组织合法权益的；

（8）擅自更改、变更、开出安全生产法律文书的；

（9）故意拖延执行或者拒不执行行政复议决定、纠正违法决定或者人民法院已经发生法律效力的判决、裁定的；

（10）未按规定程序审批，擅自责令改正、责令限期改正、责令停止违法行为、责令停产停业整顿、责令停产停业、责令停止建设、关闭安全生产行政处罚的；

（11）实施安全生产行政处罚，明显畸重畸轻或者擅定罚款额度的；

（12）对不符合国家建筑工程安全生产技术标准的安全设计、高危行业建设工程通过审查、验收的；

（13）对应当依法审查、验收的安全设施设计、高危行业建设工程，故意拖延，不予审查、验收的；

（14）发现事故隐患不及时通知有关单位或者个人改正的；

（15）利用职务为用户指定品牌或者指定生产、销售单位的安全设备、器材或者其他产品的；

（16）检查、认定事故隐患失误，给当事人造成严重损失的；

（17）有其他安全生产行政执法违法行为的。

（四）行政责任的行政处分

安全生产行政执法是国家法律赋予安全生产监督管理机构及其安全生产行政执法人员的神圣职责，依法、文明、公正地履行安全生产行政职责，是预防和减少事故，保护国家财产和公民人身财产安全，为特色社会主义现代化建设的顺利进行创造良好安全生产环境的重要保障。在安全生产行政执法中，发生行政违法或行政不当的行为，应当承担相应的行政责任，受到相应的行政处分。行政处分有三种形式。

1. 通报批评

通报批评是一种精神上的惩罚。是指以书面形式对行政责任人的违法事实在一定范围内通报批评，以达到警戒的目的，不直接涉及行政责任人的实体权利和义务。

2. 行政处分

行政处分是指有权机关对其所属的有轻微违法行为人的一种制裁性的处理。是行政违法行为人承担行政责任的一种方式。行政处分的形式，就安全生产监督管理机构而言，按照有关规定分为：警告、记过、记大过、降级、撤职、留用察看、开除七种。

3. 行政处罚

行政处罚是指依法惩戒违法行为人的法律制裁行为。

# 第十二章　安全生产行政执法文书

安全生产行政执法文书是安全生产行政执法活动、执法要素、执法行为的文字体现，是安全生产行政执法人员经常使用的执法工具。因此，安全生产行政执法人员必须学习掌握安全生产行政执法文书的种类、特性和作用，制作和运用安全生产行政执法文书，以提高安全生产行政执法质量和工作效力。

## 第一节　安全生产行政执法文书的作用

### 一、安全生产行政执法文书的概念

安全生产行政执法文书是指安全生产监督管理机构及其安全生产行政执法人员在行使国家安全生产行政职权，实施安全生产行政执法活动中依法制作的具有法律效力或法律意义的文字和表格。这一概念具有以下特征：

（1）安全生产行政执法文书的制作主体必须是安全生产监督管理机构及其安全生产行政执法人员，其他机构、团体或公民无权制作。

（2）安全生产行政执法文书必须依照法律、法规、规章规定的程序、格式和要求制作。

（3）安全生产行政执法文书只适用于安全生产监督管理机构及其安全生产行政执法人员实施安全生产行政执法活动，适用的范围具有特定性。

（4）安全生产行政执法文书具有法律效力或法律意义，是安全生产监督管理机构代表国家行使安全生产行政职权的具体体现，且具有公文性和法律性。

### 二、安全生产行政执法文书的特性

安全生产行政执法文书属安全生产监督管理法律文书的范畴。但是，它作为专门应用于安全生产行政执法活动中的安全生产行政执法文书，又具有其自己的特定性。

（一）高度的法律性

法律是体现人民意志，由国家立法机关依照立法程序制定和颁布的，并由国家强制力保证执行的规范性文件。作为安全生产行政执法工具的安全生产行政执法文书，是国家安全生产法律、法规、规章的具体直接运用形式，具有高度的法律性。因此，在制作安全生产行政执法文书时，必须以事实为根据，以法律为准绳。在安全生产行政执法文书制作过程中，无论是叙事明理，还是提出处理意见或者作出处理决定，都必须准确地把握法律精神，正确地区分正确和错误、违法和不违法的界限，使安全生产行政执法文书更好地为安全生产行政执法工作服务。

（二）主旨的鲜明性

安全生产行政执法文书具有极强的实践性。因此，在制作安全生产行政执法文书时必须主旨分明，中心突出，不能含糊其辞，似是而非。因为每一份安全生产行政执法文书都是针对某一具体安全生产行政行为制作的，而不是千篇一律的。

（三）实施的强制性

安全生产行政执法文书是安全生产监督管理机构行使国家安全生产行政职权，实施安全生产行政执法的一种书面表现形式，具有实施的强制性和约束力。安全生产行政执法文书一经依法制作和签发，便由国家强制力保证其执行，任何公民、法人或者其他组织都不得变更、撤销或违抗，因此，制作安全生产行政执法文书不仅要严格按照法定程序依法制作，而且其事实内容要准确，语言要精练，逻辑要严谨。

（四）内容的规范性

安全生产行政执法文书内容的规范性，是制作安全生产行政执法文书的关键。不同的安全生产行政执法文书，按照法律规定和执法的需要，都有其特定的内容。在制作安全生产行政执法文书时，绝不能随心所欲，想写什么就写什么。必须根据发现存在的问题，将违反了国家哪些安全生产法律、法规、安全生产技术标准或者地方人大、政府颁发的具有普遍约束力的规章逐项引用列出，同时应针对存在的问题和违法行为，按照安全生产法律、法规、规章和安全生产技术标准的要求，提出改正意见或作出处罚决定。改正意见或处罚决定必须明确、具体，条理清楚。安全生产行政执法文书只有内容制作规范，才能保证其正确性、完整性和有效性。

（五）语言的准确性

制作安全生产行政执法文书文字要简明，语言要准确，表达要肯定。不能使用“大概”、“估计”、“大约”、“可能”、“不大”、“较小”等模棱两可，含混不清的词汇。特别是在使用安全生产业务术语时，必须准确、规范，不能生造术语，否则，使人难以理解。

（六）格式的统一性

安全生产行政执法文书的格式具有法律性、有效性和实用性的特点，其结构、格式和内容是由国家安全生产监督管理总局统一规定制发的，必须统一使用，各级安全生产监督管理机构不得随意更改。如果结合本地实际需要制作的安全生产行政执法文书，必须报国家安全生产监督管理总局备案。

## 三、安全生产行政执法文书的作用

### （一）表达安全生产行政执法意识的作用

安全生产行政执法是一项社会活动，在安全生产行政执法活动中，不仅需要口头表达安全生产行政执法意识，而且需要用安全生产行政执法文书来表达安全生产行政执法意识。安全生产行政执法检查、安全生产行政许可、安全生产行政处罚、安全生产行政复议、安全生产行政诉讼、安全生产行政赔偿、生产安全事故报告与调查处理等安全生产行政执法行为，以及安全生产监督管理机构与上下级之间，安全生产监督管理机构与公、检、法机关之间，安全生产监督管理机构的领导与安全生产行政执法人员之间的工作交往，都要通过安全生产行政执法文书这种形式，才能准确地明确安全生产行政执法的意识，才能使安全生产行政相对人，安全生产监督管理机构上下级之间以及与其他有关机关之间明确安全生产行政执法的意见和要求。因此，安全生产行政执法文书具有表达安全生产行政执法意识的作用。

（二）具有安全生产行政执法的凭证作用

安全生产行政执法文书是以书面形式体现的，它具有内容的法律性，使用的直观性和存档的长期性的特点，是安全生产行政执法过程中的重要凭证。如果没有安全生产行政执法文书，安全生产行政执法活动过程中的各个环节就无法进行，行政决定无法作出，处理意见也无法执行。

（三）对社会具有法制宣传教育的作用

安全生产行政执法文书是安全生产行政执法人员在执法过程中针对某一特定的事和某一特定的当事人制发的具有法律效力的法律文书。当事人收到执法文书时，就知道哪些事情该怎么做而没有按法规规定做，哪些行为是违法行为而应该受到什么处罚，从中受到法制教育。同时，对发生的安全事故经过事故调查处理，并作出的对有关责任人的处理决定，通过新闻媒体公开报道，揭露违反安全生产法规行为人的行为，使广大群众受到教育，增强安全生产法制观念，从而提高做好安全生产工作的自觉性。安全生产行政执法文书不仅对社会群众具有宣传教育作用，而且对安全生产监督管理机构及其安全生产行政执法人员也具有重要的教育作用。安全生产监督管理机构及其安全生产行政执法人员参加安全生产行政复议、安全生产行政诉讼、主持安全生产听证会等都是以安全生产行政执法文书为基础的。不论安全生产行政案件胜诉还是败诉，安全生产行政处理决定正确还是错误，从中都能得到启发，受到教育，对推动和改进工作具有重要的作用。

（四）对执法人员执法活动和执法水平的考查作用

安全生产行政执法文书是安全生产行政执法人员执法活动的载体。安全生产行政执法人员每做一项工作，每办理一个案件所制作的安全生产行政执法文书都集中地反映了安全生产行政执法人员安全生产行政执法活动状况、执法水平和办案质量。直接关系到事故的处理和案件办理的好坏。因为，在安全生产行政执法活动中从问题的发现，到问题的处理结束，从案件的受理，到案件查处的结果，都是通过安全生产行政执法文书体现的。执法水平高，执法文书制作规范，法律依据充分，事故或案件处理就会公正、合法，履行了应尽的职责，实现了法规的目的。如果执法水平低，执法文书制作的质量低劣，法律依据不充分，事故或案件处理的结果就会出现错误，就要承担相应的法律责任。这不仅会对安全生产监督管理机构产生不良的后果，而且对社会也会产生不良的影响。因此，安全生产行政执法文书对安全生产行政执法活动和对安全生产行政执法人员的执法水平具有重要的考查作用。

## 四、制作安全生产行政执法文书应具备的条件

（一）必须具备一定的政治理论水平

安全生产行政执法是为社会政治、经济服务的行为。作为安全生产行政执法人员必须认真学习和掌握马列主义、毛泽东思想和党的路线、方针、政策。运用马列主义、毛泽东思想的立场、观点和方法认识问题、分析问题、解决问题；运用党的路线、方针、政策指导安全生产行政执法的实践，只有围绕党的路线、方针、政策开展安全生产行政执法活动，才能更好地为社会政治、经济建设服务，这是制作好安全生产行政执法文书重要的思

想基础。

（二）必须具备一定的安全生产业务知识水平

安全生产业务知识包括安全生产基础理论、安全生产法律、法规和安全生产技术标准等。安全生产行政执法人员如果不懂安全生产业务知识，在安全生产行政执法中就发现不了问题，即使发现了问题也说不清原因，提不出解决问题和处理意见的法律依据。不仅难以做好安全生产行政执法工作，同时更难制作好安全生产行政执法文书。因此，必须加强安全生产业务知识学习，提高安全生产业务水平。这是安全生产行政执法和制作好安全生产行政执法文书的业务基础。

（三）必须具备一定的文化知识水平

安全生产行政执法文书是通过语言文字表达而体现的。文字的精练，语言的规范，逻辑的严密是制作好安全生产行政执法文书的基础。因此，安全生产行政执法人员必须努力学习语法、修辞和逻辑学知识以及其他有关科学文化知识，拓宽自己的知识面，丰富自己的头脑。同时要深入实际，边干边学，多写多练，不断总结提高自己的文化素质，增强实际工作能力，以适应工作的需要。这是制作好安全生产行政执法文书的文化基础。

## 第二节　安全生产行政检查类文书

安全生产行政检查文书，包括以下几种：现场检查记录、责令改正指令书、整改复查意见书、强制措施决定书。

（1）现场检查记录。现场检查记录是指在安全检查或案件调查过程中，对与案件有关的地点和物证场所进行实地查看、探访时所做的记录。

（2）责令改正指令书。责令改正指令书是指对生产经营单位（个人）违法行为、事故隐患提出立即整改或限期整改的指令性文书。

（3）整改复查意见书。整改复查意见书是指对责令改正指令书或强制措施决定书所指出的违法行为和事故隐患的整改情况进行复查并提出意见的文书。

（4）强制措施决定书。强制措施决定书是对重大事故隐患排除前或者排除过程中无法保证安全的，责令其从危险区域内撤出作业人员，责令暂时停产停业或者停止使用或对不符合国家标准或行业标准的设施、设备、器材，予以查封或者扣押的文书。

安全生产行政检查文书制样如下：

安全生产行政执法文书

现场检查记录

被检查单位：
地　址：
法定代表人（负责人）：　　职务：　　联系电话：
检查场所：要具体到勘验、查看地点的具体方位和具体地点，如检查多个场所应逐项填写
检查时间：　　年　　月　　日　　时　　分至　　月　　日　　时　　分

我们是安全生产监督管理局执法人员，证件号码为：这是我们的证件（出示证件）。现依法对你单位进行现场检查，请予以配合。

检查情况：（检查情况填写要全面、客观、准确）如，

1. ××车间焊工××、电工×××未取得特种作业操作资格证，无证上岗从事特种作业。

2. ××车间无安全生产规章制度，无安全操作规程。

3. ××车间××、××、××等从业人员未经安全生产教育培训，就上岗作业。

4. ×××××××××××××××××××××××××××××××××

陪同检查人员：×××（职务）×××（职务）

（以下为空白）

检查人员（签名）：　　、
被检查单位现场负责人（签名）：
年　　月　　日

续页

检查人员（签名）：
被检查单位现场负责人（签名）：×××（职务）
年　　月　　日

共　页　第　页

安全生产行政执法文书

责令改正指令书

（　　）安监管责改字〔　　〕第（　　）号

经查，你单位存在下列问题：

（例）1. 未按照规定设立安全生产管理机构或配备安全生产管理人员；

2. 危险物品生产单位的主要负责人和安全生产管理人员未按照规定经考核合格；

3. 未按照规定对从业人员进行安全生产教育和培训；

4. 特种作业人员未按照规定经专门的安全作业培训并取得特种作业操作资格证书，无证上岗从事特种作业；

5. ××××××××××××××××××；

（此栏不够，可另附页）。

现责令你单位对上述第1项问题立即整改；对第2、3、4项问题于　　年　　月　　日前整改完毕。逾期不整改的，依法给予行政处罚；由此造成事故的，依法追究有关人员的责任。

安全生产监管执法人员（签名）：______证号：______
______证号：______
被检查单位负责人（签名）：__________

安全生产监督管理部门（公章）
年　　月　　日

本文书一式两份：一份由安全生产监督管理部门备案，一份交被检查单位。共　页　第　页

安全生产行政执法文书

整改复查意见书

（　　）安监管复查字〔　　〕第（　　）号

本机关于　年　月　日作出了______的决定［（　　）安监管　　字〔　　〕第（　　）号］（文书中的年月日、文号和决定为责令改正指令书或强制措施决定书下达日期、文号和决定），经对你单位整改情况进行复查，提出如下意见：

（例）1. 你公司已按规定设置了安全生产管理机构，并配备了安全管理人员5名。

2. 已按照规定对从业人员进行了安全生产教育和培训。

3. ××××××××××××××××××××××。

但是，你公司特种作业工××、××、××仍未按规定经专门的安全作业培训并取得特种作业操作资格证书，仍在你公司无证上岗从事特种作业。

安全生产监管执法人员（签名）：______证号：______
______证号：______
被复查单位负责人（签名）：__________

安全生产监督管理部门（公章）
年　　月　　日

本文书一式两份：一份由安全生产监督管理部门备案，一份交被复查单位。共　页　第　页

安全生产行政执法文书

强制措施决定书

（ ）安监管强措字〔 〕第（ ）号

我局在现场检查时，发现你单位（现场）存在下列问题：（例）××车间××设备不符合《××》（GB－××）的规定要求，存在重大隐患，不能保障生产安全。以上存在的问题无法保障安全生产，依据《安全生产法》第五十六条决定采取以下强制措施：

1. 责令你公司立即从××车间撤出所有作业人员；

2. 责令你公司××车间暂时停产停业，××、××、××等（设备、设施、器材）停止使用；

3. 责令你公司迅速组织人员力量，排除××车间××、××、××等（设备、设施、器材）存在的重大事故隐患。重大事故隐患排除后，经审查同意，××车间方可恢复生产，××、××、××等（设备、设施、器材）方可恢复使用。

安全生产监督管理部门（公章）

年 月 日

本文书一式两份：一份由安全生产监督管理部门备案，一份交被检查单位。

# 第三节 安全生产行政许可类文书

安全生产行政许可类文书，主要包括安全许可申请书、受理或不予通知书、补正告知书、征求意见书、审查书（包括现场核查意见）、颁发或不予颁发告知（通）书、许可意见书（包括许可证、许可意见、备案证明或备案告知）等，共分15类119种。

1. 煤矿类

（1）煤矿企业安全生产许可证申请书；

（2）煤矿企业安全生产许可证延期申请书；

（3）煤矿企业安全生产许可证变更申请书；

（4）煤矿企业安全生产许可证审查书；

（5）煤矿建设项目安全设施设计审查申请表；

（6）煤矿企业安全生产许可证申请材料补正告知书（受理通知书、不予受理通知书、征求意见）；

（7）煤矿企业安全生产许可证书等。

2. 金属与非金属矿山类

（1）金属与非金属矿山企业安全生产许可证申请书；

（2）金属与非金属矿山企业安全生产许可证延期申请书；

（3）金属与非金属矿山企业安全生产许可证变更申请书；

（4）金属与非金属矿山企业安全生产许可证审查书；

（5）金属与非金属矿山建设项目安全设施设计审查申请表；

（6）金属与非金属矿山企业安全生产许可证申请材料补正（受理、不予受理、征求意见）告（通）知书；

（7）金属与非金属矿山企业安全生产许可证书。

3. 石油天然气开采类

（1）石油天然气开采企业安全生产许可证申请书；

（2）石油天然气开采企业安全生产许可证延期申请书；

（3）石油天然气开采企业安全生产许可证变更申请书；

（4）石油天然气开采企业安全生产许可证审查书；

（5）石油天然气开采企业建设项目安全设施设计审查申请表；

（6）石油天然气开采企业安全生产许可证申请材料补正告知书（受理通知书、不予受理通知书、征求意见）；

（7）石油天然气开采企业安全生产许可证书。

4. 建筑施工类

（1）建筑施工企业安全生产许可证申请表；

（2）建筑施工企业安全生产许可证延期申请表；

（3）建筑施工企业安全生产许可证书等。

5. 危险化学品类

（1）危险化学品生产单位登记表；

（2）危险化学品使用单位登记表；

（3）危险化学品使用审批表；

（4）危险化学品储存单位登记表；

（5）危险化学品储存单位审批表；

（6）危险化学品经营许可证申请表；

（7）危险化学品经营许可证换证申请表；

（8）危险化学品生产企业安全生产许可证申请书；

（9）危险化学品生产企业安全生产许可证延期申请书；

（10）危险化学品生产企业安全生产许可证变更申请书；

（11）危险化学品生产企业安全生产许可证审查书；

（12）危险化学品生产企业安全生产许可证申请材料补正告知书（受理通知书、不予受理通知书、不予颁发通知书、征求意见书）；

（13）危险化学品建设项目安全许可申请书；

（14）危险化学品建设项目安全许可审查书；

（15）危险化学品建设项目申请文件资料补正告知书（申请受理通知书、申请不予受理通知书、试生产/使用方案备案告知书、安全许可意见书）；

（16）危险化学品、危险化学品生产单位、危险化学品使用单位、危险化学品储存单位登记证书；

（17）危险化学品经营许可证书；

（18）危险化学品生产企业安全生产许可证书等。

6. 烟花爆竹类

(1) 烟花爆竹经营（零售）许可证申请书；

(2) 烟花爆竹经营（零售）许可证审查书；

(3) 烟花爆竹经营（零售）许可证申请材料补正（受理、不予受理和不予颁发）告（通）知书；

(4) 烟花爆竹经营（批发）许可证申请书；

(5) 烟花爆竹经营（批发）许可证审查书；

(6) 烟花爆竹经营（批发）许可证申请材料补正（受理、不予受理和不予颁发）告（通）知书；

(7) 烟花爆竹经营（批发）许可证书；

(8) 烟花爆竹经营（零售）许可证书；

(9) 烟花爆竹生产企业安全生产许可证申请书；

(10) 烟花爆竹生产企业安全生产许可证延期申请书；

(11) 烟花爆竹生产企业安全生产许可证变更申请书；

(12) 烟花爆竹生产企业安全生产许可证审查书；

(13) 烟花爆竹生产企业安全生产许可证申请材料补正（受理、不予受理、不予颁发）通知书、征求意见告（通）知书；

(14) 烟花爆竹经营许可证书；

(15) 烟花爆竹生产企业安全生产许可证书等。

7. 非药品类易制毒化学品类

(1) 非药品类易制毒化学品生产（经营许可证）申请书；

(2) 非药品类易制毒化学品生产和经营许可申请材料补正（受理、不予发证）告（通）知书；

(3) 非药品类易制毒化学品生产许可证书；

(4) 非药品类易制毒化学品经营许可证；

(5) 非药品类易制毒化学品生产备案证明证书；

(6) 非药品类易制毒化学品经营备案证明证书等。

8. 民用爆破器材类

(1) 民用爆破器材安全生产许可证申请审批表；

(2) 民用爆破器材安全生产许可证延期申请表；

(3) 民用爆破器材安全生产许可证书等。

9. 机电、轻纺和贸易等类

(1) 机电（轻纺和贸易等）行业建设项目安全设施设计审查申请表；

(2) 机电（轻纺和贸易等）行业建设项目（工程）安全预评价报告备案书；

(3) 机电（轻纺和贸易等）行业建设项目（工程）安全设施竣工（或安全现状评价）验收审批表（或审查备案表）等。

10. 安全培训类

(1) 安全培训机构资质认定申请表；

(2) 安全培训机构资质审批表；

（3）安全培训机构资质证书；
（4）安全资格证书申请表；
（5）安全培训教师岗位证书申请表；
（6）安全培训机构教师登记表；
（7）生产经营单位主要负责人安全资格培训考核登记表；
（8）生产经营单位安全管理人员安全资格培训考核登记表；
（9）主要负责人安全培训资格证书；
（10）安全管理人员安全培训资格证书；
（11）特种作业人员操作资格证审批一览表；
（12）特种作业人员操作资格培训考核登记表；
（13）特种作业人员资格证书，安全生产培训考核申请表；
（14）安全教育教师资格证书等。

11. 劳动防护类

（1）一般劳动防护用品生产单位备案申请书；
（2）劳动防护用品经营许可证申请表；
（3）劳动防护用品经营单位备案申请书；
（4）特种劳动防护用品安全标志申请书；
（5）特种劳动防护用品安全标志现场评审规范；
（6）特种劳动防护用品安全标志标识；
（7）劳动防护用品定点经营许可证书等。

12. 安全检测检验类

（1）安全生产检测检验机构资质申请书；
（2）安全生产检测检验机构资质证书等。

13. 安全评价类

（1）安全评价机构乙级资质申请表；
（2）安全评价机构甲级资质申请表；
（3）安全评价师资格证书；
（4）安全预（验收）评价机构业务范围变更申请表；
（5）安全评价人员变更登记申请表；
（6）金属与非金属矿山建设项目安全预评价报告备案申请表；
（7）石油天然气开采建设项目安全预评价报告备案申请表。

14. 应急救护类

（1）矿山救护队资质认定申请书；
（2）矿山救护队资质变更申请书；
（3）矿山救护队资质延期申请书；
（4）矿山救护队资质晋级申请书；
（5）矿山救护队资质审查书；
（6）矿山救护队资质认定申请材料补正告知书（受理、不予受理）告（通）知书；
（7）矿山救护队资质证书现场核查（颁发、不予颁发）通知书；

（8）矿山救护队资质认定证书等。

15. 职业资格类

（1）安全生产行政执法证申请表；

（2）安全生产行政执法证书；

（3）安全生产监察员证申请表；

（4）安全生产监察员证书；

（5）安全工程师初始注册申请表；

（6）注册安全工程师延续注册申请表；

（7）注册安全工程师变更注册申请表；

（8）注册安全工程师执业证（执业印章）补办申请表；

（9）注册安全工程师资格证书等。

安全生产行政许可类文书制样（以危险化学品类为例），如下：

（1）危险化学品生产单位登记表

编号：

危险化学品

生产单位登记表

登记单位＿＿＿＿＿＿＿＿＿＿

经 办 人＿＿＿＿＿＿＿＿＿＿

电话号码＿＿＿＿＿＿传真＿＿＿＿

电子信箱＿＿＿＿＿＿＿＿＿＿

填写日期＿＿＿＿＿＿＿＿＿＿

**填 表 说 明**

一、本表由危险化学品的生产单位（指生产危险化学品的单位），当生产单位既是危险化学品生产单位，又是危险化学品使用单位时，仅填写本表即可。

二、《危险化学品生产单位登记表》由首页、填写说明、生产单位基本情况（表一）、产品（表二）、生产原料（表三）、中间产品（表四）和危险化学品登记审查意见表（表五）组成。

三、本表要用钢笔、签字笔填写或用计算机打印，同时要制作电子文档（除表五外）。

四、“产品”是指生产单位生产且用于出售的危险化学品；“生产原料”是指生产单位外购的作为原料使用的危险化学品；“中间产品”是指生产单位为生产某种产品，在生产过程中产生、具有一定储存量且不向外出售的危险化学品。

五、《危险化学品生产单位登记表》编号由登记办公室按编号规则填写。

六、表一填写方法：

1. 登记单位是独立法人单位时，“法人单位基本信息”与“登记单位基本信息”栏中的相应项目的填写内容相同；登记单位是非独立法人单位时，登记单位除填写“登记单位基本信息”外，还应填写其法人单位的“法人单位基本信息”内容。

2. “单位注册名称”、“单位注册地址”和“法人代码”等应与工商部门颁发的相关证件的内容一致。

3. “单位代码”由登记办公室统一填写。

4. “固定资产总值”是指填表时上年度固定资产总值。

5. “职工人数”以登记单位劳动部门上年度报省（区、市）统计局的统计数字为准。

6. “危险化学品作业人员人数”是指上年度从事危险化学品作业的总人数。

7. “销售收入”是指填表时上年度的全部产品总销售收入。

8. “经济类型”，按“国有”、“合资”、“股份”、“集体”、“私营”或“其他”填写。

9. “安全主管人”是指本单位最高领导层中负责安全工作的负责人。

10. “单位值班电话”是指登记单位可供 24 小时联系的电话号码，可以是安全值班电话或生产调度值班电话。

11. “应急服务电话”是指化学品在流通过程中发生化学事故可拨打的 24 小时应急服务电话，由生产单位提供。

续表

**填 表 说 明**

12. “主要产品及生产规模”是指登记单位所生产的主要化学品及实际可以达到目的的最大生产量。

13. “环境功能区”是指储存单位所处的外部环境类型按以下类型填写：

（1）工业区：指以工厂为主的工业生产区域。

（2）农业区：指所处环境主要以农田、菜地、果园等农业生产为主的地区。

（3）商业区：指以商业为主的区域。

（4）居民区：指以居民生活为主的地区。

（5）行政办公区：指以行政区域机关为主的地区。

（6）交通枢纽区：指以铁路及公路为主的交通要道区。

（7）科技文化区：指以学校科研单位为主的地区。

（8）水源的保护区：指以饮用水、堤坝或渔业水源保护区为主的地区。

（9）文物保护区：指以风景名胜、文物保护等为主的地区。

七、表一、表二、表四填写方法：

1. “登记号”是指危险化学品登记后，由国家化学品登记注册中心（简称“登记中心”）颁发的化学品登记号码，由登记中心填写。

2. “CAS”是美国化学文摘社对化学品的检索服务号；“UN”是联合国《关于危险货物运输的建议》中的危险货物编号；“剧毒物品编号”是指《危险化学品名录》中的剧毒物品编号；“危规号”《危险货物品名表》（GB12268）规定的危险货物编号。上述编号由登记单位填写。

3. “年生产能力”是指现有的生产工艺装置实际可以达到的最大产品生产量；“年需要量”是指年需要的该种生产原料的总量；“最大储量”是指储存设施的最大储存设计量。

八、表五由登记单位填写并盖公章，登记办公室和登记中心分别填写审查意见交盖公章。

**表一 生产单位基本情况**

| 法人单位基本情况 | | | | | | |
|---|---|---|---|---|---|---|
| 单位注册名称 | | | 法人代码 | | | |
| 单位注册地址 | | | 邮政编码 | | | |
| 经济类型 | | | 固定资产总值/万元 | | | |
| 成立时间 | | 法定代表人 | | | 安全主管人 | |
| 登记单位基本信息 | | | | | | |
| 单位名称 | | 单位代码 | | 成立时间 | | |
| 单位地址 | 邮政编码 | | 单位值班电话 | | 安全主管人 | |
| 危险化学品作业人数/人 | 职工人数/人 | | 应急咨询电话 | | 职工人数/人 | |
| 主要产品及其生产规模 | | 固定资产总值/万元 | | | | |
| | | 销售收入/万元 | | | | |
| | | 单位所在的功能区 | | | | |

**表二 产品**

| 栏号 | 1 | | | 2 | 3 | 4 | 5 | 6 | 7 | 8 |
|---|---|---|---|---|---|---|---|---|---|---|
| 序号 | 化学品 | | | CAS号 | UN号 | 剧毒物品编号 | 危规号 | 生产能力/t·a⁻¹ | 最大储量/t | 登记号 |
| | 商品名 | 化学名 | 俗名 | | | | | | | |
| | | | | | | | | | | |
| | | | | | | | | | | |
| | | | | | | | | | | |
| | | | | | | | | | | |
| | | | | | | | | | | |
| | | | | | | | | | | |
| | | | | | | | | | | |
| | | | | | | | | | | |
| | | | | | | | | | | |
| | | | | | | | | | | |
| | | | | | | | | | | |
| | | | | | | | | | | |

**表三 原材料**

| 栏号 | 1 | | | 2 | 3 | 4 | 5 | 6 | 7 | 8 |
|---|---|---|---|---|---|---|---|---|---|---|
| 序号 | 化学品 | | | CAS号 | UN号 | 剧毒物品编号 | 危规号 | 需要量/t·a⁻¹ | 最大储量/t | 用途 |
| | 商品名 | 化学名 | 俗名 | | | | | | | |
| | | | | | | | | | | |
| | | | | | | | | | | |
| | | | | | | | | | | |
| | | | | | | | | | | |
| | | | | | | | | | | |
| | | | | | | | | | | |
| | | | | | | | | | | |
| | | | | | | | | | | |
| | | | | | | | | | | |
| | | | | | | | | | | |
| | | | | | | | | | | |
| | | | | | | | | | | |

表四 中间产品

| 栏号 | 1 | | | 2 | 3 | 4 | 5 | 6 | 7 | 8 |
|---|---|---|---|---|---|---|---|---|---|---|
| 序号 | 化学品 | | | CAS号 | UN号 | 剧毒物品编号 | 危规号 | 生产能力/t·a⁻¹ | 最大储量/t | 登记号 |
| | 品名 | 学名 | 俗名 | | | | | | | |
| | | | | | | | | | | |
| | | | | | | | | | | |
| | | | | | | | | | | |
| | | | | | | | | | | |
| | | | | | | | | | | |
| | | | | | | | | | | |
| | | | | | | | | | | |
| | | | | | | | | | | |
| | | | | | | | | | | |
| | | | | | | | | | | |
| | | | | | | | | | | |

表五 危险化学品登记审查意见表

| 登记单位<br><br>经办人<br><br>负责人<br><br>登记单位（章）<br><br>年 月 日 | 登记办公室登记人员审查意见<br><br>登记人员：<br><br>年 月 日 | 登记中心登记人员审查意见<br><br>登记人员：<br><br>年 月 日 |
|---|---|---|
| | 登记办公室审查意见<br><br>负责人：<br><br>年 月 日 | 登记办公室登记审查意见<br><br>负责人：<br><br>年 月 日 |

（2）危险化学品使用单位登记表

编号：

危险化学品

使用单位登记表

登记单位 ______________________

经 办 人 ______________________

电话号码 ____________ 传真 ____________

电子信箱 ______________________

填写日期 ______________________

国家安全生产监督管理局制样

**填 表 说 明**

一、本表由危险化学品的使用单位（指使用剧毒化学品和使用其他危险化学品的数量构成重大危险源的单位）填写。

二、《危险化学品使用单位登记表》由首页、填写说明、使用单位基本情况（表一）、使用的危险化学品（表二）和危险化学品登记审查意见书（表三）组成。

三、本表要用钢笔、签字笔填写或用计算机打印，同时要制作电子文档（除表五外）。

四、"使用的危险化学品"是指使用单位使用的剧毒化学品和数量构成重大危险源的其他危险化学品。

五、《危险化学品使用单位登记表》编号由登记办公室按编号规则填写。

六、表一填写方法：

1. 登记单位是独立法人单位时，"法人单位基本信息"与"登记单位基本信息"栏中的相应项目的填写内容相同；登记单位是非独立法人单位时，登记单位除填写"登记单位基本信息"外，还应填写其法人单位的"法人单位基本信息"内容。

2. "单位注册名称"、"单位注册地址"和"法人代码"等应与工商部门颁发的相关证件的内容一致。

3. "单位代码"由登记办公室统一填写。

4. "固定资产总值"是指填表时上年度固定资产总值。

5. "职工人数"以登记单位劳动部门上年度报省（区、市）统计局的统计数字为准。

6. "危险化学品作业人员人数"是指上年度从事危险化学品作业的总人数。

7. "经济类型"，按"国有"、"合资"、"股份"、"集体"、"私营"或"其他"填写。

8. "安全主管人"是指本单位最高领导层中负责安全工作的负责人。

9. "总占地面积"是指市库区总的占地面积；"库房使用面积"是指所有库房使用面积的总和。

10. "行业分类"，按"01：农、林、牧、渔业"，"02：采掘业"，"03：制造业"，"04：电力、煤气及水的生产和供应业"，"05：建筑业"，"06：地质勘探业"，"07：水利管理业"，

续表

**填 表 说 明**

"08：交通运输、仓储及邮电通信业"，"09：批发和零售贸易、餐饮业"，"10：社会服务业"，"11：卫生、体育和社会福利业"，"12：教育、文化艺术及广播电影电视业"，"13：科学研究、综合技术服务业"，"14：其他行业"标的代码填写。

11. "主要产品及生产规模"是指登记单位生产的主要产品及实际可以达到的生产总量。

12. "库房使用面积"是指所有库房使用面积总和；"储罐区总容量"是指罐区各罐最大储量总和。

13. "环境功能区"是指储存单位所处的外部环境类型，按以下类型填写：

（1）工业区：指以工厂为主的工业生产区域。

（2）农业区：指所处环境主要以农田、菜地、果园等农业生产为主的地区。

（3）商业区：指以商业为主的区域。

（4）居民区：指以居民生活为主的地区。

（5）行政办公区：指以行政区域机关为主的地区。

（6）交通枢纽区：指以铁路及公路为主的交通要道区。

（7）科技文化区：指以学校科研单位为主的地区。

（8）水源的保护区：指以饮用水、堤坝或渔业水源保护区为主的地区。

（9）文物保护区：指以风景名胜、文物保护等为主的地区。

七、表二的填写方法：

1. "剧毒物品编号"是指《危险化学品名录》中的剧毒物品编号；"危规号"《危险货物品名表》（GB 12268）规定的危险货物编号。

2. "年需要量"是指登记单位每年所需该种化学品的总量。

3. "储存、包装方式"：填写是采用散装储存还是包装储存，采用包装储存时应填写具体的包装方法（如铁桶包装、塑料桶包装等）。

八、表三分别由登记单位填写并盖公章、登记办公室和登记中心分别填写审查意见并盖公章。

**表一 使用单位基本情况**

| 法人单位基本情况 | | | | | |
|---|---|---|---|---|---|
| 单位注册名称 | | 法人代码 | | | |
| 单位注册地址 | | 邮政编码 | | | |
| 经济类型 | | 固定资产总值/万元 | | | |
| 成立时间 | | 法定代表人 | | 安全主管人 | |
| 登记单位基本信息 | | | | | |
| 行业分类 | | 产品销售收入/万元 | | | |
| 职工人数/人 | | 危险化学品作业人员数/人 | | | |
| 主要产品及其生产规模 | | 危险化学品库房使用面积$/m^2$ | | | |
| | | 危险化学品储罐区总容量/t | | | |
| | | 单位所在的环境功能区 | | | |

**表二 使用的危险化学品**

| 栏号 | 1 | | | 2 | 3 | 4 | 5 | 6 | 7 | 8 |
|---|---|---|---|---|---|---|---|---|---|---|
| 序号 | 化学品 | | | CAS号 | UN号 | 剧毒物品编号 | 危规号 | 需要量$/t \cdot a^{-1}$ | 用途 | 备注 |
| | 品名 | 学名 | 俗名 | | | | | | | |
| | | | | | | | | | | |
| | | | | | | | | | | |
| | | | | | | | | | | |
| | | | | | | | | | | |
| | | | | | | | | | | |
| | | | | | | | | | | |
| | | | | | | | | | | |
| | | | | | | | | | | |
| | | | | | | | | | | |
| | | | | | | | | | | |
| | | | | | | | | | | |
| | | | | | | | | | | |

**表三 危险化学品登记审查意见表**

| 登记单位<br>经办人<br>负责人<br>登记单位（章）<br>年 月 日 | 登记办公室登记人员审查意见<br>登记人员：<br>年 月 日 | 登记中心登记人员审查意见<br>登记人员：<br>年 月 日 |
|---|---|---|
| | 登记办公室审查意见<br>负责人：<br>年 月 日 | 登记办公室登记审查意见<br>负责人：<br>年 月 日 |

## （3）危险化学品使用单位审批表

编号：

危险化学品

使用单位审查表

单位名称 ______________________

经 办 人 ______________________

电话号码 ____________传真__________

电子信箱 ______________________

填写日期 ______________________

国家安全生产监督管理局制样

**填 表 说 明**

一、本表由危险化学品的使用单位（指专门使用危险化学品的单位，不包括生产单位、储存单位和经营单位）填写。

二、《危险化学品使用单位审查表》由首页、填写说明、储存单位基本情况（表一）、危险化学品使用审查意见书（表二）组成。

三、本表要用钢笔、签字笔填写或用计算机打印，同时要制作电子文档。

四、“储存的危险化学品”是指使用单位储存的危险化学品。

五、《危险化学品使用单位审查表》编号由登记办公室按编号规则填写。

六、表一填写方法：

1. 登记单位是独立法人单位时，“法人单位基本信息”与“登记单位基本信息”栏中的相应项目的填写内容相同；登记单位是非独立法人单位时，登记单位除填写“登记单位基本信息”外，还应填写其法人单位的“法人单位基本信息”内容。

2. “单位注册名称”、“单位注册地址”和“法人代码”等应与工商部门颁发的相关证件的内容一致。

3. “固定资产总值”是指填表时上年度固定资产总值。

4. “职工人数”以登记单位劳动部门上年度报省（区、市）统计局的统计数字为准。

5. “经济类型”，按“国有”、“合资”、“股份”、“集体”、“私营”或“其他”填写。

6. “安全主管人”是指本单位最高领导层中负责安全工作的负责人。

7. “企业主要储存设施及储存能力”是指储存单位所具有的储存设施及最大储存量。

8. “主要管理制度、操作规程”是指储存单位依据安全生产相关法规和标准制定的规章制度和操作规程。

9. “主要消防安全设施、器具配备情况”是指依据消防法规和设计规范配备的消防设施和器材。

续表

**填 表 说 明**

七、表二由使用单位到相关行政审查机关登记并盖公章。

八、填写危险化学品使用审查表应提供下列文件：

1. 消防审查意见；
2. 安全评价报告；
3. 主要负责人和安全管理人员培训资格证书；
4. 特种作业人员（仓库保管员、充装工、押运员等）培训合格证；
5. 事故应急救援预案；
6. 安全管理人员证明文件；
7. 危险化学品管理制度、操作规程；
8. 储存场地证明（租赁或者承包合同、房屋产权证、土地使用证等）；
9. 可行性研究报告；
10. 原料、中间体、最终产品或者使用的危险化学品的燃点、自燃点、闪点、爆炸极限等理化性能；
11. 包装、储存、运输技术要求说明文件；
12. 使用设备或者储存方式、设施符合国家标准证明文件；
13. 工厂、仓库的周边距离符合国家标准证明文件；
14. 危险化学品使用单位登记表；
15. 使用的锅炉、压力容器、特种设备、包装物检测合格证明；
16. 危险化学品登记注册审查批准书；
17. 环境保护符合国家“三同时”管理证明文件（设区的市级环境保护部门出具）。

表一　使用单位基本情况

| 企业名称 | | | | | | |
|---|---|---|---|---|---|---|
| 注册地址 | | | | | | |
| 联系电话 | | 传真 | | 邮政编码 | | |
| 企业网址 | | 电子信箱 | | | | |
| 企业类型 | | | | | | |
| 公司类型 | 分公司 | | 子公司 | | 办事处 | |
| 非企业类型 | 个体工商户 | | 零售商店（场） | | | |
| 经济性质 | 全民所有制 | | 集体所有制 | | 私有制 | |
| 公司属性 | | | | | | |
| 登记机关 | | | | | | |
| 法定代表人 | | 主要负责人 | | | | |
| 职工人数 | | 技术管理人员 | | 安全管理人员 | | |
| 注册资本 | | 固定资产 | | 上年销售额 | | |
| 储存场地 | | | | | | |
| 储存设施 | 地址 | | | | | |
| | 产权 | | | | | |
| 申请使用危险化学品名称 | 地址 | | | | | |
| | 建筑结构 | | | | | |
| | 产权 | | | | | |
| 主要管理制度、操作规程 | | | | | | |
| 主要消防设施、器具配备情况 | 名称 | 型号、规格 | 数量 | 状况 | 备注 | |
| | | | | | | |
| | | | | | | |
| | | | | | | |
| | | | | | | |

表二　行政审查机关意见

<table>
<tr><td colspan="3">企业法人代表或负责人签字：<br><br>企业盖章<br>年　月　日</td><td colspan="2">基层安监部门审查意见：<br><br>负责人签字：　公章<br>年　月　日</td></tr>
<tr><td colspan="3">市公安部门审查意见：<br><br>负责人签字　公章<br>年　月　日</td><td colspan="2">市安监部门审查意见：<br><br>负责人签字：　公章<br>年　月　日</td></tr>
<tr><td rowspan="6">使用危险化学品批准范围</td><td rowspan="3" colspan="2">剧毒化学品</td><td>商品名</td><td></td></tr>
<tr><td>化学名</td><td></td></tr>
<tr><td>俗　名</td><td></td></tr>
<tr><td rowspan="3" colspan="2">其他危险化学品</td><td>商品名</td><td></td></tr>
<tr><td>化学名</td><td></td></tr>
<tr><td>俗　名</td><td></td></tr>
<tr><td rowspan="3">危险化学品使用证其他内容</td><td colspan="2">发证日期</td><td colspan="2"></td></tr>
<tr><td colspan="2">有效期</td><td colspan="2"></td></tr>
<tr><td colspan="2">登记编号</td><td colspan="2"></td></tr>
</table>

## （4）危险化学品储存单位登记表

编号：

危险化学品

储存登记表

登记单位 ______________________

经 办 人 ______________________

电话号码 __________ 传真 __________

电子信箱 ______________________

填写日期 ______________________

国家安全生产监督管理局制样

**填 表 说 明**

一、本表由危险化学品的储存单位（指专门储存危险化学品单位，不进行生产、经营）填写。

二、《危险化学品储存单位登记表》由首页、填写说明、储存单位基本情况（表一）、储存的危险化学品（表二）和危险化学品登记审查意见书（表三）组成。

三、本表要用钢笔、签字笔填写或用计算机打印，同时要制作电子文档（除表五外）。

四、“储存的危险化学品”是指储存单位储存的危险化学品。

五、《危险化学品储存单位登记表》编号由登记办公室按编号规则填写。

六、表一填写方法：

1. 登记单位是独立法人单位时，“法人单位基本信息”与“登记单位基本信息”栏中的相应项目的填写内容相同；登记单位是非独立法人单位时，登记单位除填写“登记单位基本信息”外，还应填写其法人单位的“法人单位基本信息”内容。

2. “单位注册名称”、“单位注册地址”和“法人代码”等应与工商部门颁发的相关证件的内容一致。

3. “单位代码”由登记办公室统一填写。

4. “固定资产总值”是指填表时上年度固定资产总值。

5. “职工人数”以登记单位劳动部门上年度报省（区、市）统计局的统计数字为准。

6. “危险化学品作业人员人数”是指上年度从事危险化学品作业的总人数。

7. “经济类型”，按“国有”、“合资”、“股份”、“集体”、“私营”或“其他”填写。

8. “安全主管人”是指本单位最高领导层中负责安全工作的负责人。

9. “总占地面积”是指市库区总的占地面积；“库房使用面积”是指所有库房使用面积的总和。

续表

**填 表 说 明**

10."行业分类"，按"01：农、林、牧、渔业"，"02：采掘业"，"03：制造业"，"04：电力、煤气及水的生产和供应业"，"05：建筑业"，"06：地质勘探业"，"07：水利管理业"，"08：交通运输、仓储及邮电通信业"，"09：批发和零售贸易、餐饮业"，"10：社会服务业"，"11：卫生、体育和社会福利业"，"12：教育、文化艺术及广播电影电视业"，"13：科学研究、综合技术服务业"，"14：其他行业"标的代码填写。

11."环境功能区"是指储存单位所处的外部环境类型，按以下类型填写：

（1）工业区：指以工厂为主的工业生产区域。

（2）农业区：指所处环境主要以农田、菜地、果园等农业生产为主的地区。

（3）商业区：指以商业为主的区域。

（4）居民区：指以居民生活为主的地区。

（5）行政办公区：指以行政区域机关为主的地区。

（6）交通枢纽区：指以铁路及公路为主的交通要道区。

（7）科技文化区：指以学校科研单位为主的地区。

（8）水源的保护区：指以饮用水、堤坝或渔业水源保护区为主的地区。

（9）文物保护区：指以风景名胜、文物保护等为主的地区。

七、表二填写方法：

1."剧毒物品编号"是指《危险化学品名录》中的剧毒物品编号；"危规号"《危险货物品名表》（GB 12268）规定的危险货物编号。

2."最大储存量"是指储存设施最大储存设计量。

3."储存、包装方式"：填写是采用散装储存还是包装储存，采用包装储存时应填写具体的包装方法（如铁桶包装、塑料桶包装等）。

八、表三由登记单位、登记办公室和登记中心填写并盖公章。

**表一 储存单位基本情况**

| 法人单位基本情况 | | | | | |
|---|---|---|---|---|---|
| 单位注册名称 | | 法人代码 | | | |
| 单位注册地址 | | 邮政编码 | | | |
| 经济类型 | | 固定资产总值/万元 | | | |
| 成立时间 | | 法定代表人 | | 安全主管人 | |
| 登记单位基本信息 | | | | | |
| 单位名称 | | 单位代码 | | 成立时间 | |
| 单位地址 | | 职工人数/人 | | 危险化学品作业人数/人 | |
| 固定资产总值/万元 | | 总占地面积/$m^2$ | | 安全主管人 | |
| 主要产品及其生产规模 | | 危险化学品库房使用面积/$m^2$ | | | |
| | | 危险化学品库区、库房所在环境功能区 | | | |

**表二 储存的危险化学品**

| 栏号 | 1 | | | 2 | 3 | 4 | 5 | 6 | 7 | 8 |
|---|---|---|---|---|---|---|---|---|---|---|
| 序号 | 化学品 | | | CAS号 | UN号 | 剧毒物品编号 | 危规号 | 最大储存量/$t \cdot a^{-1}$ | 储存、包装方式 | 备注 |
| | 商品名 | 化学名 | 俗名 | | | | | | | |
| | | | | | | | | | | |
| | | | | | | | | | | |
| | | | | | | | | | | |
| | | | | | | | | | | |
| | | | | | | | | | | |
| | | | | | | | | | | |
| | | | | | | | | | | |
| | | | | | | | | | | |
| | | | | | | | | | | |
| | | | | | | | | | | |
| | | | | | | | | | | |
| | | | | | | | | | | |
| | | | | | | | | | | |

**表三 危险化学品登记审查意见表**

| 登记单位<br>经办人<br>负责人 | 登记办公室登记人员审查意见<br>登记人员：<br>年 月 日 | 登记中心登记人员审查意见<br>登记人员：<br>年 月 日 |
|---|---|---|
| 登记单位（章）<br>年 月 日 | 登记办公室审查意见<br>负责人：<br>年 月 日 | 登记办公室登记审查意见<br>负责人：<br>年 月 日 |

## （5）危险化学品储存单位审批表

编号：

危险化学品

储存单位审查表

单位名称：________________

经 办 人 ________________

电话号码：________传真________

电子信箱：________________

填写日期：________________

**填 表 说 明**

一、本表由危险化学品的储存单位（指专门储存危险化学品的单位，不包括生产单位、使用单位和经营单位）填写。

二、《危险化学品储存单位审查表》由首页、填写说明、储存单位基本情况（表一）、危险化学品储存审查意见书（表二）组成。

三、本表要用钢笔、签字笔填写或用计算机打印，同时要制作电子文档。

四、“储存的危险化学品”是指储存单位储存的危险化学品。

五、《危险化学品使用单位审查表》编号由登记办公室按编号规则填写。

六、表一填写方法：

1. 登记单位是独立法人单位时，“法人单位基本信息”与“登记单位基本信息”栏中的相应项目的填写内容相同；登记单位是非独立法人单位时，登记单位除填写“登记单位基本信息”外，还应填写其法人单位的“法人单位基本信息”内容。

2. “单位注册名称”、“单位注册地址”和“法人代码”等应与工商部门颁发的相关证件的内容一致。

3. “固定资产总值”是指填表时上年度固定资产总值。

4. “职工人数”以登记单位劳动部门上年度报省（区、市）统计局的统计数字为准。

5. “经济类型”，按“国有”、“合资”、“股份”、“集体”、“私营”或“其他”填写。

6. “安全主管人”是指本单位最高领导层中负责安全工作的负责人。

7. “企业主要储存设施及储存能力”是指储存单位所具有的储存设施及最大储存量。

8. “主要管理制度、操作规程”是指储存单位依据安全生产相关法规和标准制定的规章制度和操作规程。

续表

**填 表 说 明**

9. “主要消防安全设施、器具配备情况”是指依据消防法规和设计规范配备的消防设施和器材。

七、表二由使用单位到相关行政审查机关登记并盖公章。

八、填写危险化学品使用审查表应提供下列文件：

1. 消防审查意见；
2. 安全评价报告；
3. 主要负责人和安全管理人员培训资格证书；
4. 特种作业人员（仓库保管员、充装工、押运员等）培训合格证；
5. 事故应急救援预案；
6. 安全管理人员证明文件；
7. 危险化学品管理制度、操作规程；
8. 储存场地证明（租赁或者承包合同、房屋产权证、土地使用证等）；
9. 可行性研究报告；
10. 原料、中间体、最终产品或者使用的危险化学品的燃点、自燃点、闪点、爆炸极限等理化性能；
11. 包装、储存、运输技术要求说明文件；
12. 使用设备或者储存方式、设施符合国家标准证明文件；
13. 工厂、仓库的周边距离符合国家标准证明文件；
14. 危险化学品使用单位登记表；
15. 使用的锅炉、压力容器、特种设备、包装物检测合格证明；
16. 危险化学品登记注册审查批准书；
17. 环境保护符合国家“三同时”管理证明文件（设区的市级环境保护部门出具）。

**表一 储存单位基本情况**

| | | | | | |
|---|---|---|---|---|---|
| 企业名称 | | | | | |
| 注册地址 | | | | | |
| 联系电话 | | 传真 | | 邮政编码 | |
| 企业网址 | | 电子信箱 | | | |
| 企业类型 | | | | | |
| 公司类型 | 分公司 | 子公司 | | 办事处 | |
| 非企业类型 | 个体工商户 | 零售商店（场） | | | |
| 经济性质 | 全民所有制 | 集体所有制 | | 私有制 | |
| 公司属性 | | | | | |
| 登记机关 | | | | | |
| 法定代表人 | | 主要负责人 | | | |
| 职工人数 | | 技术管理人员 | | 安全管理人员 | |
| 注册资本 | | 固定资产 | | 上年销售额 | |
| 储存场地 | | | | | |
| 储存设施 | 地址 | | | | |
| | 产权 | | | | |
| 申请储存的危险化学品名称 | 地址 | | | | |
| | 建筑结构 | | | | |
| | 产权 | | | | |
| 主要管理制度、操作规程 | | | | | |
| 主要消防设施、器具配备情况 | 名称 | 型号、规格 | 数量 | 状况 | 备注 |
| | | | | | |
| | | | | | |
| | | | | | |
| | | | | | |

表二　行政审查机关意见

<table>
<tr><td colspan="2">企业法人代表或负责人签字：<br>企业盖章：<br>年　月　日</td><td colspan="2">基层安监部门审查意见：<br>负责人签字：　公章<br>年　月　日</td></tr>
<tr><td colspan="2">市公安部门审查意见：<br>负责人签字：　公章<br>年　月　日</td><td colspan="2">市安监部门审查意见：<br>负责人签字：　公章<br>年　月　日</td></tr>
<tr><td rowspan="6">储存危险化学品批准范围</td><td rowspan="3">剧毒化学品</td><td>商品名</td><td></td></tr>
<tr><td>化学名</td><td></td></tr>
<tr><td>俗　名</td><td></td></tr>
<tr><td rowspan="3">其他危险化学品</td><td>商品名</td><td></td></tr>
<tr><td>化学名</td><td></td></tr>
<tr><td>俗　名</td><td></td></tr>
<tr><td rowspan="3">危险化学品储存证其他内容</td><td>发证日期</td><td colspan="2"></td></tr>
<tr><td>有效期</td><td colspan="2"></td></tr>
<tr><td>登记编号</td><td colspan="2"></td></tr>
</table>

## （6）危险化学品经营许可证申请表

编号：

内部资料

危险化学品经营

许可证申请表

申请企业________________

经 办 人________________

填表日期________________

（发证机关名称）制

**填 写 说 明**

一、本表用钢笔、签字笔填写（切勿草书）或用打印机打印，同时要制作电子文档。

二、本表封面上的“编号”由发证机关编写。

三、本表中的“名称”、“地址”、“网址”和“信箱”栏目填写全称。

四、本表中的“企业类型”，按照国家统计局和原国家工商行政管理局《关于划分企业登记注册类型的规定》（国统字［1998］200号）划分的企业类型填写。如果是分公司、办事机构，请在“非法人类别”栏目中□上画“√”。

五、本表中的“特别类型”、“经济性质”、“经营场所和储存设施的产权”、“经营方式”等栏目分别在□上画“√”，兼有者同时画“√”。

六、本表中的“主管单位”栏目，应当填写分公司、办事机构的上级企业单位名称。

七、本表中的“登记机关”栏目，应当填写营业执照的发证机关。

八、本表中的“申请经营危险化学品范围”栏目中，“剧毒化学品”、“成品油（液化气）”除按《危险化学品经营许可证管理办法》规定填写外，还应分别填写品名、品种和种类及经营规模、用途。经营规模即指每年经营多少吨；用途是指工业生产、农业生产、建筑装饰、科教文卫、家庭生活使用。

九、本表中的“区、县级市安监局初审意见”栏目，应由区、县级市安监局填写；“发证机关审批意见”栏目，应由发证机关填写；“省级发证机关备案意见”栏目，应由省级发证机关在市级发证机关报送的乙种经营许可证申请表上填写审核意见。

十、本表中的“许可经营危险化学品范围”栏目，应由发证机关批准本表中的“申请经营危险化学品范围”栏目的内容填写。

十一、“危险化学品经营许可证类别”栏目，由发证机关在□上画“√”；“发证日期”栏目，应填写盖公章的日期；“有效期”栏目，应自发证日期起始，至第4年的发证日期的前1日，如：2002年11月20日至2005年11月19日。

十二、登记编号规定如下：

省级发证机关发放经营许可证的编号：甲种经营许可证登记编号为“AX经（甲）字［YYYY］QQQQQQ号”，其中：A—省、自治区、直辖市代字，X—省级发证机关的机关代字，经—危险化学品经营的识别，（甲）—甲种经营许可证的识别，YYYY—表示发证的年份，QQQQQQ—表示批准证书的序号，如：京安经（甲）字［2002］000005；乙种经营许可证登记编号为“AX经（乙）字［YYYY］QQQQQQ号”，其中：A—省、自治区、直辖市代字，X—省级发证机关的机关代字，经—危险化学品经营的识别，（乙）—乙种经营许可证的识别，YYYY—表示发证的年份，QQQQQQ—表示批准证书的序号，如：京安经（乙）字［2002］000009。

市级发证机关发放经营许可证的编号：乙种经营许可证登记编号为“ABX经（乙）字［YYYY］QQQQQQ号”，其中：A—省、自治区、直辖市代字，B—地级市（自治州、地区、盟、州）代字，X—市级发证机关的机关代字，经—危险化学品经营的识别，（乙）—乙种经营许可证的识别，YYYY—表示发证的年份，QQQQQQ—表示批准证书的序号，如：川榕安经（乙）字［2002］000003。

| 企业名称 | | | | | |
|---|---|---|---|---|---|
| 注册地址 | | | | | |
| 联系电话 | | 传真 | | 邮政编码 | |
| 企业网址 | | | | | |
| 电子信箱 | | | | | |
| 企业类型 | | | | | |
| 非法人类别 | 分公司□ 办事机构□ | | | | |
| 特别类型 | 个体工商户 百货商店（场） | | | | |
| 经济性质 | 全民所有制 集体所有制 私有制 | | | | |
| 公司属性 | | | | | |
| 主管单位 | | | | | |
| 登记单位 | | | | | |
| 法定代表人 | | 主管负责人 | | | |
| 职工人数 | | 技术管理人员 | | 安全管理人员 | |
| 注册资本 | | 固定资产 | | 上年销售额 | |
| 经营场所 | 地址 | | | | |
| | 产权 | | | | |
| 储存设施 | 地址 | | | | |
| | 建筑结构 | | | | |
| | 产权 | | | | |
| 主要管理制度名称 | | | | | |
| 主要消防设施、器具配备情况 | 名称 | 型号、规格 | 数量 | 状况 | 备注 |
| | | | | | |
| | | | | | |
| | | | | | |
| | | | | | |
| | | | | | |
| | | | | | |

发证机关审批意见：
负责人： （公章）
年 月 日 年 月 日

省级发证机关备案意见：
负责人： （公章）
年 月 日 年 月 日

许可经营危险化学品范围

| 剧毒化学品 | | | 成品油（液化气） | | | 其他危险化学品 | | |
|---|---|---|---|---|---|---|---|---|
| 品名 | 规模 | 用途 | 品种 | 规模 | 用途 | 种类 | 规模 | 用途 |
| | | | | | | | | |
| | | | | | | | | |
| | | | | | | | | |
| | | | | | | | | |
| | | | | | | | | |
| | | | | | | | | |
| | | | | | | | | |
| | | | | | | | | |
| | | | | | | | | |

| 批准经营方式 | 批发□零售□化工企业外设销售网点□ |
|---|---|
| 危险化学品经营许可证类别 | 甲种□ 乙种□ |
| 发证日期 | 年 月 日 |
| 有效期 | 年 月 日至 年 月 日 |
| 登记编号 | |

## （7）危险化学品经营许可证换证申请表

危险化学品经营许可证

换证申请表

原经营许可证编号：________

申请企业：________

经 办 人：________

填表日期：________

（发证机关名称）制

| 名 称 | | | | | |
|---|---|---|---|---|---|
| 注册地址 | | | | | |
| 联系电话 | | 传真 | | 邮编 | |
| 企业网址 | | | | | |
| 电子信箱 | | | | | |
| 企业类型 | 国有企业□ 集体企业□ 股份合作□ 联营企业□ 有限责任□ 个体□ 股份有限□ 私营企业□ 港澳台投资□ 外商投资□ 其他企业□ 党政机关□ 科研院所□ 事业单位□ 其他类型单位□ | | | | |
| 非法人类别 | 分公司□ 办事机构□ | | | | |
| 特别类型 | 个体工商户□ 百货商店（场）□ | | | | |
| 经济性质 | 全民所有制□ 集体所有制□ 私有制□ | | | | |
| 主管单位 | | | | | |
| 登记机关 | | | | | |
| 法人代表 | | 主管负责人 | | | |
| 职工人数 | | 技术管理人数 | | 安全管理人数 | |
| 注册资本 | | 固定资产 | | 上年销售额 | |
| 经营场所 | 地址 | | | | |
| | 产权 | 自有□ 租赁□ 承包□ | | | |
| 储存设施 | 地址 | | | | |
| | 建筑结构 | | 储存能力 | | |
| | 产权 | 自有□ 租赁□ 承包□ | | | |
| 主要管理制度名称 | | | | | |

| 主要消防安全设施工、器具配备情况 | | | | |
|---|---|---|---|---|
| 名称 | 型号、规格 | 数量 | 状况 | 备注 |
| | | | | |
| | | | | |
| | | | | |
| | | | | |

| 申请经营危险化学品范围 | | | |
|---|---|---|---|
| 剧毒化学品 | 易制毒化学品 | 成品油（液化气） | 其他危险化学品 |
| | | | |
| | | | |
| | | | |
| | | | |
| | | | |
| 申请经营方式 | 批发□ 零售□ 化工企业外设销售网点□ | | |
| 经营单位法人或负责人签字：<br>年 月 日 | | 经营单位盖章：<br>年 月 日 | |
| 安监部门初审意见：<br>负责人： （公章）<br>年 月 日 | | | |
| 安全评价机构名称 | | | |
| 安全评价机构资质证书编号 | | | |
| 安全评价机构负责人 | | | |
| 安全评价机构电话 | | | |

（8）危险化学品生产企业安全生产许可证申请书

申请编号： 受理编号：

申请日期： 受理日期：

危险化学品生产企业

安 全 生 产 许 可 证

申 请 书

申请单位____________

生产单位____________

经 办 人____________

联系电话____________

填写日期____________

国家安全生产监督管理局制样

填 写 说 明

一、本申请书封面“申请编号”、“申请日期”、“受理编号”、“受理日期”由安全生产许可证颁发管理机关受理人填写，本申请书的其他内容由申请安全生产许可证的单位填写。

二、本申请书用钢笔、签字笔填写或者用打印机打印文本，字迹要清晰、工整。

三、本申请书中“企业”，是指生产单位（或者申请单位）隶属的依法设立且取得企业法人营业执照的危险化学品生产企业；“申请单位”是指按照《危险化学品生产企业安全生产许可证实施办法》第十七条规定，申请领取安全生产许可证的企业、企业所属子公司、中央管理的企业所属分公司；“生产单位”是指企业所属分公司、子公司下属的生产单位。

四、本申请书表格的填写方法：

1. 危险化学品生产企业申请安全生产许可证的，只填写“申请单位”和“申请单位意见”栏；

2. 危险化学品生产企业所属分公司、子公司申请安全生产许可证的，除分别填写“申请单位”和“申请单位意见”栏外，还要分别填写“企业”和“企业意见”栏；

3. 危险化学品生产企业所属分公司、子公司下属生产单位申请安全生产许可证的，则填写全部栏目。

五、本申请书表格中“成立日期”栏，填写批准成立的日期。

六、本申请书表格中企业的“名称”栏，填写工商登记名称；单位的“名称”栏，填写全称；企业的“地址”栏，填写工商登记地址；单位的“地址”栏，填写所在地详细地址。

七、本申请书表格中企业的“经济类型”栏，按照国家统计局和原国家工商行政管理局《关于划分企业登记注册类型的规定》（国统字〔1998〕200号）的规定，填写企业登记注册类型代码即可。

八、本申请书表格中“申请生产范围”栏的“产品名称”，应填写该产品或者其主要成分符合《化学命名原则》（1980）的中文化学名；“生产能力”，应填写该产品的年设计生产量，计量单位为吨；“工艺系统”，应填写该产品的生产工艺、主要设备等。

九、本申请书表格中“备注”栏的“生产原料”，应填写生产该产品所需要的主要原料名称；“验收文号”，应填写该产品的生产系统投产前验收部门出具验收合格文件的编号；“投产日期”，应填写该产品的生产系统正式投产的日期。

十、本申请书表格中“申请生产范围”和“备注”栏，不能满足需要时，申请单位可自行设置续表，格式和内容要求应与本表一致。

| | | | | |
|---|---|---|---|---|
| 企业 | 名称 | | 主要负责人 | |
| | 地址 | | 邮政编码 | |
| | 经济类型 | 从业人员人数 | 专职安全生产管理人员人数 | |
| 申请单位 | 名称 | | 主要负责人 | |
| | 地址 | | 邮政编码 | |
| | 电子邮箱 | | 成立日期 | |
| | 经济类型 | 从业人员人数 | 专职安全生产管理人员人数 | |
| | 上年固定资产净值/万元 | | 上年销售收入/万元 | |
| 生产单位 | 名称 | | 主要负责人 | |
| | 地址 | | 邮政编码 | |
| | 电子邮箱 | | 成立日期 | |
| | 经济类型 | 从业人员人数 | 专职安全生产管理人员人数 | |
| | 上年固定资产净值/万元 | | 上年销售收入/万元 | |
| 企业意见 | 主要负责人（签字）： | | （公章）<br>年 月 日 | |
| 申请单位意见 | 主要负责人（签字）： | | （公章）<br>年 月 日 | |
| 生产单位意见 | 主要负责人（签字）： | | （公章）<br>年 月 日 | |

| 项目<br>序号 | 申请许可范围 | | | | 备注 | |
|---|---|---|---|---|---|---|
| | 产品名称 | 生产能力 | 工艺系统 | 生产原料 | 验收文号 | 投产日期 |
| | | | | | | |
| | | | | | | |
| | | | | | | |
| | | | | | | |
| | | | | | | |
| | | | | | | |
| | | | | | | |
| | | | | | | |
| | | | | | | |
| | | | | | | |
| | | | | | | |
| | | | | | | |
| | | | | | | |
| | | | | | | |
| | | | | | | |
| | | | | | | |
| | | | | | | |
| | | | | | | |
| | | | | | | |
| | | | | | | |
| | | | | | | |
| | | | | | | |
| | | | | | | |
| | | | | | | |

## （9）危险化学品生产企业安全生产许可证延期申请书

申请日期： 受理日期：

危险化学品生产企业

安全生产许可证

延期申请书

申请单位＿＿＿＿＿＿＿＿

生产单位＿＿＿＿＿＿＿＿

经 办 人＿＿＿＿＿＿＿＿

联系电话＿＿＿＿＿＿＿＿

填写日期＿＿＿＿＿＿＿＿

国家安全生产监督管理局制样

**填 写 说 明**

一、本申请书封面“申请编号”、“申请日期”、“受理编号”、“受理日期”由安全生产许可证颁发管理机关受理人填写，本申请书的其他内容由申请安全生产许可证的单位填写。

二、本申请书用钢笔、签字笔填写或者用打印机打印文本，字迹要清晰、工整。

三、本申请书中“企业”，是指生产单位（或者申请单位）隶属的依法设立且取得企业法人营业执照的危险化学品生产企业；“申请单位”是指按照《危险化学品生产企业安全生产许可证实施办法》第十七条规定，申请领取安全生产许可证的企业、企业所属子公司、中央管理的企业所属分公司；“生产单位”是指企业所属分公司、子公司下属的生产单位。

四、本申请书表格的填写方法：

1. 危险化学品生产企业申请延期安全生产许可证的，只填写“申请单位”和“申请单位意见”栏；

2. 危险化学品生产企业所属分公司、子公司申请延期安全生产许可证的，除分别填写“申请单位”和“申请单位意见”栏外，还要分别填写“企业”和“企业意见”栏；

3. 危险化学品生产企业所属分公司、子公司下属生产单位申请延期安全生产许可证的，则填写全部栏目。

五、本申请书表格中“成立日期”栏，填写批准成立的日期。

六、本申请书表格中企业的“名称”栏，填写工商登记名称；单位的“名称”栏，填写全称；企业的“地址”栏，填写工商登记地址；单位的“地址”栏，填写所在地详细地址。

七、本申请书表格中企业的“经济类型”栏，按照国家统计局和原国家工商行政管理局《关于划分企业登记注册类型的规定》（国统字〔1998〕200号）的规定，填写企业登记注册类型代码即可。

八、本申请书表格中“申请延期许可范围”栏的“产品名称”，应填写该产品或者其主要成分符合《化学命名原则》（1980）的中文化学名；“生产能力”，应填写该产品的年设计生产量，计量单位为吨；“工艺系统”，应填写该产品的生产工艺、主要设备等。

九、本申请书表格中“备注”栏的“生产原料”，应填写生产该产品所需要的主要原料名称；“验收文号”，应填写该产品的生产系统投产前验收部门出具验收合格文件的编号；“投产日期”，应填写该产品的生产系统正式投产的日期。

十、本申请书表格中“申请延期许可范围”和“备注”栏，不能满足需要时，申请单位可自行设置续表，格式和内容要求应与本表一致。

| | | | | | |
|---|---|---|---|---|---|
| 企业 | 名称 | | | 主要负责人 | |
| | 地址 | | | 邮政编码 | |
| | 经济类型 | | 从业人员人数 | 专职安全生产管理人员人数 | |
| | 原安全生产许可证证书编号 | | | | |
| 申请单位 | 名称 | | | 主要负责人 | |
| | 地址 | | | 邮政编码 | |
| | 电子邮箱 | | | 成立日期 | |
| | 经济类型 | | 从业人员人数 | 专职安全生产管理人员人数 | |
| | 上年固定资产净值/万元 | | | 上年销售收入/万元 | |
| | 原安全生产许可证证书编号 | | | | |
| 生产单位 | 名称 | | | 主要负责人 | |
| | 地址 | | | 邮政编码 | |
| | 电子邮箱 | | | 成立日期 | |
| | 经济类型 | | 从业人员人数 | 专职安全生产管理人员人数 | |
| | 上年固定资产净值/万元 | | | 上年销售收入/万元 | |
| | 原安全生产许可证证书编号 | | | | |
| 企业意见 | 主要负责人（签字）： | | | （公章）<br>年　月　日 | |
| 申请单位意见 | 主要负责人（签字）： | | | （公章）<br>年　月　日 | |
| 生产单位意见 | 主要负责人（签字）： | | | （公章）<br>年　月　日 | |

| 项目 / 序号 | 申请延期许可范围 | | | 备　注 | | |
|---|---|---|---|---|---|---|
| | 产品名称 | 生产能力 | 工艺系统 | 生产原料 | 验收文号 | 投产日期 |
| | | | | | | |
| | | | | | | |
| | | | | | | |
| | | | | | | |
| | | | | | | |
| | | | | | | |
| | | | | | | |
| | | | | | | |
| | | | | | | |
| | | | | | | |
| | | | | | | |
| | | | | | | |
| | | | | | | |
| | | | | | | |
| | | | | | | |
| | | | | | | |
| | | | | | | |

## （10）危险化学品生产企业安全生产许可证变更申请书

申请编号：　　　　　　　受理编号：

申请日期：　　　　　　　受理日期：

危险化学品生产企业

安全生产许可证

变更申请书

申请单位＿＿＿＿＿＿＿＿＿＿

生产单位＿＿＿＿＿＿＿＿＿＿

经 办 人＿＿＿＿＿＿＿＿＿＿

联系电话＿＿＿＿＿＿＿＿＿＿

填写日期＿＿＿＿＿＿＿＿＿＿

国家安全生产监督管理局制样

**填写说明**

一、本申请书封面“申请编号”、“申请日期”、“受理编号”、“受理日期”由安全生产许可证颁发管理机关受理人填写，本申请书的其他内容由申请安全生产许可证的单位填写。

二、本申请书用钢笔、签字笔填写或者用打印机打印文本，字迹要清晰、工整。

三、本申请书中“企业”，是指生产单位（或者申请单位）隶属的依法设立且取得企业法人营业执照的危险化学品生产企业；“申请单位”是指按照《危险化学品生产企业安全生产许可证实施办法》第十七条规定，申请领取安全生产许可证的企业、企业所属子公司、中央管理的企业所属分公司；“生产单位”是指企业所属分公司、子公司下属的生产单位。

四、本申请书表格的填写方法：

1. 危险化学品生产企业申请变更安全生产许可证的，只填写“申请单位”、“变更事项”和“申请单位意见”栏；

2. 危险化学品生产企业所属分公司、子公司申请变更安全生产许可证的，除分别填写“申请单位”、“变更事项”和“申请单位意见”栏外，还要分别填写“企业”和“企业意见”栏；

3. 危险化学品生产企业所属分公司、子公司下属生产单位申请变更安全生产许可证的，则填写全部栏目。

五、本申请书表格中“成立日期”栏，填写批准成立的日期。

六、本申请书表格中企业的“名称”栏，填写工商登记名称；单位的“名称”栏，填写全称；企业的“地址”栏，填写工商登记地址；单位的“地址”栏，填写所在地详细地址。

七、本申请书表格中企业的“经济类型”栏，按照国家统计局和原国家工商行政管理局《关于划分企业登记注册类型的规定》（国统字〔1998〕200号）的规定，填写企业登记注册类型代码即可。

八、本申请书“变更事项”中“变更内容”栏，填写变更前后“主要负责人”的姓名或者隶属单位（或者企业）的名称或者工商登记注册的单位名称。

九、本申请书表格中“申请变更范围”栏的“产品名称”，应填写该产品或者其主要成分符合《化学命名原则》（1980）的中文化学名；“生产能力”，应填写该产品的年设计生产量，计量单位为t；“工艺系统”，应填写该产品的生产工艺、主要设备等。

十、本申请书表格中“备注”栏的“生产原料”，应填写生产该产品所需要的主要原料名称；“验收文号”，应填写该产品的生产系统投产前验收部门出具验收合格文件的编号；“投产日期”，应填写该产品的生产系统正式投产的日期。

十一、本申请书表格中“申请变更范围”和“备注”栏，不能满足需要时，申请单位可自行设置续表，格式和内容要求应与本表一致。

| | | | | | | |
|---|---|---|---|---|---|---|
| 企业 | 名称 | | | 主要负责人 | | |
| | 地址 | | | 邮政编码 | | |
| | 经济类型 | | 从业人员人数 | | 专职安全生产管理人员人数 | |
| | 原安全生产许可证证书编号 | | | | | |
| 申请单位 | 名称 | | | 主要负责人 | | |
| | 地址 | | | 邮政编码 | | |
| | 电子邮箱 | | | 成立日期 | | |
| | 经济类型 | | 从业人员人数 | | 专职安全生产管理人员人数 | |
| | 上年固定资产净值/万元 | | | 上年销售收入/万元 | | |
| | 原安全生产许可证证书编号 | | | | | |
| 生产单位 | 名称 | | | 主要负责人 | | |
| | 地址 | | | 邮政编码 | | |
| | 电子邮箱 | | | 成立日期 | | |
| | 经济类型 | | 从业人员人数 | | 专职安全生产管理人员人数 | |
| | 上年固定资产净值/万元 | | | 上年销售收入/万元 | | |
| | 原安全生产许可证证书编号 | | | | | |
| 变更事项 | 内容/事项 | 变更前 | | 变更后 | 备注 | |
| | 主要负责人 | | | | | |
| | 隶属关系 | | | | | |
| | 单位名称 | | | | | |

| | 内容/项目 | 申请变更范围 | | | 备注 | | |
|---|---|---|---|---|---|---|---|
| | | 产品名称 | 生产能力 | 工艺系统 | 生产原料 | 验收文号 | 投产日期 |
| 变更事项 | 新建危险化学品生产建设项目 | | | | | | |
| | 改建危险化学品生产建设项目 | | | | | | |
| | 扩建危险化学品生产建设项目 | | | | | | |
| 企业意见 | 主要负责人（签字）： （公章）<br>年 月 日 | | | | | | |
| 申请单位意见 | 主要负责人（签字）： （公章）<br>年 月 日 | | | | | | |
| 生产单位意见 | 主要负责人（签字）： （公章）<br>年 月 日 | | | | | | |

## （11）危险化学品生产企业安全生产许可证审查书

危险化学品生产企业
安 全 生 产 许 可 证
审 查 书

申请单位＿＿＿＿＿＿＿＿

生产单位＿＿＿＿＿＿＿＿

受理编号＿＿＿＿＿＿＿＿

受理日期＿＿＿＿＿＿＿＿

受 理 人＿＿＿＿＿＿＿＿

审查类别＿＿＿＿＿＿＿＿

发证机关＿＿＿＿＿＿＿＿

国家安全生产监督管理局制样

**填 写 说 明**

一、本审查书由安全生产许可证颁发管理机关填写。

二、本审查书用钢笔、签字笔填写或者用打印机打印文本，字迹要清晰、工整。

三、本审查书封面中的“申请单位”栏，填写提出安全生产许可证申请的单位全称；“生产单位”栏，填写规定取得安全生产许可证的生产单位全称；“受理编号”、“受理日期”和“受理人”栏，填写安全生产许可证申请受理通知书载明的“受理编号”、“签发日期”和“受理人”；“审查类别”填写首次申请或者延期申请、变更许可范围申请；“发证机关”栏，填写安全生产许可证颁发管理机关全称。

四、本审查书第2页至第4页表格的“审查意见”栏，填写审查人员的意见，理由或者依据；“审查人签字”栏，由审查人员签字；“备注”栏，填写该项审查内容是否属于取得安全生产许可证应当进行的审查内容，即是否属于公司、分公司、生产单位的审查内容。

五、发证机关同意不需要审查安全生产条件而直接延期的，填写本审查书第5页表格中“直接延期”栏的审核内容。

六、“变更主要负责人”、“变更隶属关系”和“变更企业名称”栏，填写变更相应事项的审核内容。

七、变更许可范围的，按本填写说明第四项要求，填写本审查书第2页至第4页的内容。

八、本审查书表格中“审查人员”栏，填写参与审查人员的简要情况。

九、本审查书表格中“审查意见”栏，填写审查人员的综合意见和简要说明理由，并由审查负责人签字。

十、本审查书第7页表格中“承办处室意见”栏，填写承办处室的审查意见和简要说明理由，并由承办处室负责人签字，加盖公章。

十一、本审查书表格中“安全生产许可证颁发管理机关决定”栏，应在安全生产许可证颁发管理机关讨论决定是否颁发安全生产许可证后，填写讨论后决定的内容。主要负责人或其授权人签字后，填写日期，并加盖公章。

十二、本审查书表格中“正本载明内容”和“副本载明内容”栏的“单位名称”、“单位地址”、“主要负责人”、“经济类型”，填写与申请书相应的内容；“发证日期”为安全生产许可证颁发管理机关主要负责人或其授权人签字日期；“证书有效期”为发证日期至第三年该发证日期的前一日；“正本载明内容”中“许可范围”栏，应填写危险化学品生产；“副本载明内容”中“许可范围”栏，填写安全生产许可证颁发管理机关决定的许可范围及其与申请书相应的内容；“证书编号”栏，填写颁发安全生产许可证的编号。

十三、本审查书表格中“副本载明内容”的“许可范围”栏，如果不能满足需要，可根据实际需要增设续表，格式和内容要求一致。

| 序号＼项目 | 审查内容 | 审查意见 | 审查人签字 | 备注 |
|---|---|---|---|---|
| 1 | 是否建立、健全主要负责人、分管负责人、安全生产管理人员、职能部门、岗位安全生产责任制 | | | |
| 2 | 是否制定从业人员的安全教育、培训、劳动防护用品（具）、保健品，安全设施、设备，作业场所防火、防毒、防爆和职业卫生，安全检查、隐患整改、事故调查处理，安全生产奖惩等规章制度 | | | |
| 3 | 是否根据危险化学品的生产工艺、技术、设备特点和原材料、辅助材料、产品的危险性编制岗位操作安全规程（安全操作法）和制定符合有关标准规定的作业安全规程 | | | |
| 4 | 安全投入是否符合安全生产要求 | | | |
| 5 | 是否设置安全生产管理机构和配备专职安全生产管理人员 | | | |
| 6 | 主要负责人、安全生产管理人员的安全生产知识和管理能力是否经考核合格 | | | |
| 7 | 是否依法参加工伤保险，为从业人员缴纳保险费 | | | |

续表

| 序号＼项目 | 审查内容 | 审查意见 | 审查人签字 | 备注 |
|---|---|---|---|---|
| 8 | 特种作业人员是否经有关业务主管部门考核合格，取得特种作业操作资格证书 | | | |
| 9 | 从业人员是否按照国家有关规定，经安全教育和培训并考核合格 | | | |
| 10 | 危险化学品生产装置和储存危险化学品数量构成重大危险源的储存设施，与下列场所、区域的距离是否符合有关法律、法规、规章和标准的规定：<br>（1）居民区、商业中心、公园等人口密集区域；<br>（2）学校、医院、影剧院、体育场（馆）等公共设施；<br>（3）供水水源、水厂及水源保护区；<br>（4）车站、码头（按照国家规定，经批准专门从事危险化学品装卸作业的除外）、机场以及公路、铁路、水路交通干线、地铁风亭及出入口；<br>（5）基本农田保护区、畜牧区、渔业水域和种子、种畜、水产苗种生产基地；<br>（6）河流、湖泊、风景名胜区和自然保护区；<br>（7）军事禁区、军事管理区；<br>（8）法律、行政法规规定予以保护的其他区域 | | | |

| | 审查内容 | 审查意见 | 审查人签字 | 备注 |
|---|---|---|---|---|
| 直接办理延期 | 提交的文件、资料是否齐全和符合规定 | | | |
| | 是否严格遵守有关安全生产的法律法规和本实施办法 | | | |
| | 取得安全生产许可证后，是否加强日常安全生产管理和有无降低安全生产条件 | | | |
| | 是否接受安全生产许可证颁发管理机关及所在地人民政府安全生产监督管理部门的监督检查 | | | |
| | 是否发生死亡事故 | | | |
| 变更法定代表人或者主要负责人 | 查验工商营业执照变更后的副本 | | | |
| | 主要负责人考核合格的证明材料 | | | |
| 变更隶属关系 | 查验工商营业执照变更后的副本 | | | |
| 变更企业名称 | 查验工商营业执照变更后的副本 | | | |

| | 姓名 | 单位 | 职务 | 职称 |
|---|---|---|---|---|
| 审查人员 | | | | |
| | | | | |
| | | | | |
| | | | | |
| | | | | |
| | | | | |
| | | | | |
| | | | | |
| 审查意见 | 负责人（签字）：<br>年 月 日 | | | |

| | |
|---|---|
| 承办处室意见 | 处（室）负责人（签字）：<br><br>承办处室（盖章）<br><br>年 月 日 |
| 安全生产许可证颁发管理机关决定 | 负责人（签字）：<br><br>发证机关（盖章）<br><br>年 月 日 |

续表

<table>
<tr><td rowspan="5">许可证正本载明内容</td><td>单位名称</td><td></td><td>主要负责人</td><td></td></tr>
<tr><td>单位地址</td><td></td><td>经济类型</td><td></td></tr>
<tr><td>发证日期</td><td>年 月 日</td><td>证书编号</td><td></td></tr>
<tr><td>证书有效期</td><td colspan="3">年 月 日至 年 月 日</td></tr>
<tr><td>许可范围</td><td colspan="3"></td></tr>
<tr><td rowspan="10">许可证副本载明内容</td><td>单位名称</td><td></td><td>主要负责人</td><td></td></tr>
<tr><td>单位地址</td><td></td><td>经济类型</td><td></td></tr>
<tr><td>发证日期</td><td>年 月 日</td><td>证书编号</td><td></td></tr>
<tr><td>证书有效期</td><td colspan="3">年 月 日至 年 月 日</td></tr>
<tr><td rowspan="6">许可范围</td><td>产品名称</td><td>生产能力</td><td>工艺系统</td></tr>
<tr><td></td><td></td><td></td></tr>
<tr><td></td><td></td><td></td></tr>
<tr><td></td><td></td><td></td></tr>
<tr><td></td><td></td><td></td></tr>
<tr><td></td><td></td><td></td></tr>
</table>

（12）危险化学品生产企业安全生产许可证申请材料补正告知书、受理通知书、不予受理通知书、不予颁发通知书、征求意见书

《危险化学品生产企业安全生产许可证》

申请材料

1. 补正告知书
2. 受理通知书
3. 不予受理通知书
4. 不予颁发通知书
5. 征求意见书

**文书中说明**

英文字母分别表示为：

A—表示发证机关所属省、自治区、直辖市的代字。如：北京市为“京”，河北省为“冀”；

B—表示年份。如2004年受理，即填写“2004”；

C—表示顺序号；

D—表示申请单位，填写申请单位的名称；

E—表示申请的类别（首次申请、变更申请、延期申请），选择性填写；

F—表示发证机关自行设定的编号；

G—表示《危险化学品生产企业安全生产许可证实施办法》第几条第几款规定；

H—表示申请取得安全生产许可证的单位。

**危险化学品生产企业安全生产许可证**
**申请材料补正告知书**

（共三联）

A 危化安许证告字〔B〕C 号

______D______：

你单位____年___月___日提交的危险化学品生产企业安全生产许可证___E___及相关文件、材料收悉。根据《危险化学品生产企业安全生产许可证实施办法》的规定，经审核需补正以下材料：

一、____________

二、____________

三、____________

四、____________

五、____________

特此告知。

受理人：__________ 联系电话：__________

（发证机关盖章）

年 月 日

**（第一联 发证机关存档）**

**危险化学品生产企业安全生产许可证**
**申请材料补正告知书**

（共三联）

A 危化安许证告字〔B〕C 号

______D______：

你单位____年___月___日提交的危险化学品生产企业安全生产许可证___E___及相关文件、材料收悉。根据《危险化学品生产企业安全生产许可证实施办法》的规定，经审核需补正以下材料：

一、____________

二、____________

三、____________

四、____________

五、____________

特此告知。

受理人：__________ 联系电话：__________

（发证机关盖章）

年 月 日

**（第二联 发证机关承办处室留存）**

**危险化学品生产企业安全生产许可证**
**申请材料补正告知书**

（共三联）

A 危化安许证告字〔B〕C 号

______D______：

你单位____年___月___日提交的危险化学品生产企业安全生产许可证___E___及相关文件、材料收悉。根据《危险化学品生产企业安全生产许可证实施办法》的规定，经审核需补正以下材料：

一、____________

二、____________

三、____________

四、____________

五、____________

特此告知。

受理人：__________ 联系电话：__________

（发证机关盖章）

年 月 日

**（第三联 交申请单位）**

**危险化学品生产企业安全生产**
**许可证申请受理通知书**

（共三联）

A 危化安许证受字〔B〕C 号

D__________：

你单位____年___月___日提交的危险化学品生产企业安全生产许可证___E___及相关文件、材料收悉。经审查，符合《危险化学品生产企业安全生产许可证实施办法》的要求，我局于______年____月____日受理你单位提出的申请（受理编号：___F___）。自受理之日起，我局将在45个工作日内作出颁发或者不予颁发安全生产许可证的决定。

特此通知。

受理人：__________ 联系电话：__________

（发证机关盖章）

年 月 日

**（第一联 发证机关存档）**

**危险化学品生产企业安全生产**
**许可证申请受理通知书**

（共三联）

A 危化安许证受字〔B〕C 号

D__________：

你单位____年___月___日提交的危险化学品生产企业安全生产许可证___E___及相关文件、材料收悉。经审查，符合《危险化学品生产企业安全生产许可证实施办法》的要求，我局于______年____月____日受理你单位提出的申请（受理编号：___F___）。自受理之日起，我局将在45个工作日内作出颁发或者不予颁发安全生产许可证的决定。

特此通知。

受理人：__________ 联系电话：__________

（发证机关盖章）

年 月 日

**（第二联 发证机关承办处室留存）**

**危险化学品生产企业安全生产**
**许可证申请受理通知书**

（共三联）

A 危化安许证受字〔B〕C 号

D__________：

你单位____年___月___日提交的危险化学品生产企业安全生产许可证___E___及相关文件、材料收悉。经审查，符合《危险化学品生产企业安全生产许可证实施办法》的要求，我局于______年____月____日受理你单位提出的申请（受理编号：___F___）。自受理之日起，我局将在45个工作日内作出颁发或者不予颁发安全生产许可证的决定。

特此通知。

受理人：__________ 联系电话：__________

（发证机关盖章）

年 月 日

**（第三联 交申请单位）**

**危险化学品生产企业安全生产许可证申请不予受理通知书**

（共三联）

A 危化安许证受字〔B〕C 号

____D____：

你单位____年____月____日提交的危险化学品生产企业安全生产许可证__E__及相关文件、材料收悉。经审查，有：

一、________

二、________

三、________

不符合《危险化学品生产企业安全生产许可证实施办法》的规定，决定不予受理你单位的申请。

特此通知。

受理人：________联系电话：________

（发证机关盖章）

年　月　日

**（第一联　发证机关存档）**

---

**危险化学品生产企业安全生产许可证申请不予受理通知书**

（共三联）

A 危化安许证受字〔B〕C 号

____D____：

你单位____年____月____日提交的危险化学品生产企业安全生产许可证__E__及相关文件、材料收悉。经审查，有：

一、________

二、________

三、________

不符合《危险化学品生产企业安全生产许可证实施办法》的规定，决定不予受理你单位的申请。

特此通知。

受理人：________联系电话：________

（发证机关盖章）

年　月　日

**（第二联　发证机关承办处室留存）**

---

**危险化学品生产企业安全生产许可证申请不予受理通知书**

（共三联）

A 危化安许证受字〔B〕C 号

____D____：

你单位____年____月____日提交的危险化学品生产企业安全生产许可证__E__及相关文件、材料收悉。经审查，有：

一、________

二、________

三、________

不符合《危险化学品生产企业安全生产许可证实施办法》的规定，决定不予受理你单位的申请。

特此通知。

受理人：________联系电话：________

（发证机关盖章）

年　月　日

**（第三联　交申请单位）**

---

**危险化学品生产企业安全生产许可证不予颁发通知书**

（共三联）

A 危化安许证颁字〔B〕C 号

____D____：

你单位提出__H__安全生产许可证的__E__，____年____月____日我局受理（受理编号：____F____）后，经审查，不符合《危险化学品生产企业安全生产许可证实施办法》____G____的规定，决定不予颁发安全生产许可证。

特此通知。

（发证机关公章）

年　月　日

**（第一联　发证机关存档）**

---

**危险化学品生产企业安全生产许可证不予颁发通知书**

（共三联）

A 危化安许证颁字〔B〕C 号

____D____：

你单位提出__H__安全生产许可证的__E__，____年____月____日我局受理（受理编号：____F____）后，经审查，不符合《危险化学品生产企业安全生产许可证实施办法》____G____的规定，决定不予颁发安全生产许可证。

特此通知。

（发证机关公章）

年　月　日

**（第二联　发证机关承办处室留存）**

---

**危险化学品生产企业安全生产许可证不予颁发通知书**

（共三联）

A 危化安许证颁字〔B〕C 号

____D____：

你单位提出__H__安全生产许可证的__E__，____年____月____日我局受理（受理编号：____F____）后，经审查，不符合《危险化学品生产企业安全生产许可证实施办法》____G____的规定，决定不予颁发安全生产许可证。

特此通知。

（发证机关公章）

年　月　日

**（第三联　交申请单位）**

**危险化学品生产企业安全生产许可证征求意见书**

（共三联）

A危化安许证征字〔B〕C号

__________人民政府部门（机构）：

____________________

D__________已向我局申请____H______安全生产许可证。根据《危险化学品生产企业安全生产许可证实施办法》的规定，兹请你部门（机构）自收到本意见书之日起5个工作日内，在本意见书第三联上签署意见，并反馈我局。

（发证机关盖章）

年 月 日

你部门（机构）意见：

负责人（签字）： （公章）

年 月 日

**（第一联 反馈）**

**危险化学品生产企业安全生产许可证征求意见书**

（共三联）

A危化安许证征字〔B〕C号

__________人民政府部门（机构）：

____________________

D__________已向我局申请____H______安全生产许可证。根据《危险化学品生产企业安全生产许可证实施办法》的规定，兹请你部门（机构）自收到本意见书之日起5个工作日内，在本意见书第三联上签署意见，并反馈我局。

（发证机关盖章）

年 月 日

你部门（机构）意见：

负责人（签字）： （公章）

年 月 日

**（第二联 留存）**

**危险化学品生产企业安全生产许可证征求意见书**

（共三联）

A危化安许证征字〔B〕C号

__________人民政府部门（机构）：

____________________

D__________已向我局申请____H______安全生产许可证。根据《危险化学品生产企业安全生产许可证实施办法》的规定，兹请你部门（机构）自收到本意见书之日起5个工作日内，在本意见书第三联上签署意见，并反馈我局。

（发证机关盖章）

年 月 日

你部门（机构）意见：

负责人（签字）： （公章）

年 月 日

**（第三联 存档）**

## （13）危险化学品建设项目安全许可申请书

申请日期： 申请编号：

**危险化学品建设项目安全许可申请书**

（试行）

项目名称________________

申请事项________________

申请单位________________

经 办 人________________

联系电话________________

填写日期________________

国家安全生产监督管理总局编制

**填 写 说 明**

一、本申请书封面中的“申请日期”、“申请编号”，由负责实施危险化学品生产、储存建设项目（以下简称建设项目）安全许可的安全生产监督管理部门（以下简称实施部门）受理人填写；本申请书的其他内容，由申请单位的人员填写。

二、本申请书可以用钢笔、签字笔填写，字迹要清晰、工整；也可以用打印机打印四号字文本，但“负责人签字”必须由本人用钢笔、签字笔签署姓名。

三、本申请书“申请单位”是指《危险化学品建设项目安全许可实施办法》（安全监管总局令第8号）规定的建设单位，“建设项目所在单位”是指“申请单位”依法设立的分支机构。

四、本申请书封面中，“项目名称”栏，填写需要政府或者投资主管部门审批或者核准、备案的建设项目名称；“申请事项”栏，分别填写申请建设项目设立和安全设施设计、投入生产（使用）等3个阶段的安全许可事项，即分别填写设立审查和安全设施设计审查、竣工验收；“申请单位”栏，填写申请单位“企业法人营业执照”或者“营业执照”、“企业名称预先核准通知书”上的企业名称。

五、本申请书“申请单位”和“建设项目所在单位”栏目中的“名称”和“地址”，分别填写申请单位和建设项目所在单位“企业法人营业执照”或者“营业执照”、“企业名称预先核准通知书”上的企业名称和企业住所。未设立分支机构的申请单位，仅填写“申请单位”栏的内容。

六、本申请书“申请单位”和“建设项目所在单位”栏中的“经济类型”，按照国家统计局和原国家工商行政管理局《关于划分企业登记注册类型的规定》（国统字〔1998〕200号），填写企业登记注册类型。

七、本申请书“建设项目可行性研究单位”栏，仅在申请建设项目设立审查时填写。其中，“单位名称”和“通讯地址”栏，分别填写承担该建设项目可行性研究的单位“企业法人营业执照”上的企业名称和住所；“经济类型”栏，填写内容同“六”。

八、本申请书“建设项目安全评价单位”栏，在申请建设项目设立审查和建设项目安全设施竣工验收时填写。其中，“单位名称”和“通讯地址”栏，分别填写承担该建设项目安全评价的单位“企业法人营业执照”上的企业名称和住所；“经济类型”栏，填写内容同“六”；“资质级别”和“资质证书编号”栏，分别填写承担该建设项目安全评价的单位取得的“安全评价资质证书”上的级别和编号。

九、本申请书“建设项目安全设施设计单位”栏，仅在申请建设项目安全设施设计审查时填写。其中，“单位名称”和“通讯地址”栏，分别填写承担该建设项目安全设施设计的单位“企业法人营业执照”上的企业名称和住所；“经济类型”栏，填写内容同“六”；“资质级别”、“经营范围”和“资质证书编号”栏，分别填写承担该建设项目安全设施设计的单位取得的“设计资质证书”上的级别、设计范围和编号。

十、本申请书“建设地址”栏，填写建设项目在其所在地行政区划中的位置。

## 填 写 说 明

十一、本申请书“建设项目安全设施施工单位”栏，仅在申请建设项目安全设施竣工验收时填写。其中，“单位名称”和“通讯地址”栏，分别填写承担该建设项目安全设施施工的单位“企业法人营业执照”上的企业名称和住所；“经济类型”栏，填写内容同“六”；“资质级别”、“经营范围”和“资质证书编号”栏，分别填写承担该建设项目安全设施施工的单位取得的“施工资质证书”上的级别、施工范围和编号。

十二、本申请书“项目类型”栏，按照下列分类进行多项选择性填写：

1. 新建危险化学品生产项目；2. 新建危险化学品储存项目；
3. 改建危险化学品生产项目；4. 改建危险化学品储存项目；
5. 扩建危险化学品生产项目；6. 扩建危险化学品储存项目。

十三、本申请书“建设项目安全许可意见书文号”栏，在申请建设项目安全设施设计审查时，填写该建设项目设立安全审查后实施部门向申请单位出具的建设项目安全许可意见书的文件编号；在申请建设项目安全设施竣工验收时，填写该建设项目设立安全设施设计审查后实施部门向申请单位出具的建设项目安全许可意见书的文件编号。

十四、本申请书“总投资”和“安全投资”栏，在申请建设项目设立审查时，分别填写建设项目可行性研究中估算的总投资金额和安全设施投资金额；在申请建设项目安全设施设计审查时，分别填写建设项目设计“投资概算”中的总投资金额和安全设施投资金额；在申请建设项目安全设施竣工验收时，“投资决算”和“安全设施投资额”栏，分别填写建设项目竣工后决算的总投资金额和安全设施投资金额。

十五、本申请书“建设项目生产区周边状况”和“建设项目储存区周边状况”栏，不在现有企业生产区或者储存区内的建设项目，仅填写外部情况；危险化学品储存建设项目，仅填写建设项目储存区周边状况。

十六、本申请书“生产或者储存装置设施情况”中的“工艺技术简述及来源”栏，填写通用的化工专业术语和该技术开发单位的名称；“主要设备名称及来源”栏，填写组成装置或者设施的塔、釜、槽、泵、罐、炉、压缩机、换热器、电机等和制造企业名称。

十七、本申请书“辅助工程情况”，填写为实现危险化学品生产、储存的水、电、气等辅助工程的情况。

十八、本申请书“可能发生的危险化学品事故应急救援措施”栏，在申请建设项目设立审查和申请建设项目安全设施设计审查时填写相应的内容。

十九、本申请书“管理和技术人员配备情况”、“安全管理制度”和“建设项目试生产（使用）情况”栏，仅在申请建设项目安全设施竣工验收时填写相应的内容。

二十、本申请书设置的栏目尺寸，不能满足填写内容的需要时，可自行设置栏目尺寸，但不能改变表格外边距的尺寸；本申请书设置的栏目中表格数量不能满足填写内容的需要时，可自行设置续表，格式和内容要求应与本申请书的表格一致；申请单位在填写申请书时，申请书封面不编制页码，其他重新编制申请书的自然页码。

| | | | | |
|---|---|---|---|---|
| 申请单位 | 名称 | | | |
| | 地址 | | 邮政编码 | |
| | 电子邮箱 | | 经济类型 | |
| | 联系电话 | | 传真电话 | |
| | 法定代表人 | | 安全生产负责人 | |
| | 申请单位意见：<br><br>主要负责人：（签字）　　（加盖公章处）<br>年　月　日 | | | |
| 建设项目所在单位 | 名称 | | | |
| | 地址 | | 邮政编码 | |
| | 电子邮箱 | | 经济类型 | |
| | 联系电话 | | 传真电话 | |
| | 主要负责人 | | 安全生产负责人 | |
| | 建设单位意见：<br><br>主要负责人：（签字）　　（加盖公章处）<br>年　月　日 | | | |

| | | | | | | |
|---|---|---|---|---|---|---|
| 建设项目可行性研究单位 | 单位名称 | | | | | |
| | 通讯地址 | | | | | |
| | 经济类型 | | 联系电话 | | 邮政编码 | |
| | 法定代表人 | | 项目负责人 | | | |
| | 单位简介： | | | | | |
| 建设项目安全评价单位 | 单位名称 | | | | | |
| | 通讯地址 | | | | | |
| | 经济类型 | | 联系电话 | | 邮政编码 | |
| | 资质级别 | | 资质证书编号 | | | |
| | 法定代表人 | | 项目负责人 | | | |
| | 单位简介： | | | | | |

| | | | | | | |
|---|---|---|---|---|---|---|
| 建设项目安全设施设计单位 | 单位名称 | | | | | |
| | 通讯地址 | | | | | |
| | 经济类型 | | 联系电话 | | 邮政编码 | |
| | 资质级别 | | 经营范围 | | 证书编号 | |
| | 法定代表人 | | 项目负责人 | | | |
| | 单位简介： | | | | | |
| 建设项目安全设施施工单位 | 单位名称 | | | | | |
| | 通讯地址 | | | | | |
| | 经济类型 | | 联系电话 | | 邮政编码 | |
| | 资质级别 | | 经营范围 | | 证书编号 | |
| | 法定代表人 | | 项目负责人 | | | |
| | 单位简介： | | | | | |

<table>
<tr><td>项目类型</td><td colspan="3"></td></tr>
<tr><td>建设地址</td><td colspan="3"></td></tr>
<tr><td colspan="2">建设项目安全许可意见书文号</td><td colspan="2"></td></tr>
<tr><td>总投资</td><td></td><td>安全投资</td><td></td></tr>
<tr><td colspan="4">技术及来源简介：</td></tr>
<tr><td colspan="4">工艺流程简介：</td></tr>
</table>

<table>
<tr><td rowspan="2">建设项目生产区周边状况</td><td>内部</td><td></td></tr>
<tr><td>外部</td><td></td></tr>
<tr><td rowspan="2">建设项目储存区周边状况</td><td>内部</td><td></td></tr>
<tr><td>外部</td><td></td></tr>
</table>

<table>
<tr><td colspan="2">序号 / 项目</td><td></td><td></td></tr>
<tr><td rowspan="7">生产或者储存装置设施情况</td><td>装置设施名称</td><td></td><td></td></tr>
<tr><td>拟设计能力</td><td></td><td></td></tr>
<tr><td>物料名称</td><td></td><td></td></tr>
<tr><td>产品名称</td><td></td><td></td></tr>
<tr><td>工艺技术简述及来源</td><td></td><td></td></tr>
<tr><td>主要设备名称及来源</td><td></td><td></td></tr>
<tr><td>备　注</td><td></td><td></td></tr>
</table>

<table>
<tr><td colspan="2">序号 / 项目</td><td></td><td></td></tr>
<tr><td rowspan="5">辅助工程情况</td><td>工程名称</td><td></td><td></td></tr>
<tr><td>拟设计能力或者负荷</td><td></td><td></td></tr>
<tr><td>介质或者物料来源</td><td></td><td></td></tr>
<tr><td>主要设备名称及来源</td><td></td><td></td></tr>
<tr><td>备　注</td><td></td><td></td></tr>
</table>

| 项目 \ 序号 | | | |
|---|---|---|---|
| 生产储存涉及的危险化学品基本理化性能指标 | 品　名 | | |
| | 燃　点 | | |
| | 自燃点 | | |
| | 闪　点 | | |
| | 爆炸极限 | | |
| | 毒　性 | | |
| | 物理性质 | | |
| | 化学性质 | | |
| | 数据来源 | | |
| | 备　注 | | |

危险化学品储运技术要求

| 品名 | 包装要求 | 储存要求 | 运输要求 | 数据来源 |
|---|---|---|---|---|
| | | | | |
| | | | | |
| | | | | |
| | | | | |
| | | | | |
| | | | | |
| | | | | |
| | | | | |
| | | | | |
| | | | | |
| | | | | |
| | | | | |
| | | | | |
| | | | | |
| | | | | |
| | | | | |
| | | | | |
| | | | | |
| | | | | |
| | | | | |
| | | | | |
| | | | | |
| | | | | |
| | | | | |
| | | | | |
| | | | | |
| | | | | |
| | | | | |
| | | | | |
| | | | | |
| | | | | |
| | | | | |
| | | | | |
| | | | | |

可能发生的危险化学品事故应急救援措施

| 危险化学品事故类型 | 应急救援措施的对策与建议 |
|---|---|
| | |
| | |
| | |
| | |
| | |
| | |
| | |
| | |
| | |
| | |
| | |
| | |
| | |
| | |
| | |
| | |
| | |
| | |

| 管理和技术人员配备情况 | | |
|---|---|---|
| 安全管理制度 | 名　称 | 主 要 内 容 |
| | | |
| | | |
| | | |
| | | |
| | | |
| | | |
| | | |
| | | |
| | | |
| | | |
| | | |
| | | |

| 建设项目试生产（使用）情况 | |
|---|---|
| 起止日期 | |
| 备案日期 | |
| 备案部门 | |
| 试生产（使用）期间安全生产情况简介： | |

（14）危险化学品建设项目安全许可审查书

危险化学品建设项目安全许可审查书
（试行）

项目名称＿＿＿＿＿＿＿＿
许可事项＿＿＿＿＿＿＿＿
受理编号＿＿＿＿＿＿＿＿
受理日期＿＿＿＿＿＿＿＿
受 理 人＿＿＿＿＿＿＿＿
实施部门＿＿＿＿＿＿＿＿

国家安全生产监督管理总局制样

**填　写　说　明**

一、本审查书由负责实施危险化学品生产、储存建设项目（以下简称建设项目）安全许可的安全生产监督管理部门（简称实施部门）填写。

二、本审查书可以用钢笔、签字笔填写，字迹要清晰、工整；也可以用打印机打印四号字文本，所有“签字”处必须由本人用钢笔、签字笔签署姓名。

三、本审查书封面中，“项目名称”栏，填写申请单位提交的《建设项目安全许可申请书》中的建设项目名称；“许可事项”栏，分别填写设立审查和安全设施设计审查、竣工验收；“受理编号”、“受理日期”和“受理人”栏，填写《建设项目安全许可申请受理通知书》上载明的受理编号、签发日期和受理人；“实施部门”栏，填写实施部门的全称。

四、本审查书“申请单位”、“所在单位”、“项目类型”、“投资概算”和“安全设施投资额”栏，分别填写申请单位《建设项目安全许可申请书》中的“申请单位”、“建设项目所在单位”的全称、建设项目类型、总投资、安全投资。

五、本审查书“建设项目安全许可意见书文号”栏，在建设项目安全设施设计审查时，填写该建设项目设立安全审查后实施部门向申请单位出具的建设项目安全许可意见书的文件编号；在建设项目安全设施竣工验收时，填写该建设项目设立安全设施设计审查后实施部门向申请单位出具的建设项目安全许可意见书的文件编号。

六、本审查书“参加审查单位代表的意见”栏，填写参加审查的该建设项目的可行性研究单位、安全评价单位、安全设施设计单位、安全设施施工单位代表对专家组审查意见发表的意见，并由这些代表签字。

七、本审查书“专家组审查意见”，填写邀请专家的审查意见，并由推选的专家组组长签字。

八、本审查书“专家组组成人员”栏，填写邀请专家的简要情况，并由本人签字。

九、本审查书“建设项目安全许可实施部门审查”栏目中，“审查人员”栏，填写参与审查人员的简要情况；“审查人员审查意见”栏，填写审查人员的意见和理由简要说明，并由组织审查的负责人签字；“承办审查的安全许可实施部门内设机构意见”栏，填写承办审查的安全许可实施部门内设机构的审查意见和简要说明，并由负责人签字，加盖公章；“安全许可实施部门意见”栏，填写建设项目安全许可实施部门审议的内容，主要负责人或其授权人签字后，填写日期，并加盖公章。

十、本审查书“拟出具的建设项目安全许可意见书编号”栏，填写拟对该建设项目出具本项安全许可意见书的编号。

十一、本申请书设置的栏目尺寸，不能满足填写内容的需要时，可自行设置栏目尺寸，但不能改变表格外边距的尺寸；本申请书设置的栏目中的表格数量不能满足填写内容的需要时，可自行设置续表，格式和内容要求应与本申请书的表格一致；实施在填写审查书时，审查书封面不编制页码，其他重新编制审查书的自然页码。

| 申请单位 | | | |
|---|---|---|---|
| 所在单位 | | | |
| 项目类型 | | | |
| 建设地址 | | | |
| 总投资 | | 安全投资 | |
| 建设项目安全许可意见书文号 | | | |
| 建设项目技术、工艺流程、装置、设施简介： | | | |

| 参加审查单位代表的意见 | 审查时间 | | 审查地点 | |
|---|---|---|---|---|
| | | | | |

| 参加审查的单位代表名单 | 单位 | 姓名 | 职务/职称 | 签字 |
|---|---|---|---|---|
| | | | | |
| | | | | |
| | | | | |
| | | | | |
| | | | | |
| | | | | |
| | | | | |
| | | | | |
| | | | | |
| | | | | |
| | | | | |
| | | | | |
| | | | | |
| | | | | |
| | | | | |
| | | | | |
| | | | | |
| | | | | |
| | | | | |
| | | | | |
| | | | | |

| 专家组审查意见 | 审查时间 | | 审查地点 | |
|---|---|---|---|---|
| | 专家组组长：（签名）<br>年 月 日 | | | |

| 专家组组成人员名单 | 姓名 | 职称 | 专业特长 | 单位 | 签字 |
|---|---|---|---|---|---|
| | | | | | |
| | | | | | |
| | | | | | |
| | | | | | |
| | | | | | |
| | | | | | |
| | | | | | |
| | | | | | |
| | | | | | |
| | | | | | |
| | | | | | |
| | | | | | |
| | | | | | |
| | | | | | |
| | | | | | |
| | | | | | |
| | | | | | |
| | | | | | |
| | | | | | |
| | | | | | |
| | | | | | |

| 建设项目安全许可实施部门审查 | | | | | |
|---|---|---|---|---|---|
| | 审查人员 | 姓　名 | 职　务 | 职　称 | 单　位 |
| | | | | | |
| | | | | | |
| | | | | | |
| | | | | | |
| | | | | | |
| | 审查人员审查意见：<br><br>审查人员（签字）：<br>年　月　日 | | | | |

| 建设项目安全许可实施部门审查 | | |
|---|---|---|
| | 承办审查的安全许可实施部门内设机构意见 | 负责人（签字）：<br>（承办机构盖章）<br>年　月　日 |
| | 安全许可实施部门意见 | 负责人（签字）：<br>（实施部门盖章）<br>年　月　日 |
| 拟出具的建设项目安全许可意见书编号： | | |

（15）危险化学品建设项目申请文件资料补正告知书、申请受理通知书、申请不予受理通知书、试生产/使用方案备案告知书、安全许可意见书

危险化学品建设项目安全许可文书

**1. 补正告知书**
**2. 申请受理通知书**
**3. 申请不予受理通知书**
**4. 试生产（使用）方案备案告知书**
**5. 安全许可意见书**

**危险化学品建设项目安全许可文书说明**

根据《危险化学品建设安全许可实施办法》（安全监管总局令第8号）的有关规定，危险化学品建设项目（以下简称建设项目）安全许可文书主要包括：建设项目安全许可申请书、审查书、申请文件资料补正告知书、受理通知书、意见书和建设项目试生产（使用）方案备案告知书。现就这些文书的使用说明如下：

一、用途

1. 建设项目安全许可申请书，供企业（单位）在建设项目设立和安全设施设计、投入生产（使用）等3个阶段中，申请建设项目安全审查和安全设施设计审查、竣工验收时使用。

2. 建设项目安全许可审查书、申请文件资料补正告知书、受理通知书、意见书，供建设项目安全许可实施部门在实施建设项目设立安全审查和安全设施设计审查、竣工验收等安全许可事项时使用。其中，建设项目安全许可受理通知书的内容分为受理和不予受理等两种形式；建设项目安全许可意见书的内容分为3项安全许可和通过与未通过等两种形式。

3. 建设项目试生产（使用）方案备案告知书，供建设项目安全许可实施部门对建设单位提交的建设项目试生产（使用）方案进行事前备案时使用。建设项目试生产（使用）方案备案告知书的内容分为予以备案和不予备案等两种。

二、填写说明

建设项目安全许可申请文件资料补正告知书、受理通知书、意见书和建设项目试生产（使用）方案备案告知书中英文字母表示的内容和填写要求如下：

1. A表示负责实施建设项目安全许可的安全生产监督管理部门（以下简称实施部门），填写安全生产监督管理部门的代字。如：北京市安全生产监督管理局负责实施的建设项目安全许可，填写京安监。

2. B表示年份，填写实施建设项目安全许可的年份。

3. C表示序号，填写实施部门编制的序列号。

4. D表示建设项目安全许可的申请单位，填写申请单位“企业法人营业执照”或者“营业执照”、“企业名称预先核准通知书”上的企业名称。

5. E表示建设项目名称，填写建设项目安全许可申请书上的建设项目名称。

6. F表示建设项目3个阶段安全许可事项，分别不同阶段填写设立安全审查或者安全设施设计审查、安全设施竣工验收。

7. G表示实施建设项目安全许可依据的文件，填写该文件的名称和用括号注明文号。

8. H表示份数，填写需要建设项目安全许可申请文件、资料的份数。

9. I表示承担建设项目安全许可中技术审查工作的单位，填写该单位的全称。

10. J表示该建设项目安全许可的实施部门，填写该实施部门的全称。

11. K表示负责该建设项目投入生产（使用）安全许可的实施部门，填写该部门的全称。

12. L、M、N、O、P表示该文件的抄送单位，分别填写为申请单位和该建设项目工商登记注册的工商行政管理部门、该建设项目所在地安全生产监督管理部门、负责该建设项目审批（核准、备案）的行政机关、承担该建设项目安全评价的机构、承担该建设项目安全设施设计的单位的全称。

另外，建设项目安全许可实施部门在拟定建设项目安全许可申请文件资料补正告知书、受理通知书、意见书和建设项目试生产（使用）方案备案告知书时，如果该文书是单页，则不编制页码；如果该文书是2页以上，重新编制该文书的自然页码。

危险化学品建设项目安全许可申请文件资料补正告知书（试行）

A危化项目补字〔B〕C号

D：

你单位　　年　月　日提交的EF申请文件、资料收悉。根据《中华人民共和国行政许可法》（中华人民共和国主席令第7号）第三十二条规定，经审核，请补正以下申请文件、资料：

特此告知。

受理人：　　　联系电话：

（承办机构盖章）

年　月　日

**（一式三份　第一份　实施部门存档）**

危险化学品建设项目安全许可申请文件资料补正告知书（试行）

A危化项目补字〔B〕C号

D：

你单位　　年　月　日提交的EF申请文件、资料收悉。根据《中华人民共和国行政许可法》（中华人民共和国主席令第7号）第三十二条规定，经审核，请补正以下申请文件、资料：

特此告知。

受理人：　　　联系电话：

（承办机构盖章）

年　月　日

**（一式三份　第二份　送交申请单位）**

危险化学品建设项目安全许可申请文件资料补正告知书（试行）

A危化项目补字〔B〕C号

D：

你单位　　年　月　日提交的EF申请文件、资料收悉。根据《中华人民共和国行政许可法》（中华人民共和国主席令第7号）第三十二条规定，经审核，请补正以下申请文件、资料：

特此告知。

受理人：　　　联系电话：

（承办机构盖章）

年　月　日

**（一式三份　第三份　承办机构存档）**

**危险化学品建设项目安全许可申请受理通知书（试行）**

A 危化项目受字〔B〕C 号

D：

你单位　　年　月　日（和　年　月　日）提交的 EF 申请文件、资料（和补正文件、资料）收悉。经审核，EF 申请文件、资料符合《危险化学品建设项目安全许可实施办法》（安全监管总局令第 8 号）和 G 的规定。根据《中华人民共和国行政许可法》（中华人民共和国主席令第 7 号）第三十二条规定，兹受理你单位提出的 EF 申请，受理编号为　　。请将 EF 申请文件、资料复制 H 份，于　年　月　日前送交 I。

特此通知。

受理人：　　　联系电话：

（承办机构盖章）

年　月　日

**（一式三份　第一份　实施部门存档）**

**危险化学品建设项目安全许可申请受理通知书（试行）**

A 危化项目受字〔B〕C 号

D：

你单位　　年　月　日（和　年　月　日）提交的 EF 申请文件、资料（和补正文件、资料）收悉。经审核，EF 申请文件、资料符合《危险化学品建设项目安全许可实施办法》（安全监管总局令第 8 号）和 G 的规定。根据《中华人民共和国行政许可法》（中华人民共和国主席令第 7 号）第三十二条规定，兹受理你单位提出的 EF 申请，受理编号为　　。请将 EF 申请文件、资料复制 H 份，于　年　月　日前送交 I。

特此通知。

受理人：　　　联系电话：

（承办机构盖章）

年　月　日

**（一式三份　第二份　送交申请单位）**

**危险化学品建设项目安全许可申请受理通知书（试行）**

A 危化项目受字〔B〕C 号

D：

你单位　　年　月　日（和　年　月　日）提交的 EF 申请文件、资料（和补正文件、资料）收悉。经审核，EF 申请文件、资料符合《危险化学品建设项目安全许可实施办法》（安全监管总局令第 8 号）和 G 的规定。根据《中华人民共和国行政许可法》（中华人民共和国主席令第 7 号）第三十二条规定，兹受理你单位提出的 EF 申请，受理编号为　　。请将 EF 申请文件、资料复制 H 份，于　年　月　日前送交 I。

特此通知。

受理人：　　　联系电话：

（承办机构盖章）

年　月　日

**（一式三份　第三份　承办机构存档）**

**危险化学品建设项目安全许可申请不予受理通知书（试行）**

A 危化项目受字〔B〕C 号

D：

你单位　　年　　月　日（和　年　月　日）提交的 EF 申请文件、资料（和补正文件、资料）收悉。经审核，下列 EF 申请文件、资料不符合《危险化学品建设项目安全许可实施办法》（安全监管总局令第 8 号）和 G 的规定：

根据《中华人民共和国行政许可法》（中华人民共和国主席令第 7 号）第三十二条规定，不予受理你单位提出的 EF 申请。请解决上述问题并修改申请文件、资料后，再次提出 EF 申请。

受理人：　　　联系电话：

（承办机构盖章）

年　月　日

**（一式三份　第一份　实施部门存档）**

**危险化学品建设项目安全许可申请不予受理通知书（试行）**

A 危化项目受字〔B〕C 号

D：

你单位　　年　　月　日（和　年　月　日）提交的 EF 申请文件、资料（和补正文件、资料）收悉。经审核，下列 EF 申请文件、资料不符合《危险化学品建设项目安全许可实施办法》（安全监管总局令第 8 号）和 G 的规定：

根据《中华人民共和国行政许可法》（中华人民共和国主席令第 7 号）第三十二条规定，不予受理你单位提出的 EF 申请。请解决上述问题并修改申请文件、资料后，再次提出 EF 申请。

受理人：　　　联系电话：

（承办机构盖章）

年　月　日

**（一式三份　第二份　送交申请单位）**

**危险化学品建设项目安全许可申请不予受理通知书（试行）**

A 危化项目受字〔B〕C 号

D：

你单位　　年　　月　日（和　年　月　日）提交的 EF 申请文件、资料（和补正文件、资料）收悉。经审核，下列 EF 申请文件、资料不符合《危险化学品建设项目安全许可实施办法》（安全监管总局令第 8 号）和 G 的规定：

根据《中华人民共和国行政许可法》（中华人民共和国主席令第 7 号）第三十二条规定，不予受理你单位提出的 EF 申请。请解决上述问题并修改申请文件、资料后，再次提出 EF 申请。

受理人：　　　联系电话：

（承办机构盖章）

年　月　日

**（一式三份　第三份　承办机构存档）**

**危险化学品建设项目试生产（使用）**
**方案备案告知书（试行）**

A 危化项目备字〔B〕C 号

D：

你单位　　年　月　日提交的《E 试生产（使用）方案》收悉。经审查，《E 试生产（使用）方案》符合《危险化学品建设项目安全许可实施办法》（安全监管总局令第 8 号）和 G 的规定和要求，现予以备案。请严格按照《E 试生产（使用）方案》，组织 E 的试生产（使用）。如果在 E 试生产（使用）过程中，发现所采取的安全生产措施存在着难以保证安全生产的缺陷和问题时，请及时完善和改正所采取的安全生产措施，并按照《危险化学品建设项目安全许可实施办法》第二十条第二款规定，将完善和改正后的安全措施及其说明分别报送 J 和 K 备案。此外，请根据 E 试生产（使用）情况，在 E 试生产（使用）结束前及时向 J 提出 EF 申请。

受理人：　　联系电话：

（承办机构盖章）
年　月　日

**抄送：L、M**

---

**危险化学品建设项目试生产（使用）**
**方案备案告知书（试行）**

A 危化项目备字〔B〕C 号

D：

你单位　　年　月　日提交的《E 试生产（使用）方案》收悉。经审查，《E 试生产（使用）方案》存在以下问题：

请按照《危险化学品建设项目安全许可实施办法》（安全监管总局令第 8 号）和 G 的规定和要求，认真研究解决上述问题，并按照《危险化学品建设项目安全许可实施办法》第二十条第二款规定，将修改后的《E 试生产（使用）方案》分别报送 J 和 K 备案。此外，在《E 试生产（使用）方案》未予以备案前，不得组织 E 的试生产（使用）。

受理人：　　联系电话：

（承办机构盖章）
年　月　日

**抄送：L、M**

---

**危险化学品建设项目试生产（使用）**
**方案备案告知书（试行）**

A 危化项目备字〔B〕C 号

D：

根据《危险化学品建设项目安全许可实施办法》（安全监管总局令第 8 号）的规定，你单位提出的 EF 申请受理后，经组织专家和有关单位对你单位提交的 EF 申请文件、资料内容（和现场情况）的审查，同意你单位建设 E。此外，请将《E 设立安全评价报告》作为 E 安全设施的设计依据之一。

受理人：　　联系电话：

（实施部门盖章）
年　月　日

**抄送：N、M、O**

---

**危险化学品建设项目试生产（使用）**
**方案备案告知书（试行）**

A 危化项目备字〔B〕C 号

D：

根据《危险化学品建设项目安全许可实施办法》（安全监管总局令第 8 号）的规定，你单位提出的 EF 申请受理后，经组织专家和有关单位对你单位提交的 EF 申请文件、资料内容（和现场情况）的审查，同意你单位建设 E。此外，请将《E 设立安全评价报告》作为 E 安全设施的设计依据之一。

受理人：　　联系电话：

（实施部门盖章）
年　月　日

**抄送：N、M、O**

**危险化学品建设项目安全许可意见书**

**（试行）**

D：

根据《危险化学品建设项目安全许可实施办法》（安全监管总局令第8号）的规定，你单位提出的EF申请受理后，经组织专家和有关单位对你单位提交的EF申请文件、资料内容（和现场情况）的审查，同意你单位的E安全设施设计。此外，请严格按照E安全设施设计施工。

受理人： 联系电话：

（实施部门盖章）

年 月 日

**抄送：N、M、P**

**危险化学品建设项目安全许可意见书**

**（试行）**

A危化项目审字〔B〕C号

D：

你单位提出的EF申请受理后，经组织专家和有关单位对你单位提交的EF申请文件、资料内容（和现场情况）的审查，E安全设施设计存在以下问题：

根据《危险化学品建设项目安全许可实施办法》（安全监管总局令第8号）的规定，你单位的E安全设施设计未通过。请解决上述问题并修改申请文件、资料后，再次提出EF申请。

受理人： 联系电话：

（实施部门盖章）

年 月 日

**抄送：N、M、P**

**危险化学品建设项目安全许可意见书**

**（试行）**

A危化项目审字〔B〕C号

D：

根据《危险化学品建设项目安全许可实施办法》（安全监管总局令第8号）的规定，你单位提出的EF申请受理后，经组织专家和有关单位对你单位提交的EF申请文件、资料内容（和现场情况）的审查，同意你单位建设的E投入生产（使用）。同时，请按照国家有关规定，办理E投入生产（使用）后的安全生产许可手续。

受理人： 联系电话：

（验收部门盖章）

年 月 日

**抄送：N、L、M、O**

**危险化学品建设项目安全许可意见书**

**（试行）**

D：

你单位提出的EF申请受理后，经组织专家和有关单位对你单位提交的EF申请文件、资料内容（和现场情况）的审查，F安全设施存在以下问题：

根据《危险化学品建设项目安全许可实施办法》（安全监管总局令第8号）的规定，不同意你单位建设的E投入生产（使用）。请解决上述问题并修改申请文件、资料后，再次提出EF申请。

受理人： 联系电话：

（验收部门盖章）

年 月 日

**抄送：N、L、M、O**

（16）危险化学品经营许可证

**中华人民共和国**
**危险化学品经营许可证**

登记编号：

经营单位名称：　　　　经营单位负责人：
经营单位住所：　　　　经营单位类型：
许可经营范围：　　　　经营方式：

发证机关：

有效期限：年　月　日至　　年　月　日

证书编号：000001　　　　国家安全生产监督管理总局制

**中　华　人　民　共　和　国**
**危险化学品经营许可证**
**（副本）**

登记编号：

发证机关：

年　月　日

经营单位名称：

经营单位负责人：

经营单位住所：

经营单位类型：

经营方式：

许可经营范围：

有效期限：年　月　日至　年　月　日

证书编号：000001　　　　国家安全生产监督管理总局制

（17）危险化学品、危险化学品生产单位、危险化学品使用单位、危险化学品储存单位登记证书

## 危险化学品登记证

HAZARDOUS CHEMICAL REGISTRATION CERTIFICATE

单位登记证号（Certificate No.）：

产品登记号（Product RN.）：

依据《危险化学品安全管理条例》、《危险化学品登记管理办法》，已对你单位生产的危险化学品进行了登记，特发此证。

This is certify that the hazardous chemicals produced by has been registered and to be in conformity with the requirements of "Regulation on Safety Management of Hazardous chemicals" and "Measures for administration of Registration of Hazardous Chemicals".

单位地址：

Add：

证号：

Certificate No.

发证日期：

Date of issue

有效期：

Duration of validity

登记中心　　登记办公室

**国家安全生产监督管理局**

**MADE BY THE STATA ADMINISTRATION OF WORK SAFETY**

## 危险化学品生产单位登记证

HAZARDOUS CHEMICALS REGISTRATION CERTIFICATE FOR PRODUCTION

依据《危险化学品安全管理条例》、《危险化学品登记管理办法》，已对你单位生产的危险化学品进行了登记，特发此证。

This is certify that the hazardous chemicals produced by has been registered and to be in conformity with the requirements of "Regulation on Safety Management of Hazardous chemicals" and "Measures for administration of Registration of Hazardous Chemicals".

单位地址：

Add：

证号：

Certificate No.

发证日期：

Date of issue

有效期：

Duration of validity

登记中心　　登记办公室

**国家安全生产监督管理局**

**MADE BY THE STATA ADMINISTRATION OF WORK SAFETY**

## 危险化学品储存单位登记证

HAZARDOUS CHEMICALS REGISTRATION CERTIFICATE FOR SAORAGE

依据《危险化学品安全管理条例》、《危险化学品登记管理办法》，已对你单位生产的危险化学品进行了登记，特发此证。

This is certify that the hazardous chemicals produced by has been registered and to be in conformity with the requirements of "Regulation on Safety Management of Hazardous chemicals" and "Measures for administration of Registration of Hazardous Chemicals".

单位地址：

Add：

证号：

Certificate No.

发证日期：

Date of issue

有效期：

Duration of validity

登记中心　　登记办公室

**国家安全生产监督管理局**

**MADE BY THE STATA ADMINISTRATION OF WORK SAFETY**

## 危险化学品使用单位登记证

HAZARDOUS CHEMICALS REGISTRATION CERTIFICATE FOR USER

依据《危险化学品安全管理条例》、《危险化学品登记管理办法》，已对你单位生产的危险化学品进行了登记，特发此证。

This is certify that the hazardous chemicals produced by has been registered and to be in conformity with the requirements of "Regulation on Safety Management of Hazardous chemicals" and "Measures for administration of Registration of Hazardous Chemicals".

单位地址：

Add：

证号：

Certificate No.

发证日期：

Date of issue

有效期：

Duration of validity

登记中心　　登记办公室

**国家安全生产监督管理局**

**MADE BY THE STATA ADMINISTRATION OF WORK SAFETY**

（18）危险化学品生产企业安全生产许可证

**安全生产许可证**

编号：

单位名称： 主要负责人：

单位地址： 经济类型：

许可范围： 经营方式：

有 效 期： 年 月 日至 年 月 日

发证机关：

证书编号：000001 国家安全生产监督管理总局制

**安全生产许可证**

（副本）

编 号：

单位名称：

主要负责人：

单位地址：

经济类型：

许可范围：

有 效 期：三年

年 月 日至 年 月 日

**说 明**

1.《安全生产许可证》是矿山、建筑施工企业和危险化学品、烟花爆竹、民用爆破器材生产企业取得安全生产许可的凭证。

2.《安全生产许可证》分正本和副本，正本和副本具有同样的法律效力，正本应放在企业法人住所醒目的位置。

3.《安全生产许可证》不得伪造、涂改、损毁、出租、出让、转让。除发证机关外，其他任何单位和个人均不得扣留、收缴和吊销。

4. 被许可人不得擅自超出本许可规定的许可范围。

5.《安全生产许可证》的颁发、管理、吊销及解释适用《安全生产许可证条例》。

发证机关：

年 月 日

# 第四节　安全生产行政处罚类文书

安全生产行政处罚文书，种类较多，但主要包括以下33种。

1. 案卷（首页），是指某案件的案由、处理结果和立案时间。

2. 卷内目录，是指将卷内文件按时间顺序编号，并标注文件名称和页号。

3. 立案审批表，是指对当事人具体违法行为按照有关法律法规条款进行立案，并注明当事人基本情况、案件来源以及承办人意见、审核意见和审批。

4. 询问通知书，是指在对单位进行检查或调查时，需要询问的当事人不在现场时下达的文书。

5. 询问笔录，是为查明案件事实、搜集证据，而向案件当事人、证人或其他有关人员调查了解有关情况时做的记录。

6. 勘验笔录，是安全生产行政执法人员、专家对案件现场违法事实、物证进行技术分析所做的记录。

7. 抽样取证凭证，是采集案件相关产品用于鉴定检验和保全证据的文书。应写明证据物品名称、规格、数量。必要时要附上取样物品的照片。

8. 先行登记保存证据审批表，是在证据可能灭失或者以后难以取得的情况下，由本部门安全生产执法监察机构或科（处）室负责人审核后报分管执法监察机构或科（处）室的负责人审批的法律文书。

9. 先行登记保存证据通知书，是证据可能灭失或者以后难以取得的情况下，经负责人审批后，通知单位先行登记保存证据物品的法律文书。

10. 先行登记保存证据清单，是指对先行登记保存证据按名称、规格型号、单位、价格、数量编成序号的法律文书。

11. 先行登记保存证据处理审批表，是对单位先行登记保存证据物品由本部门安全生产执法监察机构或处（科）室负责人审核后报分管执法监察机构或处（科）室的负责人审批进行处理的法律文书。

12. 先行登记保存证据处理决定书，是经审批对单位先行登记保存证据物品进行处理的法律文书。

13. 鉴定委托书，是安全生产监督管理部门委托技术机构对有关物品进行专门鉴定检验时使用的文书。适用于在检查中怀疑设施设备不符合行业规定或在事故调查中某种物品需要进一步检验。

14. 行政处罚告知书，是在作出行政处罚决定前，告知当事人将要作出的行政处罚决定的事实、理由、依据以及当事人依法应当享有权利的文书。

15. 当事人陈述申辩笔录，是在当事人收到行政处罚告知书后3日内对违法行为进行陈述申辩所做的笔录。

16. 听证会告知书，是在下达行政处罚告知书的同时，符合听证条件的，告知当事人具有听证权利的法律文书。

17. 听证会通知书，是经有权要求举行听证的当事人提出，安全生产监督管理部门决定举行听证时向当事人发出的书面通知。

18. 听证笔录，是对听证过程和内容的记录。

19. 听证会报告书，是听证结束后，听证主持人听证情况及听证人员对该案件的意见，以书面形式向安全生产监督管理部门负责人所作的正式报告。

20. 案件处理呈批表，是在下达告知书后，当事人经过充分的陈述申辩后作出的处理审批法律文书。

21. 行政处罚集体讨论记录，是在下达告知书后，当事人经过充分的陈述申辩或经过听证后仍需要进行重大处罚所进行集体讨论的文书。

22. 行政（当场）处罚决定书（单位），是指对单位案情简单、违法事实清楚、证据确凿的安全生产违法案件，依法当场作出处理决定的正式文书。

23. 行政（当场）处罚决定书（个人），是指对个人事实清楚、证据确凿的安全生产违法案件，依法当场作出行政处罚决定的文书。

24. 行政处罚决定书（单位）是指对单位事实清楚、证据确凿的安全生产违法案件，根据情节轻重依法作出行政处罚决定的文书。

25. 行政处罚决定书（个人），是指对个人事实清楚、证据确凿的安全生产违法案件，根据情节轻重依法作出行政处罚决定的文书。

26. 罚款催缴通知书是指作出行政处罚的行政机关在当事人收到行政处罚决定书后15日内未缴纳罚款时对被处罚单位下达的催缴文书。

27. 延期（分期）缴纳罚款审批表。是在当事人收到行政处罚决定书后3日内向作出行政处罚的行政机关提出延期（分期）缴纳罚款申请书和保证书后，经合议同意或不同意延期（分期）缴纳罚款的法律文书。

28. 延期（分期）缴纳罚款批准书，是在当事人收到行政处罚决定书后15日内向作出行政处罚的行政机关提出延期（分期）缴纳罚款申请后，经审批批准延期（分期）缴纳的法律文书。

29. 文书送达回执是指将安全生产行政执法文书送交有关当事人以证明受送达人已收到的凭证，用于直接送达、邮寄送达、留置送达等方式。在当事人拒绝签字而采用留置送达方式时，应说明有关情况，并邀请见证人签字并注明日期。应用于询问通知书、行政处罚告知书、听证告知书、行政处罚决定书、强制措施决定书等法律文书。

30. 强制执行申请书，是在当事人逾期不履行行政处罚决定书中给予的处罚时，安全生产监督管理部门为请求人民法院强制执行而提交给人民法院的书面申请。

31. 结案审批表，是对立案调查的案件，在行政处罚决定履行或执行后，或不作行政处罚的案件，相应隐患整改完毕后报请负责人批准结案的文书。应填写清楚被处理单位或个人、安全生产监察员。

32. 案件移送审批表，是指立案后发现不属于自己管辖的案件，经审批准，移送有关单位或部门处理的文书。

33. 案件移送书，是指将审批的移送案件，送达相关单位处理的法律文书。安全生产监督管理部门应当将案件相关材料一并移送，包括询问笔录、现场检查笔录等有关书证、物证。

安全生产行政处罚文书制样如下：

## 1. 案卷（首页）

（　）安监管案字［　］第（　）号

案件名称：________________

| 案　由 | |
|---|---|
| 处理结果 | |

立案：____年____月____日

结案：____年____月____日

承办人：________ ________

归档日期：____年____月____日

归档号：________

保存期限：________

## 2. 卷内目录

| 序号 | 文件名称及编号 | 日期 | 页号 | 备注 |
|---|---|---|---|---|
| | | | | |
| | | | | |
| | | | | |
| | | | | |
| | | | | |
| | | | | |
| | | | | |
| | | | | |
| | | | | |
| | | | | |
| | | | | |
| | | | | |
| | | | | |
| | | | | |
| | | | | |
| | | | | |
| | | | | |
| | | | | |
| | | | | |
| | | | | |
| | | | | |
| | | | | |
| | | | | |
| | | | | |
| | | | | |

## 3. 立案审批表

（地区简称）安监管立字〔年份〕第（序）号（下同）

案由当事人名称（姓名）＋具体违法行为（例）×公司特种作业人员无证上岗

（文书中“案由”应当按照法律法规中有关法律责任条款的规范用语填写。）

案件来源监督检查、举报投诉、移送、上级交办、下级报请、其他______时间______

案件名称当事人名称（姓名）行政处罚案（例）×公司行政处罚案

当事人单位写工商营业执照核准全称，自然人写姓名，派出机构无法人资格，财务独立合算的，写派出机构全称　电话______当事人基本情况　单位附营业执照复印件，个人附身份证复印件　当事人地址______邮政编码______

| | |
|---|---|
| **案件基本情况：（写明通过监督检查、举报、投诉等已初步掌握的违法事实情节，包括发案时间、地点、重要证据及造成的危害和影响）**（例）×年×月×日，我局在执法监督检查中发现，××公司×名从事电气焊作业的特种作业人员×××、×××，未按规定经专门的安全作业培训并取得特种作业操作资格证书，擅自无证上岗从事特种作业。 | |
| 承办人意见：**（填写违反的法条，是否进行立案调查）**（例）经初步审查，该公司行为违反了《安全生产法》第二十三条的规定，建议立案调查，依法处理。<br>承办人（签名）：______证号：______<br>______证号：______<br>年　月　日 | |
| 审核意见：一般违法案件，由负责审理案件的执法监察机构科室负责人直接审核。重大违法案件，由本部门安全生产执法监察机构负责人审核。<br>审核人（签名）：<br>年　月　日 | 审批意见：一般违法案件，由本部门安全生产执法监察机构负责人审批。重大违法案件由本部门分管安全生产执法监察机构的负责人审批。<br>审批人（签名）： |

## 4. 询问通知书

（　）安监管询字［　］第（　）号

××单位××人______：

因（写具体案由）如特种作业人员无证上岗案，请你于____年____月____日____时到____（在安监部门以外地点询问时，应在此栏注明具体地址）____接受询问调查，来时请携带下列证件材料（见打√处）：

□身份证

□营业执照

□法定代表人身份证明或者委托书

□

________________________________

________________________________

________________________________

如无法按时前来，请及时联系。

安全生产监督管理部门地址：________

联系人：____________联系电话：____________

安全生产监督管理部门（公章）

年　月　日

本文书一式两份：一份由安全生产监督管理部门备案，一份交被询问人。

5. 询问笔录

询问时间____年____月____日____时____分至____月____日____时____分____第____次询问
询问地点______________________
被询问人姓名______性别____年龄____身份证号____
工作单位______________________
职务______________________
住址______________________
电话______________________
询问人____________单位及职务____________
记录人____________单位及职务____________
在场人______________________

我们是______安全生产监督管理局的执法人员______、______，证件号码为______、______，这是我们的证件（出示证件）。我们依法就__（填写案由）__的有关问题向您了解情况，您有如实回答问题的义务，也有陈述、申辩和申请回避的权利。您听清楚了吗?

应首先询问被调查人是否要求调查人员回避，如申请调查人员回避应讲明理由。

“询问笔录”应当记录被询问人提供的与案件有关的全部情况，包括案件发生的时间、地点、与被调查对象的关系、事实过程、因果关系以及产生的后果等，记录必须准确。

《询问笔录》采用问答式。需对多人进行调查的，应当分别进行笔录。

《询问笔录》填写完毕后，应当将笔录交给被检查方核对或者当场宣读，被检查方确认无误后，应询问被调查人“对以上谈话是否还有陈述、申辩意见”“需要限期提供证明材料的要注明”；应当在笔录终了处注明“以上笔录我看过，属实”的字样，并在笔录上逐页签字、注明日期，在修改处签字或者按指纹、注明日期；执法人员应当在笔录终了处签字、注明日期。

续页

询问记录：（例）答：听清楚了。
问：你是否要求调查人员回避?
答：不要求。
问：你在单位担任什么职务?
答：我是××公司的董事长。
问：你公司主要负责人都经专门的安全生产培训考核合格取得安全资格证吗?
答：只有××取得了资格证。
问：你公司安全机构设置如何，如何配备安全管理人员的?
答：设有安全管理科，配有3名安全管理人员。
问：都取得安全培训考核证书了吗?
答：…………
问：你对以上谈话还有陈述、申辩意见吗?
答：没有了。
问：你看以上的笔录是否属实？如果属实，请签字。
答：以上笔录我看过，属实。
（以下为空白）

询问人（签名）：　　　　记录人（签名）：
被询问人（签名）：　　　　年　月　日

共　页　第　页

6. 勘验笔录，是安全生产行政执法人员、专家对案件现场违法事实、物证进行技术分析所做的记录

勘验笔录

（　）安监管勘字〔　〕第（　）号
勘验时间____年____月____日____时____分至____月____日____时____分
勘验场所__（要写明具体勘验地点）__天气情况____
勘验人__（由两名以上的安全生产行政执法人员担任）
单位及职务__________勘验人__________
单位及职务__________当事人__________
单位及职务__________当事人__________
单位及职务______________________
被邀请人（由具有中级以上专业技术职称并与当事人无利害关系的技术人员担任）____单位及职务________
记录人__________单位及职务__________

我们是______安全生产监督管理局的执法人员______、______，证件号码为______、______，这是我们的证件（出示证件）。现依法进行勘验检查，请予以配合。

勘验情况：（应详细写明勘验人对案件现场进行勘验的经过、技术分析和结果）

勘验人（签名）：______勘验人（签名）：______
当事人（签名）：______联系方式：______
当事人（签名）：______联系方式：______
被邀请人（签名）：____记录人（签名）：______

本页填写不下的内容或需绘制勘验图的，可另附页。

共　页　第　页

续页

勘验人（签名）：______勘验人（签名）：______
当事人（签名）：______联系方式：______
当事人（签名）：______联系方式：______
被邀请人（签名）：______记录人（签名）：______

本页填写不下的内容或需绘制勘验图的，可另附页。

共　页　第　页

## 7. 抽样取证凭证

（　　）安监管抽字〔　　〕第（　　）号

被抽样取证单位________________

现场负责人________________

单位地址________联系电话________

邮编________________

抽样取证时间____年____月____日____时____分至____月____日____时____分

抽样地点________________

依据《中华人民共和国行政处罚法》第三十七条第二款规定，对被抽样取证单位的下列物品进行抽样取证。

| 序号 | 证据物品名称 | 规格及批号 | 数量 |
|---|---|---|---|
| | | | |
| | | | |
| | | | |
| | | | |
| | | | |
| | | | |
| | | | |
| | | | |
| | | | |

被抽样取证单位现场负责人（签名）：______

安全生产监管执法人员（签名）：______证号：______

______证号：______

安全生产监督管理部门（公章）

年　月　日

本文书一式两份：一份由安全生产监督管理部门备案，一份交被抽样取证单位。

## 8. 先行登记保存证据审批表

案件名称：××单位行政处罚案

| | |
|---|---|
| 当事人及基本情况 | 以工商营业执照核准的生产、经营范围和所有制性质、生产状况等情况为准，个人以身份证信息为准 |
| 案件基本情况 | 写明通过监督检查、举报、投诉等已初步掌握的违法事实情节，包括发案时间、地点、重要证据及造成的危害和影响 |
| 证据名称及数量 | |
| 提请理由及依据 | 提请依据：《行政处罚法》第三十七条第二款 |
| 保存方式 | 由单位自存或由××代存，并填写详细地址 |
| 承办人意见：<br>承办人（签名）：<br>年　月　日 | |
| 部门负责人意见：<br>负责人（签名）：<br>年　月　日 | |
| 机关负责人意见：<br>负责人（签名）：<br>年　月　日 | |

## 9. 先行登记保存证据通知书

（　　）安监管先保通字〔　　〕第（　　）号

________________：

你（单位）涉嫌____________行为。为确保调查取证工作，依据《中华人民共和国行政处罚法》第三十七条第二款的规定，本行政机关决定对你（单位）的有关证据（证据名称、数量等详见附后清单）采取先行登记保存措施。

注意事项：

1. 对先行登记保存的证据，本行政机关将在七日内依法作出处理决定。请你（单位）于____年____月____日到____________接受对先行登记保存证据的处理决定。

2. 对就地先行登记保存的证据，在本行政机关作出处理决定前，你（单位）负有妥善保管的义务，不得有短缺、灭失、损毁或擅自移动等改变证据物品的任何行为。

3. 请核对证据清单后，签字确认。

安全生产监督管理部门（公章）

年　月　日

被通知人或被通知单位负责人（签名）：

本文书一式两份：一份由安全生产监督管理部门备案，一份交被取证人（单位）。

## 10. 先行登记保存证据清单

| 序号 | 证据名称 | 规格型号 | 产地 | 成色（品级） | 单位 | 价格 | 数量 | 备注 |
|---|---|---|---|---|---|---|---|---|
| | | | | | | | | |
| | | | | | | | | |
| | | | | | | | | |
| | | | | | | | | |
| | | | | | | | | |
| | | | | | | | | |
| | | | | | | | | |
| | | | | | | | | |
| | | | | | | | | |
| | | | | | | | | |
| | | | | | | | | |
| | | | | | | | | |
| | | | | | | | | |
| | | | | | | | | |
| | | | | | | | | |
| | | | | | | | | |
| | | | | | | | | |
| | | | | | | | | |
| | | | | | | | | |
| | | | | | | | | |
| | | | | | | | | |
| | | | | | | | | |

上述物品经核无误。

物品所有人（签名）：____________

承办人（签名）：____________

承办人（签名）：____________

年　月　日

### 11. 先行登记保存证据处理审批表

案件名称：××单位行政处罚案

| 当事人及基本情况 | |
|---|---|
| 案件基本情况 | |
| 证据名称及数量 | |
| 提请理由及依据 | |

承办人意见：
承办人（签名）：　　　　年　月　日

部门负责人意见：
负责人（签名）：　　　　年　月　日

机关负责人意见：
负责人（签名）：　　　　年　月　日

### 12. 先行登记保存证据处理决定书

（　）安监管先保处字〔　〕第（　）号

________：

本机关于____年____月____日对你（单位）的________

________

等物品进行了先行登记保存［文号：（　）安监管先保通字〔　〕第（　）号］。现依法对上述物品作出如下处理：

处理方式：

（1）违法事实成立，应当予以没收的，作出行政处罚决定，予以没收。

（2）违法事实成立，依据有关法律法规规定，可以扣留、封存的，作出行政处罚决定查封或扣押。

（3）违法事实不成立，或者依法可不予没收、扣留、封存的，解除登记保存措施。

________________________________。

安全生产监督管理部门（公章）
年　月　日

本文书一式两份：一份由安全生产监督管理部门备案，一份交被取证单位。

### 13. 鉴 定 委 托 书

（　）安监管鉴字〔　〕第（　）号

________：

因调查有关安全生产违法案件的需要，本行政机关现委托你单位对下列物品进行鉴定。

| 物品名称 | 规格型号 | 数量 | 备注 |
|---|---|---|---|
| | | | |
| | | | |
| | | | |
| | | | |

鉴定要求：

________________

请于　年　月　日前向本行政机关提交鉴定结果。

安全生产监督管理部门（公章）
年　月　日

注：鉴定结果请提出具体鉴定报告书，并由鉴定人员签名或盖章，加盖公章。

### 14. 行政处罚告知书

安监管罚告字〔　〕第（　）号

________：

经查，你（单位）（例）有×名从事特种作业操作的人员（其中电工×名，起重机械操作工×名）未按照规定经专门的安全作业培训并取得特种作业操作资格证书，擅自上岗从事特种作业操作。（按照法律、法规中有关法律责任条款的规范用语填写）________的行为。

以上行为违反了《安全生产法》第二十三条（法律、法规、规章（全称）条、款、项）____的规定，依据《安全生产法》第八十二条第四款（法律、法规、规章（全称）条、款、项）____，拟对你（单位）作出　人民币贰万元以下罚款（拟处罚种类及罚没款幅度）的行政处罚。

如对上述处罚有异议，根据《中华人民共和国行政处罚法》第三十一条和第三十二条的规定，你（单位）有权向____安全生产监督管理部门进行陈述和申辩。

安全生产监督管理部门地址：________
联系人：______联系电话：________邮政编码：

________

安全生产监督管理部门（公章）
年　月　日

本文书一式两份：一份由安全生产监督管理部门备案，一份交被处罚当事人。

### 15. 当事人陈述申辩笔录

时间：____年____月____日____时____分至____日____时____分
地点：________________
陈述申辩人：________性别：________职务：________
工作单位：________________电话：________
联系地址：________________邮编：________
承办人：________________记录人：________

我们是________安全生产监督管理局的执法人员________、________，证件号码为________、________，这是我们的证件（出示证件）。现对________一案听取你（单位）的陈述申辩。

陈述申辩记录：________________

当事人对案件事实、处罚理由和依据、执法程序等进行陈述申辩时，执法人员应当认真听取，准确记录陈述申辩原话原意。对当事人提出新的事实和证据要记录完整。

当事人委托陈述申辩人的，应当出具当事人的委托书。

《当事人陈述申辩笔录》填写要求同《询问笔录》中填写的要求。

当事人提供文字陈述申材料的，应当随卷保存。注：当事人陈述、申辩后，承办人员要确认当事人是否还要陈述、申辩。

陈述申辩人（签名）：________
承办人（签名）：________
记录人（签名）：________

年　月　日

本页不够，可另附页。

共　页　第　页

续页

陈述申辩人（签名）：________
承办人（签字）：________
记录人（签字）：________

年　月　日

本页不够，可另附页。

共　页　第　页

### 16. 听证告知书

（　　）安监管听告字〔　　〕第（　　）号

________________：

经查，你（单位）有(例）未根据危险化学品的种类、特性，在生产车间设置防爆装置________行为。

以上行为违反了《危险化学品安全管理条例》第十六条的规定，依据《危险化学品安全管理条例》第五十八条，拟对你（单位）作出罚款人民币3万元整的行政处罚。

（注：安全监管部门作出给予责令停产停业整顿、责令停产停业、吊销有关证照、较大数额罚款（对个人罚款500元以上及对法人和其他单位罚款2万元以上）和没收违法所得折合人民币3万元以上的行政处罚时，应当告知当事人有要求举行听证的权利）

根据《中华人民共和国行政处罚法》第四十二条的规定，你（单位）有要求举行听证的权利。如你（单位）要求举行听证，请在接到本告知书之日起3日内向______安全生产监督管理部门提出书面听证申请。逾期不提出申请的，视为放弃听证权利。

特此告知。

安全生产监督管理部门地址：________________
联系人：________联系电话：________
邮政编码：________

安全生产监督管理部门（公章）
年　月　日

本文书一式两份：一份由安全生产监督管理部门备案，一份交被处罚当事人。

### 17. 听证会通知书

（　　）安监管听通字〔　　〕第（　　）号

________________：

根据你（单位）申请，关于________________一案，现定于____年____月____日____时____分在________（公开、不公开）举行听证会议，请准时出席。

听证主持人姓名________________职务________
听证员姓名________________职务________
听证员姓名________________职务________
书记员姓名________________职务________

根据《中华人民共和国行政处罚法》第四十二条规定，你（单位）可以申请听证主持人回避。

注意事项如下：

1. 请事先准备相关证据，通知证人和委托代理人准时参加。
2. 委托代理人参加听证的，应当在听证会前向本行政机关提交授权委托书等有关证明。
3. 申请延期举行的，应当在举行听证会前向本行政机关提出，由本行政机关决定是否延期。
4. 不按时参加听证会且未事先说明理由的，视为放弃听证权利。

特此通知。

安全生产监督管理部门（公章）
年　月　日

安全生产监督管理部门地址：
邮政编码：
联系人：
管理部门备案，一份交被处罚当事人。

本文书一式两份：一份由安全生产监督管理部门备案，一份交申请听证人。

## 18. 听证笔录

案件名称________________

主持听证机关作出行政处罚的安全监管部门地点______听证时间____年____月____日____时____分至____年____月____日____时____分

主持人__________听证人__________书记员__________

调查人员________________证号____________

申请听证单位法定代表人姓名__________性别________年龄________

工作单位（职务）________________

委托代理人______性别______年龄______工作单位（职务）__

委托代理人______性别______年龄______工作单位（职务）__

第三人________________

其他参与人员________________

听证记录：笔录应当尽可能写明案件承办人提出的事实、证据和行政处罚建议，陈述申辩人所陈述的事实、理由和申辩有无违法行为以及违法行为情况轻重的原话，不能记录原话的，记录应真实反映陈述申辩人意愿。

参加听证的人员都应当在每页笔录上签名并注明日期。

（例）主持人××：宣布听证会纪律：××××××××××××××；

告知当事人及其委托代理人的权利义务：××××××××××；

核对当事人及其委托代理人和案件调查人身份：××××××××；

请问当事人及其委托代理人对今天的主持人、听证员、书记员是否要求回避？

当事人××：对主持人、听证员、书记员不提出回避。

申请听证单位法定代表人或其委托代理人（签名）：

主持人（签名）： 书记员（签名）：

年 月 日

共 页 第 页

续页

（上接行政处罚听证笔录第1页）

主持人××：先请案件调查人××介绍案件的调查情况。

案件调查人××：××××××××××××××××××××××

××××××××××××××××××××××××××××××

案件调查人××出示有关调查取证材料：××××××××××。

案件调查人××案件调查的有关情况：××××××××××××××××××××××××××××××××××××××

主持人××：下面请当事人××对案件调查去看阐述意见。

当事人××对案件调查情况阐述意见：××××××××××××××××××××××××××××××××××××××

当事人委托代理人补充对案件调查情况的意见：××××××××××××××××××××××××××××××××××××

主持人××：请问案件调查人还有需要补充说明的情况吗？

当事人××：没有需要补充说明的情况。

主持人××：请问委托代理人还有需要补充说明的情况吗？

委托代理人××：没有需要补充说明的情况。

主持人××：今天的听证会到此结束，请当事人、委托代理人、案件调查人分别校阅听证笔录，如无异议，请签字。

以上笔录已阅，情况记录属实。

听证笔录经当事人审核无误后逐页签字，修改处签字或按指纹，并在笔录终了处注明对笔录真实性的意见。案件承办人和听证主持人在笔录终了处签字。

申请听证单位法定代表人或其委托代理人（签名）：

主持人（签名）： 书记员（签名）：

年 月 日

本页不够，可另附页。 共 页 第 页

## 19. 听证会报告书

（ ）安监管听报字〔 〕第（ ）号

案件名称________________

| 主持人 | | 听证员 | | 书记员 | |
|---|---|---|---|---|---|
| 听证会基本情况摘要：（详见听证会笔录，笔录附后）<br>听证会基本情况摘要，对当事人和案件承办人的陈述应抓住要点，归纳概括。应写明当事人与案件承办人对违法的事实、证据的认定和对处罚建议的主要分歧。 | | | | | |
| 主持人意见 | 主持人意见是对案件承办人认定的违法事实是否清楚，证据是否确凿和适用法律是否正确提出的意见。在听证中提出的新的事实、理由和证据，听证主持人应限期交案件承办人进行复核，一并报安全生产监督管理部门负责人审核。<br>主持人（签名）：<br>年 月 日 | | | | |
| 负责人审核意见 | 负责人（签名）：<br>年 月 日 | | | | |

## 20. 案件处理呈批表

（ ）安监管处呈字〔 〕第（ ）号

案件名称：××行政处罚案

| 当事人基本情况 | 被处罚单位 | | 地址 | | | |
|---|---|---|---|---|---|---|
| | 法定代表人 | | 职务 | | 邮编 | |
| | 被处罚人 | | 年龄 | | 性别 | |
| | 所在单位 | | 单位地址 | | | |
| | 家庭住址 | | 联系电话 | | 邮编 | |
| 违法事实及处罚依据 | | | | | | |
| 当事人的申辩意见 | 应当简明、扼要 | | | | | |
| 承办人意见 | 具体处罚意见。例如：拟予以罚款人民币一万元整。<br>承办人（签名）：<br>年 月 日 | | | | | |
| 审核意见 | 一般违法案件，由负责审理案件的执法监察机构科室负责人审核；重大违法案件经本部门安全生产执法监察机构负责人审核<br>审核人（签名）：<br>年 月 日 | 审批意见 | 一般违法案件，由本部门安全生产执法监察机构负责人审批；重大违法案件由本部门分管安全生产执法监察机构的负责人审批。<br>审批人（签名）：<br>年 月 日 | | | |

### 21. 行政处罚集体讨论记录

（　　）安监管听报字〔　　〕第（　　）号

案件名称______________________

讨论时间____年____月____日____时____分至____年____月____日____时____分

地点______________________

主持人________汇报人__________记录人________

出席人员姓名及职务：

______________________

讨论内容：______________________

______________________

讨论记录：要记载参加合议人员依次发表的意见，对不同意见和保留意见应当如实记录。要客观具体，尽量引用会议参加人的原话。

______________________

结论性意见：是主持人在合议人发表意见后形成的综合处理意见，应当写明对违法行为的定性结论，违反的法律、法规和规章条款以及处罚的依据和具体处罚建议，参加合议人员有不同意见的应当予以注明。

出席人员签名：要全部签名，不能代替。

______________________

注：该记录为下达处罚决定书的依据。

### 22. 行政（当场）处罚决定书（单位）

（　　）安监管罚字〔　　〕第（　　）号

被处罚单位：______________________

地　址：______________邮政编码：__________

法定代表人（负责人）：________职　务：________联系电话____________

违法事实及证据：______________________

______________________

（此栏不够，可另附页）

以上事实违反了__________的规定，依据__________的规定，决定给予__________的行政处罚。

罚款的履行方式和期限（见打✓处）：

□当场缴纳

□自收到本决定书之日起15日内缴至__________，账号__________，到期不缴每日按罚款数额的3%加处罚款。

如果不服本处罚决定，可以依法在60日内向(同级) 人民政府或者__________

(上级主管部门) 申请行政复议，或者在3个月内依法向(有管辖权)　　人民法院提起行政诉讼，但本决定不停止执行，法律另有规定的除外。逾期不申请行政复议、不提起行政诉讼又不履行的，本机关将依法申请人民法院强制执行或者依照有关规定强制执行。

安全生产监管执法人员（签名）：______、______当事人或委托代理人（签名）：______

安全生产监督管理部门（公章）

本文书一式两份：一份由安全生产监督管理部门备案，一份交被处罚单位。

### 23. 行政（当场）处罚决定书（个人）

（　　）安监管罚字〔　　〕第（　　）号

被处罚人：________性别：____年龄：____身份证号：____

家庭住址：__________所在单位：__________

职务：________单位地址：________联系电话：________

违法事实及证据：______________________

______________________

（此栏不够，可另附页）

以上事实违反了__________的规定，依据__________规定，决定给予__________的行政处罚。

罚款的履行方式和期限（见打✓处）：

□当场缴纳

□自收到本决定书之日起15日内缴至__________，账号__________，到期不缴每日按罚款数额的3%加处罚款。

如果不服本处罚决定，可以依法在60日内向(同级) 人民政府或者(上级主管部门) 申请行政复议，或者在3个月内依法向（有管辖权）人民法院提起行政诉讼，但本决定不停止执行，法律另有规定的除外。逾期不申请行政复议、不提起行政诉讼又不履行的，本机关将依法申请人民法院强制执行或者依照有关规定强制执行。

安全生产监管执法人员（签名）：________、________

当事人或委托代理人（签名）：________

安全生产监督管理部门（公章）

年　月　日

本文书一式两份：一份由安全生产监督管理部门备案，一份交被处罚人。

### 24. 行政处罚决定书（单位）

（　　）安监管罚字〔　　〕第（　　）号

被处罚单位：______________________

地　址：______________邮政编码：________

法定代表人（负责人）：______职务：______联系电话：____

违法事实及证据：应当详述违法事实、时间、地点、情节　证据：必须是与违法事实相关联的证据，如：现场检查笔录、询问笔录、各种台账记录、照片以及各种物证等。

（此栏不够，可另附页）

以上事实违反了引用法律、法规、规章要写全称，引用条文要具体到条、款、项、目。案件涉及多个违法行为的，应当分别按照有关法律、法规或者规章的规定，依次分项列明。1.　　；2.　　；3.　　的规定，依据：应当以“依据XXX法第X条第X款第X项……的规定，　　的规定，决定给予1.……；2.……；3.……”的表述方式制作。罚则中有责令的必须写的行政处罚。

处以罚款的，罚款自收到本决定书之日起15日内缴至__，账号__，到期不缴每日按罚款数额的3%加处罚款。

如果不服本处罚决定，可以依法在60日内向(同级) 人民政府或者(上级主管部门) 申请行政复议，或者在3个月内依法向(有管辖权) 人民法院提起行政诉讼，但本决定不停止执行，法律另有规定的除外。逾期不申请行政复议、不提起行政诉讼又不履行的，本机关将依法申请人民法院强制执行或者依照有关规定强制执行。

安全生产监督管理部门（公章）

年　月　日

本文书一式两份：一份由安全生产监督管理部门备案，一份交被处罚人。

## 25. 行政处罚决定书（个人）

（　　）安监管罚字〔　　〕第（　　）号

被处罚人：______性别：______年龄：______联系电话：____

家庭住址：__________________所在单位：________职务：________单位地址：__________邮政编码：__________

违法事实及证据：__________

______________________________

______________________________

______________________________

______________________________

______________________________

（此栏不够，可另附页）

以上事实违反了__________的规定，依据__________的规定，决定给予__________的行政处罚。

处以罚款的，罚款自收到本决定书之日起15日内缴至________，账号________，到期不缴每日按罚款数额的3%加处罚款。

如果不服本处罚决定，可以依法在60日内向________人民政府或者__________申请行政复议，或者在3个月内依法向人民法院提起行政诉讼，但本决定不停止执行，法律另有规定的除外。逾期不申请行政复议、不提起行政诉讼又不履行的，本机关将依法申请人民法院强制执行或者依照有关规定强制执行。

安全生产监督管理部门（公章）

年　月　日

本文书一式两份：一份由安全生产监督管理部门备案，一份交被处罚人。

## 26. 罚款催缴通知书

（　　）安监管催字〔　　〕第（　　）号

__________________________：

本机关于______年______月______日发出______号行政处罚决定书，要求你（单位）于______年______月______日前将罚款缴至______________。因你（单位）至今未履行该处罚决定，现要求你（单位）立即缴纳罚款，并根据《中华人民共和国行政处罚法》第五十一条第（一）项的规定，每日按罚款数额的3%加处罚款。加处的罚款由代收机构直接收缴。

安全生产监督管理部门（公章）

年　月　日

## 27. 延期（分期）缴纳罚款审批表

| 案　由 | | | |
|---|---|---|---|
| 处罚决定书文号 | | | |
| 当事人 | | 地　址 | |
| 违法事实及处罚决定 | | | |
| 当事人申请延期（分期）缴纳罚款的理由 | 送达处罚决定书后3个工作日内提出。<br>附：当事人申请书、保证书<br>保证书应由当事人签字并加盖公章，注明延（分）期缴款的具体时间及金额。 | | |
| 承办人意见 | 注明经合议同意或者不同意延（分）期缴纳罚没款的意见，并写明理由。<br>承办人（签名）：________<br>年　月　日 | | |
| 审核意见 | 审核人（签名）：<br>年　月　日 | | |
| 审批意见 | 审批人（签名）：<br>年　月　日 | | |

## 28. 延期（分期）缴纳罚款批准书

（　　）安监管缴批字〔　　〕第（　　）号

__________________________：

______年______月______日，本机关对你（单位）发出______号《行政处罚决定书》，作出了对你（单位）罚款__________（大写）的决定，现根据你（单位）的申请，本机关依据《中华人民共和国行政处罚法》第五十二条的规定，同意你（单位）：

☐延期缴纳罚款。延长至____年____月____日（大写）止。

☐分期缴纳罚款。第____期至______年______月______日（大写）前，缴纳罚款________元（大写）（每期均应当单独开具本文书）。此外，尚有未缴纳的罚款________元（大写）。

代收机构以本批准书为依据，办理收款手续。

逾期缴纳罚款的，依据《中华人民共和国行政处罚法》第五十一条第（一）项的规定，每日按罚款数额的3%加处罚款。加处的罚款由代收机构直接收缴。

安全生产监督管理部门（公章）

年　月　日

本文书一式两份：一份由安全生产监督管理部门备案，一份交被通知当事人。

## 29. 文书送达回执

| 受送达单位（个人） | | | | | |
|---|---|---|---|---|---|
| 送达文书名称、文号 | 收件人签名或者盖章 | 送达地点 | 送达日期 | 送达方式 | 送达人 |
| | | | | | |
| | | | | | |
| | | | | | |
| | | | | | |
| | | | | | |
| | | | | | |
| | | | | | |
| | | | | | |
| | | | | | |
| | | | | | |
| | | | | | |
| 安全生产监督管理部门（公章） | | | | | |
| 备注： | | | | | |

注：1. 一个案件各类文书的送达，统一使用一份送达回执。
2. 各类文书送达参照民事诉讼法有关送达的规定执行。
3. 他人代收的，由代收人在收件人栏内签名或者盖章，并在备注栏内注明与被送达人的关系；留置送达的，在备注栏说明情况，并由证明人签字。

## 30. 强制执行申请书

（　）安监管强执字〔　〕第（　）号

________人民法院：

本行政机关于______年____月____日对被申请执行人______作出了______的行政处罚决定（文号：　　　　），被申请执行人在法定的期限内未履行该行政处罚决定。根据《中华人民共和国行政处罚法》第五十一条的规定，特申请贵院强制执行。

附有关材料：应当分项列明作为执行依据的（1）《行政处罚决定书》；（2）《送达回执》；（3）关于当事人在规定期限内未提起复议及诉讼的情况说明；（4）申请机关法人身份资格证明；（5）经办人的法定代表人授权委托书；（6）调查中有关材料等，以及法院认为需要提供的其他相关材料。

安全生产监督管理部门（公章）

年　月　日

联系人：　　　　联系电话：

## 31. 结案审批表

（　）安监管结字〔　〕第（　）号

案件名称：______________________

| 当事人基本情况 | 被处罚单位 | | 地址 | | | |
|---|---|---|---|---|---|---|
| | 法定代表人 | | 职务 | | 邮编 | |
| | 被处罚人 | | 年龄 | | 性别 | |
| | 所在单位 | | 单位地址 | | | |
| | 家庭住址 | | 联系电话 | | 邮编 | |
| 处理结果 | 处理结果应填写法律依据及处罚决定。 | | | | | |
| 执行情况 | 注明行政处罚决定完全履行或者部分履行（部分履行需注明何种原因），是否申请执行，相应隐患是否整改。<br>承办人（签名）：__________年　月　日 | | | | | |
| 审核意见 | 一般违法案件，由负责审理案件的执法监察机构科室负责人审核；重大违法案件经本部门安全生产执法监察机构负责人审核。<br>审核人（签名）：<br>年　月　日 | | 审批意见 | 一般违法案件，由本部门安全生产执法监察机构负责人审批；重大违法案件由本部门分管安全生产执法监察机构的负责人审批。<br>审批人（签名）：<br>年　月　日 | | |

## 32. 案件移送审批表

| 案由 | |
|---|---|
| 当事人 | |
| 地址 | |
| 受移送机关 | |
| 案情简介 | |
| 移送理由 | （一）发现案件不属于本部门主管、管辖的；<br>（二）属于本部门管辖但还涉及其他部门须追究相关责任的；<br>（三）需要移送司法机关追究刑事责任的。<br>注：1. 对符合移送条件的报本局法制部门审核。<br>2. 填写“主要案情及移送理由”时，应当将拟移送的相关证据材料，有关物品等表述清楚并附后。 |
| 承办人员拟办意见 | 承办人（签名）：__________<br>年　月　日 |
| 部门负责人审核意见 | 审核人（签名）：<br>年　月　日 |
| 机关负责人审批意见 | 审批人（签名）：<br>年　月　日 |

33. 案件移送书

（ ）安监管移字〔 〕第（ ）号

______________________：

本机关于____年____月_____日对________________一案立案调查，因在调查中发现______________

（一）发现案件不属于本部门主管、管辖的；

（二）属于本部门管辖但还涉及其他部门须追究相关责任的；

（三）需要移送司法机关追究刑事责任的

______________________________________________

______________________________________________

________________，故此案已超出本行政机关管辖范围，根据______________的规定，移送你单位对该案件进一步审理，依法追究责任。审理结案后，请将处理结果函告我单位。

附该案件有关材料：注：有关材料包括：询问笔录、现场检查笔录等有关书证、物证。

______________________________________________

共____份____页。

安全生产监督管理部门（公章）

年 月 日

本文书一式两份：一份由安全生产监督管理部门备案，一份交被移送单位。

## 第五节 安全生产行政复议和诉讼文书

安全生产行政复议和安全生产行政诉讼文书，主要包括以下13种。

1. 安全生产行政复议申请表；
2. 安全生产行政复议受理通知书（一）；
3. 安全生产行政复议受理通知书（二）；
4. 安全生产行政复议不予受理裁决书；
5. 安全生产行政复议决定书；
6. 安全生产行政强制执行申请书；
7. 安全生产行政诉讼授权委托书；
8. 安全生产行政诉讼原告代理人代理词；
9. 安全生产行政诉讼被告代理人代理词；
10. 安全生产行政诉讼答辩状；
11. 安全生产行政诉讼上诉状；
12. 安全生产行政诉讼申诉状等。

安全生产行政复议和诉讼文书制样如下：

**复议申请受理通知书（一）**

×安监复受字（一）［　］第　号

×××化工厂：

关于＿＿＿＿＿＿＿＿＿＿＿＿＿＿＿＿＿＿＿＿＿＿＿＿＿＿＿＿＿＿＿的复议申请书，本机关已于＿＿年＿＿月＿＿日收到，经审查，符合《行政复议法》的规定，现决定予以受理。

承办部门××市区安全生产监督管理局监察室

承办人××　××　××

审核人××　××　××

签发人××　××　××

（××市区安全生产监督管理局盖章）

年　月　日

**（存根）**

**复议申请受理通知书（一）**

×安监复受字（一）［　］第　号

×××化工厂：

关于＿＿＿＿＿＿＿＿＿＿＿＿＿＿＿＿＿＿＿＿＿＿＿＿＿＿＿＿＿＿＿的复议申请书，本机关已于＿＿年＿＿月＿＿日收到，经审查，符合《行政复议法》的规定，现决定予以受理。

承办部门××市区安全生产监督管理局监察室

承办人××　××　××

审核人××　××　××

签发人××　××　××

（××市区安全生产监督管理局盖章）

年　月　日

**（随卷）**

**复议申请受理通知书（一）**

×安监复受字（一）［　］第　号

×××化工厂：

关于＿＿＿＿＿＿＿＿＿＿＿＿＿＿＿＿＿＿＿＿＿＿＿＿＿＿＿＿＿＿＿的复议申请书，本机关已于＿＿年＿＿月＿＿日收到，经审查，符合《行政复议法》的规定，现决定予以受理。

承办部门××市区安全生产监督管理局监察室

承办人××　××　××

审核人××　××　××

签发人××　××　××

（××市区安全生产监督管理局盖章）

年　月　日

**（送申请人）**

**复议申请受理通知书（二）**

×安监复受字（二）［　］第　号

×××区安全生产监督管理局：

×××市化工厂不服你局＿＿年＿＿月＿＿日作出的×安监行决字［　］第　号《安全生产行政处罚决定书》的处罚决定，向本机关申请复议，已受理。现将复议申请书副本＿份送到你局。请在收到申请书副本＿＿日内向本机关提交作出该具体行政行为的有关材料或者证据，并提交答辩书。

承办部门×市区安全生产监督管理局监察室

承办人××　××　××

审核人××　××　××

签发人××　××　××

××市区安全生产监督管理局

（盖章）

年　月　日

**（存根）**

**复议申请受理通知书（二）**

×安监复受字（二）［　］第　号

×××区安全生产监督管理局：

×××市化工厂不服你局＿＿年＿＿月＿＿日作出的×安监行决字［　］第　号《安全生产行政处罚决定书》的处罚决定，向本机关申请复议，已受理。现将复议申请书副本＿份送到你局。请在收到申请书副本＿＿日内向本机关提交作出该具体行政行为的有关材料或者证据，并提交答辩书。

承办部门×市区安全生产监督管理局监察室

承办人××　××　××

审核人××　××　××

签发人××　××　××

××市区安全生产监督管理局

（盖章）

年　月　日

**（随卷）**

**复议申请受理通知书（二）**

×安监复受字（二）［　］第　号

×××区安全生产监督管理局：

×××市化工厂不服你局＿＿年＿＿月＿＿日作出的×安监行决字［　］第　号《安全生产行政处罚决定书》的处罚决定，向本机关申请复议，已受理。现将复议申请书副本＿份送到你局。请在收到申请书副本＿＿日内向本机关提交作出该具体行政行为的有关材料或者证据，并提交答辩书。

承办部门×市区安全生产监督管理局监察室

承办人××　××　××

审核人××　××　××

签发人××　××　××

××市区安全生产监督管理局

（盖章）

年　月　日

**（送申请人）**

**行政复议申请表**

<table>
<tr><td>申请单位</td><td colspan="3">×市化工厂</td><td colspan="2">主要负责人</td><td></td></tr>
<tr><td>地址</td><td colspan="3">×市化工大道1号</td><td colspan="2">联系电话</td><td></td></tr>
<tr><td>申请人姓 名</td><td></td><td>职务</td><td></td><td>性别</td><td></td><td>出生年月</td></tr>
<tr><td>工作单位</td><td colspan="6"></td></tr>
<tr><td>承办单位</td><td colspan="2">×区安全生产监督管理局</td><td colspan="2">原处罚决定书编号</td><td colspan="2">×安监行决字［ ］第 号</td></tr>
<tr><td>原处罚理由及决定意见</td><td colspan="6"></td></tr>
<tr><td>申请复议理由</td><td colspan="6"></td></tr>
</table>

| 复议情况 | 承办人××× 年 月 日 |
|---|---|
| 复议机构意见 | 审核人××× 年 月 日 |
| 领导指示 | 审批人××× 年 月 日 |
| 备注 | |

填表人签名：

**不予受理裁决书**

×安监复受字（一）［ ］第 号

×××市化工厂：

关于 你单位对×安监行决字［ ］第 号的处罚不服的复议申请书，本机关经审查认为：根据《行政复议法》的规定，行政复议应在知道具体行政行为之日起60日内提出。你单位复议申请已超过申请复议期限。

根据《行政复议法》第17条第3项之规定，裁决不予受理。如不服裁决，可在收到裁决书之日起15日内，向人民法院起诉。

承办部门×××市 区安全生产监督管理局监察室

承办人×× ×× ××

审核人×× ×× ××

签发人×× ×× ××

（×××市 区安全生产监督管理局盖章）

年 月 日

（存根）

**不予受理裁决书**

×安监复受字（一）［ ］第 号

×××市化工厂：

关于 你单位对×安监行决字［ ］第 号的处罚不服的复议申请书，本机关经审查认为：根据《行政复议法》的规定，行政复议应在知道具体行政行为之日起60日内提出。你单位复议申请已超过申请复议期限。

根据《行政复议法》第17条第3项之规定，裁决不予受理。如不服裁决，可在收到裁决书之日起15日内，向人民法院起诉。

（×××市 区安全生产监督管理局盖章）

年 月 日

（随卷）

**不予受理裁决书**

×安监复受字（一）［ ］第 号

×××市化工厂：

关于 你单位对×安监行决字［ ］第 号的处罚不服的复议申请书，本机关经审查认为：根据《行政复议法》的规定，行政复议应在知道具体行政行为之日起60日内提出。你单位复议申请已超过申请复议期限。

根据《行政复议法》第17条第3项之规定，裁决不予受理。如不服裁决，可在收到裁决书之日起15日内，向人民法院起诉。

（×××市 区安全生产监督管理局盖章）

年 月 日

（送申请人）

**复议决定书**

××安监复决字［　］第　号
申请人签名：×××性别×
年龄：____职业：____
住址：××市光明小区22号
单位名称：××××××
地址：××市吴都大道9号
法定代表人姓名：×××
被申请人姓名：××区安全生产监督管理局监察室
地址：××市东方路11号
法定代表人姓名：×××
职务：×××
简要案情：经调查，×区安全生产监督管理局监察室
对违法行为认定不当。根据《行政复议法》的规定撤销××安监行决字［　］第　号决定书。
起诉期限____年____月____日
承办部门×××市　区安全生产监督管理局监察室
承办人××　××　××
签发人××　××　××
（××市区安全生产监督管理局盖章）
年　月　日

（存根）

**复议决定书**

××安监复决字［　］第　号法人或者其他组织名称：××　××
地址：××市吴都大道9号
法定代表人姓名：____年龄____职务____
住址：××市光明大道22号
被申请人姓名：××区安全生产监督管理局监察室
地址：××市东方路11号
法定代表人姓名：×××职务×××
申请复议的主要请求和理由：

××市化工厂不服××区安全生产监督管理局

监察室对其作出的停止营业，并处5万元罚款的决定，要求撤销××**安监行决字［　］第　号**《安全生产监督管理行政处罚决定书》。其理由如下：

××区安全生产监督管理局监察室对××市化工厂下发《安全生产监督管理行政处罚决定书》之前，既没有对其下发《责令限期整改通知书》，要求限期整改，又没有过下发《告知听证通知书》，违反了《中华人民共和国行政处罚法》中规定程序。

（随卷）

经复议认定的事实和理由：

××市化工厂未经安全生产监督管理机构验收合格，于　年　月　日擅自投入使用。××区安全生产监督管理局监察室未见其出具《责令限期整改通知书》，《复查意见书》，《告知听证权利通知书》的情况下，直接下达了××安监行决字［　］第　号决定书，由××区安全生产监督管理局监察室重新作出具体的行政行为。如不服从决定，可以接到本决定书之日起15日内向人民法院提起诉讼。

（××区安全生产监督管理局盖章）
法定代表人：____________
年　月　日

（送申请人）

**强制执行申请书**

××安监申字［　］第　号
申请法院：××市中级人民法院

被申请单位（人）：××吴都机械厂
法定代表人：×××性别____年龄____

申请强制执行项目：

罚款　万元。
填写人：××
签发人：××

送达时间：年　月　日

（存根）

**复议决定书**

××安监申字［　］第　号
申请人：××区安全生产监督管理局
法定代表人姓名：×××　职务×××
委托代理人：姓名×××　单位×××
被申请单位（人）：××吴都机械厂　地址××市东方路51号
法定代表人：姓名×××性别____年龄____职务
住址：××吴都机械厂后院

由于××吴都机械厂在法定期限内未申请复议、未起诉又不履行具体行政行为。根据《行政诉讼法》第65条、第66条规定，申请你院强制执行下列项目：罚款____万元。

**此致**

××市中级人民法院
附：（主要文书、证据、授权委托书）
（盖章）
年　月　日

此联一式三份，一份随卷，一份送人民法院

**授权委托书**

××安监委字［ ］第 号

××市中级人民法院：

××××不服从我局××××年××月×××日×××第××号安监行政处罚决定，向你院提出诉讼。

现委托××市安全生产监督管理局专职法制干部×××、×××担任该案我方诉讼代理人，全权代理该案诉讼事宜。

委托单位：××市安全生产监督管理局（盖章）

法定代表人：×××（签字）

××××年××月××日

**原告代理人代理词**

审判长、审判员：

我受本案原告顾××的委托，由律师事务所指派，依照《行政诉讼法》第二十九条的规定担任顾××的诉讼代理人，出庭参加诉讼。庭前我详细查阅了案卷材料，调查收集了有关证据，刚才又听了法庭审查，使本代理人对本案有了更加全面的认识。现根据事实和法律发表如下代理意见，请法庭合议时予以充分考虑：

一、××月××日××时许，原告顾××的……

二、一场安全生产事故发生，造成重大伤亡损失，是什么原因引发？谁是主要责任者?，要弄清这个问题，事故调查组必须深入细致地调查研究，从科学的角度入手，不能先入为主。根据法庭审查……

三、从证人证言分析，也不能证实顾××是事故的责任者。证人许××……

四、事故发生有几种情形：一是……，二是……，三是……

综上所述，被告认定原告顾××……事实不清，证据不足。……所以根据《行政诉讼法》第五十四条第（二）款规定，请法庭依法撤销对被告的具体行政行为，以维护公民的合法权益不受侵犯。

**被告代理人代理词**

审判长、审判员：

根据有关法律规定，我受市安全生产监督管理局法定代表人的委托，以委托诉讼代理人的身份，出庭应诉。刚才我听取了法庭对本案的审查和原告代理人的发言。现根据本案事实和有关法律规定，提出如下意见：

一、正如原告代理人所言，……

二、我们应当承认，安全生产事故有其自身的特殊性，我们不能像办刑事案件那样办理事故案件。……

三、在法庭审查时，对证人证言逐一进行核实，从双方当事人都认可的证言来看，足以说明了事故是……

四、“以事实为依据，以法律为准绳”是我们一贯遵循的办案原则。认定顾××是事故的主要责任者，事实清楚，证据充分，符合法律规定。大家知道……

根据以上几点，我们认为，×区安全生产监督管理局以顾××违章操作造成事故，并根据《安全生产法》第　条规定，给予……，事实清楚，证据充分，运用法律正确，请求法庭维持×区安全生产监督管理局的裁决，以确保行政机关的具体行政行为得以实施。

**行政答辩状**

答辩人：××区安全生产监督管理局

法定代表人：王××（×局长）

委托代理人：李××、秦××

案由：安全生产事故行政案件

因顾××不服安全生产行政处罚申诉裁决一案，现答辩如下：

一、我局对原告的“中诉裁决”，事实清楚，证据充分，运用法律正确，处罚得当。原告在起诉中提出：本裁决是非颠倒，适用法律不当。“我局认为，原告称的所谓理由，与事实真相严重不符。经我局复核查明，该案的事实是：……”

根据上述事实，我局认为顾××违反《安全生产法》第　条规定，违章操作造成事故发生。……适用法律正确，而且处罚也是适当的。

二、原告认为我局“在程序上不合法，理应无效”。事实说明，原告的这一理由也是不能成立的。我局对顾××违章操作造成事故案的处理经过是：……

三、原告称：……

综上所述，顾××提出的诉讼理由不能成立，其违章操作引起的事故事实清楚，证据充分，安全生产监督管理机关对其进行处罚，运用法律得当，请法院维持安全生产监督管理机关的处罚决定。

**此致**

××区人民法院

××区安全生产监督管理局（签章）

法定代表人：×××（签章）

××××年××月××日

**上 诉 状**

上诉人（一审被告人）：安全生产监督管理局名称

法定代表人：姓名、单位、职务

委托代理人：姓名、单位、职务

被上诉人（一审原告人）：姓名、性别、年龄、民族、籍贯、职业、工作单位、住址：安全生产事故行政案件

案由：安全生产行政处罚

上诉人因××××一案，不服×××人民法院于××××年××月××日×字第×号行政判决（裁定），现提出上诉。

上诉理由：

……

上诉请求：

……

此致

××区人民法院

上诉人：安全生产监督管理机关（签章）

法定代表人：×××（签章）

××××年××月××日

**申 诉 状**

申诉人：安全生产监督管理机构名称

法定代表人：姓名××单位××职务××

姓名××单位××职务××

申诉人因××××一案，不服×××人民法院于××××年××月××日×字第×号行政判决（裁定），经上诉后，×××人民法院于××××年××月××日×字第×号终审判决维持原判，申诉人认为二审判决（裁定）都是错误的，特提出申诉。

申诉理由：

……

申诉请求：

……

此致

××区人民法院

申诉人：安全生产监督管理机关（签章）

法定代表人：×××（签章）

附：判决书（裁决书）抄件×份

××××年××月××日

# 参考文献

[1] 赵云胜. 职业健康与安全法规手册[M]. 北京：化学工业出版社，2008. 4
[2] 姜威. 论安全生产行政执法. 湖北省安全发展论坛论文选编.2007. 8
[3] 赵瑞华，徐少斗，陈虹. 安全生产行政执法指南[M]. 北京：中国物价出版社，2003. 8
[4] 闪淳昌，卢齐忠. 现代安全管理实务[M]. 北京：中国工人出版社，2003. 4
[5] 赵云胜. 安全生产法规初探[M]. 武汉：中国地质大学出版社，2002.5